中世都市

社会経済史的試論

アンリ・ピレンヌ 著
佐々木克巳 訳

序文

このささやかな書物は、アメリカ合衆国の幾つかの大学で行なった講義の内容を含んでいる。この書物の英語版が『中世都市——その起源と商業の復活』という表題で、一九二五年に公刊されている（プリンストン大学出版局）。幾人かの人が、現在の為替相場にもっと適合した価格の版が出て欲しい旨の希望を表明されたので、私は仏語版を世に送る考えを固めた。この仏語版は、付註にわずかな加筆をしたほかは、いかなる変更をも含んでいない。

読者は、この書物に、教科書的概論は何も見出されないであろう。私はただ、ヨーロッパ社会史の上で最も興味深い問題の一つに、総括的な試論を捧げることを意図しただけである。長年にわたる特殊研究の後に、古代の終焉から一二世紀の半ば頃に至るまでの、都市の発展の大きな流れを叙述してみたいという誘惑にうち克つことのできなかったことを恕（ゆる）して頂きたい。この著作の性格が、論争に頁数を費すことも、また幾つかの仮説をたてるのを差し控えることも、私に許さなかった。これらの仮説の中には、恐らくはかなり大胆だと思われるかもしれないものがある。何ほどかの賛同が得られるならば幸いである。これらの仮説が刺戟となって、既に踏み固められた道のほかになお探究すべき多くの部分が残されている分野で新しい研究が進められるならば、なお一層さいわいである。

サール－レ－スパにて　一九二六年八月一一日

目次

中世都市

中世都市

社会経済史的試論

第一章　八世紀末に至るまでの地中海商業

ローマ帝国に概観的な一瞥を与えると、何よりもまず眼を引くのは、その地中海的性格である。帝国の版図は、帝国が四方から包みこんでいるこの大内陸湖の波によってその海岸を洗われている諸地方をほとんど越えていない。ライン河、ドナウ河、ユーフラテス河、サハラ沙漠といった帝国の遠く隔った諸境界は、帝国の周辺地方を守るための広漠たる防衛圏を形成している。明らかにこの海は、帝国の政治的統一と経済的統一とを同時に保証するものである。この二つの統一の存在は、この海に対する帝国の支配権にかかっている。この大交通路がなかったならば、ローマ世界 *orbis romanus* の統治も、食糧供給も、できないであろう。歳を重ねるにつれて、帝国がその海洋的性格をいかに一層強めていくかが確認されるのは、興味深いことである。帝国の内陸の首都ローマは四世紀に放棄され、代わって素晴らしい港でもある首都が出現する。すなわち、コンスタンティノープルである。

確かに、三世紀末以降、文明は紛う方ない衰弱を露呈する。人口は減少し、活力は衰え、蛮族は辺境を脅かし始め、生き抜くための戦いに総力を傾ける政府の次第にかさんでいく出費は財政的収奪の原因となり、この財政的収奪が人々をますます国家に対して隷属的にしていく。[一]けれども、この衰頽も、地中海の海運には目につくほどの影響を及ぼしたとは思われない。地中海の海運が依然として示す活発さは、次第に内陸諸属州をとらえいく無気力さとは、対蹠的である。地中海の海運は、東方と西方の相互接触を維持し続けている。地中海の水に洗われる実にさまざまな地方の工業製品や自然の物産の自由交易が杜絶したふしは全く見られない。すなわちコンスタンティノープル、エデッサ、アンティオキア、アレクサンドリアの織物、シリアの葡萄酒、油[二]、香辛料、エジプトのパピルス、エジプト、アフリカ[三]、イスパニアの小麦、ガリア、イタリアの葡萄酒がそれである。ソリドゥス *solidus* 金貨に基礎をおくコンスタンティーヌスの貨幣改革[四]は、交換の手段として、また価格の表示手段として、どこででも通用する素晴らしい通貨の恩恵を与えることによって、商業の動きを著しく助長しさえしたに違いない。

帝国を大きく区分する二つの地域、つまり東方と西方では、文明が卓越している点においてだけではなく、経済的生命力の水準がずっと高い点においても、前者は後者をはるかに凌駕していた。四世紀以降になると、真の大都市があるのはもはや東方だけであり、輸出工業、特にローマ世界がその市場でありシリアの船舶がその輸送に当たっている織物の工業が集中するのも、東方のシリアと小アジアである。[1] シリア人の商業的卓越は、確かに後期ローマ帝国史の最も興味ある事実の一つである。シリア人の商業的卓越は、窮極的にはビザンツ主義にまで行きつくことになった社会のあの東方化の進行に大いに与って力があったに違いない。そして地中海がその媒介役であることの東方化は、老帝国が衰え、北方で蛮族の圧迫をうけて後退し、次第に沿岸地方に収縮するにつれてますます増大した地中海の重要性の一つの明白なる証明である。

従って、ゲルマン人が、その侵入期の初めから、この同じ海岸に定着するためにそこに到達しようと努力するのが見られるのは、なんら驚くには当たらない。三世紀の経過する間に、彼等の圧力の前に国境が初めてぐらつくと、彼等は南をめざして雪崩をうって進む。クァディー族とマルコマニー族[五]はイタリアに侵入し、ゴート族はボスフォラス海峡をめざして進撃し、ライン河を渡ったフランク族とスエービー族とヴァンダル族とは、そこで愚図々々するどころかただちにアキタニア、イスパニアに向かって進む。[六] 彼等は自分の近くにある北部諸属州に定着することなど考えていない。明らかに彼等は、甘い空気と肥沃な自然とが富と魅力的な文明とに結びついている、あの祝福されたる地域を渇望している。

蛮族のこの最初の企ては、その結果生じた廃墟のほかには、永続するものを何も残さなかった。ローマは侵入者をライン、ドナウ両河の彼岸に押し返すだけの力をまだもっていた。なお一世紀半の間、ローマはそのためにその兵力と国庫とを涸渇させることにはなったが、侵入者をくいとめることができた。しかし、ゲルマン人の加える圧力は、人口の増加が彼等をしてますます止むにやまれぬ外への流出に駆りたてたのにつれてますます強烈になり、帝国の人口の減少は、その巧妙さと粘り強さにはとにかく感嘆せずにはいられない抵抗をも次第々々に不可能にし、両者の間の力の均衡は次第に破れていった。五世紀の初めには、すべてが終わる。西方全体が侵略されてしまう。西方の諸属州はゲルマン諸王国にその姿を変える。ヴァンダル族はアフリカに、西ゴート族はアキタニアとイスパニアに、ブルグント族はローヌ河流域に、東ゴート族はイタリアに、それぞれ定着する。

この〔建国〕一覧表は意味深い。それは、見られるように、地中海諸地方以外の地方は含んでいず、結局は思い思いの地域に定住することのできた征服者の目ざしたものが海であったこと、あのように永い間ローマ人が誇りとともに愛情をもって「われらの海」《*mare nostrum*》と呼んできたあの海であったことを示すのに、この一覧表その他には何も要らない。彼等のすべてが例外なくその海岸に定住しその美しさを享受しようとする気持を抑えかねて進む目標は、この海である。フランク族が、初め、この海に到達しなかったのは、到着が遅すぎて、既に割り込む余地がなくなっていたからである。しかし、そのフランク族にしても、あくまでもこの海を自分のものにしようとする。既にクロヴィス[七]はプロヴァンスを征服しようとし、テオドリク[八]は、クロヴィスがその王国の国境をリヴィエラ海岸まで拡張するのを阻止するために、干渉に乗り出さなければならなかった。この最初の不成功はクロヴィスの後継者達の意気を沮喪させることにはならなかった。四半世紀後、五三六年には、彼等は、東ゴート族に対するユスティニアーヌス[九]の攻撃に乗じて、東ゴート族をしてフランク族の切望していたこの地方を割譲せしめるであろう。そして、この時から後、今度はメーロヴィンガ［メロヴィング―編集部註］王朝[一〇]がいかに倦まず弛まず地中海の一強国になろうとするかが知られるのは印象深い。五四二年に、シルデベールとクロテール[一一]が、不成功に終わりはするが、ピレネー山脈を越えて遠征を敢行する。わけてもイタリアがフランク諸王の渇望の的になる。フランク諸王は、アルプスの南に安定した足場を得ることを希って、ビザンツ人と、次にはランゴバルド族[一二]と、同盟を結ぶ。絶えず苦い目にあいながら次々と新しい企てに夢中になる。既に五三九年には、テウデベール[一三]がアルプスを越えてい、五五三年に、テウデベールが一旦占領した地域をナルセス[一四]が再征服すると、それを奪い還すために、五八四―五八五年、そして五八八年から五九〇年にかけて、多くの努力が払われるであろう。(一五)

地中海の波によってその海岸が洗われている諸地方へのゲルマン人の定住はヨーロッパの歴史における新時代の開幕を告げるものでは些かもない。いかに多くの諸結果を伴ったにしても、この事件は過去を一掃しなかったし、伝統を破砕することもなかった。侵入者の目的は、ローマ帝国を滅亡させることではなくして、帝国内に定着し、そこでの生活を享受することであった。すべてのことを考えあわせてみると、ローマ帝国のうちで彼等が保持したものは、ローマ帝国のうちで彼等が破壊し去ったものや、彼等が新たにローマ帝国にもたらしたものを、はるかに凌駕している。確かに、彼等が帝国の領域内に建国した諸王国は、西ヨーロッパにおける国家としての帝国を消滅せしめた。政治的な観点から見るならば、この時からのち東方だけに押しこめられてしまったローマ世界 *orbis romanus* は、かつてはローマ世界の境界とキリスト教世界の境界とを一致せしめていた、あの普遍性を喪失してしまった。けれども、帝国はこの時からのち、自分の失った諸属州に対して無縁の存在になるどころではない。ローマ帝国の文明は、それらの諸属州でも、帝国の支配よりも永く続く。教会を通じて、言語を通じて、諸制度と法律との優越性を通じて、帝国の文明は自分を征服した者にものしかかっていく。侵入に伴って生じた混乱、不安、窮乏、無政府状態のただ中にあって、なるほど帝国の文明は堕落はするが、しかしその堕落のなかにも、なお明瞭にローマ的な相貌を保持している。ゲルマン人は、帝国の文明無しではやっていけなかったし、またやっていこうとも思わなかった。彼等は、帝国の文明を蛮族化はしたが、意識的にゲルマン化することはなかった。

この見解を最も見事に確証するものは、帝国にとって本質的な性格であったことを先に確認した、あの海洋的性格の八世紀に至るまでの存続である。地中海は、侵入の時期が終わった後にも、その重要性を失わない。地中海は、ゲルマン人にとっても、彼等の到達以前からそうであったところのもの、すなわち、ヨーロッパのまさに中心であり、われらの海 *mare nostrum* である。政治的秩序の中ではいかに重要なことであったにしても、西方における最後のローマ皇帝の廃位(一六)(四七六年)は、それ故に、歴史の発展を、それまで永い間続いて来た方向から逸らせるには決して充分ではなかった。それどころか、歴史の発展は、却って同じ舞台、同じ影響の下で、続いていく。ヘラクレスの柱(一七)からエーゲ海まで、エジプト、アフリカの海岸からガリア、イタリア、イスパニアの海岸にまで、帝国によって樹立された文明の共同世界の終焉を告げる証拠は未だ何もない。蛮族によって入植されながらも、新しい世界は旧い世界の相貌の一般的諸特徴をそのままに伝えている。ロームルス・アウグストゥルスからシャルルマーニュまでの間に発生した諸事件の流れを辿るためには、常に視線を地中海に向けていなければならない(2)。

あらゆる歴史的大事件はこの海の岸辺で展開される。四九三年から五二六年まで、テオドリクによって統治されたイタリアは、ローマの伝統の力がそれによって永続し強められる指導権を、すべてのゲルマン諸王国の上に及ぼす。次いで、テオドリクが歿してからも、この伝統の力は一層はっきりと立証される。ユスティニアーヌスはもう少しのところで帝国の統一を恢復するところまでいく（五二七―五六五年）。アフリカ、イスパニア、イタリアが再征服される。地中海は再びローマの湖になる。傾けたばかりの莫大な努力のために疲れ果てたビザンティウム(一八)が、自分の実現した驚嘆すべき業績を完成することも、また無傷のままで保持することさえもできない、というのは事実である。ランゴバルド族はイタリア北部をビザンティウムから奪い取る（五六八年）し、西ゴート族はビザンティウムの束縛から自己を解放する。けれども、ビザンティウムはその意図を捨てない。ビザンティウムはなお長期間にわたってアフリカ、シチリア、イタリア南部を保持する。ビザンティウムは、その艦隊が制圧している海を頼りに、西方を支配することを断念しない。そのため、ヨーロッパの運命は、この時、それまで以上に地中海の波の上でたわむれる。

政治の動きについて言えることは、それ以上にではないにしても、それに劣らず、文明についてもあてはまる。ボエーティウス（四八〇―五二五年）[一九]やカッシオドールス（四七七―五六二年頃）[二〇]が聖ベネディクトゥス（四八〇―五四三年）[二一]やグレゴリウス大教皇（在五九〇―六〇四年）[二二]と同じくイタリア人であり、セビリャのイシドール（五七〇―六三六年）[二三]がイスパニア人であることを想起する必要があるであろうか。アルプスの北に修道制を普及させると同時に最古の学校を保持しているのはイタリアである。古代文化のうちでなお残存しているものと、教会の内部で新たに産み出されるものとが同時に見られるのは、イタリアにおいてである。西方の教会が力強さを証拠だてるすべてのものは地中海諸地方に見られる。そこでのみ、教会は、大規模な企てを遂行できる組織と精神とをもっている。ガリア北部では、聖職者は無知と無力の中に沈湎している。キリスト教は、アングロ－サクソン族のもとには、近くのガリアの海岸からではなく、遠いイタリアの海岸からもたらされなければならなかった（五九六年）。彼等の間への聖アウグスティーヌス[二四]の到着もまた、地中海によって保持されていた歴史的重要性の明白な証明なのである。そして、アイルランドへの布教がマルセイユからやってきた宣教師によるものであること[二五]、さらにまたベルギーの最初の伝道者聖アマンドゥス（六七五年頃歿）および聖レマクリウス（六六八年頃歿）[二六]がアキタニア人であることを考えるならば、地中海によって保持されていた歴史的重要性はさらに意味深く思われてくる。

一層明瞭に、ヨーロッパの経済の動きはローマ帝国の経済の動きの直接の連続であることを示している。確かに、社会的活動の衰えは、他のすべての領域におけると同じく、この領域でも明らかである。既に帝国の最後の時期は侵入の破局が当然にもその速度をはやめるのに貢献した衰頽を私達に目撃せしめている。けれども、ゲルマン人の到着が純粋に農業的な経済と流通の一般的な停滞とを商業と都市生活とに代置する結果をもたらしたと考えるならば、全くの誤りであろう。[3]蛮族が都市を嫌ったというよく言われる主張は事実によって否定されるお定まりの作り話である。帝国の最も辺境の地方で若干の都市が劫掠（ごうりゃく）にあい、焼き払われ、破壊されたとしても、都市の大多数が生き残ったことには議論の余地がない。今日フランス、イタリアだけではなくライン、ドナウ両河の沿岸に存在する都市の統計的な調査は、それらの都市が、大部分は、かつてローマ都市があった場所に現在もあり、その名前も非常にしばしばローマ都市の名前の変形にすぎないことを、立証するであろう。[二七]

教会は、よく知られているように、帝国の行政上の区画をそのまま教会の宗教上の区画としていた。原則として、各司教区は、それぞれ一つの都市区 *civitas* に対応する関係にあった。ところで教会の組織は侵入の時期にほとんどなんらの変化をも蒙らなかったので、その結果、征服者であるゲルマン人によって建設された新しい諸王国においても、教会の組織はその自治都市的性格をそのまま保持した。このことは、六世紀以降、キーヴィタース *civitas* という言葉が司教座聖堂シテ、すなわち司教区の中心地という特殊の意味を帯びるほどに真実である。従って、その組織の基礎となった帝国が滅亡した後にもなお生き残ることによって、教会はローマ都市の存在を保護する上で非常に大きな貢献をしたのである。(二八)

しかし、これらの諸都市が自分の力で、長期にわたって相当の重要性を保持したことも承認しなければならない。これらの諸都市の自治的都市制度は、ゲルマン人が到着したからといって、突如として消滅したわけではない。イタリアでだけではなく、イスパニアでも、ガリアでさえも、依然として都市はデクリオーネス *Decuriones*、(二九)すなわち司法、行政の両権を備え、その詳細はわからないがその存在を否定することもそれがローマ起源であることを否定することも許されない、一団の役人をもっているのが見られる。(4) また、都市にはデーフェーンソル・キーヴィターティス *Defensor civitatis*(三〇) の存在したことが指摘されるし、都市記録簿 *Gesta Municipalia*(三一) に正確な記録を書き込む習慣が指摘される。他方で、そして一層紛う方ない形で、都市は、これまた前の時代の文明の存続である経済活動の中心として立ち現れる。各シテは、依然として、周辺農村の市場であり、その地域の大土地所有者の冬期の住所であり、そしてたとえ少しでも地理的条件に恵まれているならば、地中海の海岸に近づくにつれてますます発達している商業の中心地である。当時のガリアがなお、都市に定住する職業商人の階級をもっていることを納得するには、トゥールのグレゴリウス〔三〕を読めば充分である。グレゴリウスは、全く特徴的な幾つかの箇所で、ヴェルダンの、パリの、オルレアンの、クレルモン－フェランの、マルセイユの、ニームの、ボルドーの職業商人を挙げている。(5) 確かにこれらの職業商人の重要性を誇張しないことが肝要である。〔しかし〕それを実際以下に評価することも同じくらいに大きな誤りであろう。メーロヴィンガ王朝時代ガリアの経済制度が、その他のあらゆる活動形態よりもはるかに多く、農業に基礎をおいていたことは確かである。そしてこのことは、ローマ帝国時代において既にそうであっただけに一層明白なことでさえある。しかしこのことは、メーロヴィンガ王朝時代ガリアの経済制度において、国内流通、物資および商品の輸出入が、社会への栄養補給および社会の生存に不可欠であると認めなければならないほどに積極的な役割を演じていたことを妨げるものではない。この事実の間接的な証明は通過税（*teloneum*）の収入によって与えられる。道路に沿って、港で、橋を渡る時に、等々にローマの行政によって設けられた通過税は、よく知られているように、テロネウムという名前で呼ばれていた。フランクの諸王は、この租税をすべて存続させた。そしてフランクの諸王はこの租税から非常に莫大な収入を吸いあげたので、この種類の租税の徴収官（*telonearii*）はフランクの諸王の最も有用な官僚の一つにかぞえられていた。

ゲルマン人の侵入後における商業の存続、そして同時に、商業の中心地としての諸都市と商業の媒介者としての商人の存続は、地中海貿易の連続によって説明される。地中海貿易は、五世紀から八世紀にかけて、コンスタンティーヌス以来存在していたのと大体のところ同じ姿で、見出される。あり得ることであるが、その衰えが強まったにしても、なおかつ地中海貿易が、ビザンツ的東方と蛮族に支配される西方との間の中断されることのない自由交易の光景を私達に提示するというのは、依然として真実である。イスパニアおよびガリアの海岸からシリアおよび小アジアの海岸へかけて行なわれる海上交通により、地中海の波によってその海岸を洗われる諸地方は、数世紀来帝国の共同世界に抱かれて形成してきた経済的統一体を構成し続ける。地中海貿易によって、世界の経済組織は、世界の政治的分割の後にも生き残る。

他の証拠が欠けていても、フランク諸王の貨幣制度が、このことの真実さを疑問の余地のないまでに確証するであろう。この制度は、ここで力説する必要のないほどに周知のことであるが、純粋にローマ的、より正確に言うならば、ローマ－ビザンツ的である。この制度は、それが鋳造する貨幣、ソリドゥス *solidus*、トゥリエーンス *triens*、およびデーナーリウス *denarius*、すなわちスウ、スウの三分の一に当たる貨幣、およびドゥニエによって、ローマ的、より正確に言うならば、ローマ－ビザンツ的である。それはまた、それが使用する金属、スウおよびスウの三分の一に当たる貨幣の鋳造に用いられる金によってそうなのである。さらにまたそれは、それが正貨に与える重量によってそうなのである。最後にそれは、それが正貨に刻む画像によってそうなのである。貨幣鋳造所が、メーロヴィンガ朝諸王の下で、長期にわたって、貨幣の表面に皇帝の胸像を刻む慣習および貨幣の裏面にアウグストゥスの勝利 *Victoria Augusti* を表す慣習を保持したこと、そしてこの模倣を極端まで押し進めて、ビザンツ人がこの勝利の文字の代わりに十字架を用いるようになるとメーロヴィンガ王国の貨幣鋳造所もただちにその例に従うことを怠らなかったことを想起しよう。これほどに完全な盲目的追従は、当然に、止むに止まれぬ動機から説明されるものである。この盲目的追従は、明らかに、国民貨幣と帝国貨幣との間に、もしメーロヴィンガ王国の商業と地中海の一般的商業との間に最も密接な諸関係が存続していなかったならば、すなわち、もしメーロヴィンガ王国の商業が最も緊密な諸関連によってビザンツ帝国の商業に引き続き結びついていなかったならば、理由のないものになるであろう一致を維持する必要がその原因である。(6) その上、この諸関連については証拠も数多くあり、ここでは、その中で最も有意義なもの若干を想起すれば足りるであろう。

まず第一に、マルセイユが、八世紀の初頭まではガリアの大港であることをやめなかったことに注目しよう。トゥールのグレゴリウスがたまたまこの都市のことをそこで語っている多数の話の中で彼によって用いられている言葉から見ると、この都市が著しく活気のある経済的中心地であったと考えないわけにはいかない。(7) 非常に活発な海運が、この都市を、コンスタンティノープルに、シリアに、アフリカに、エジプトに、イスパニアに、そしてイタリアに、結びつけている。東方の諸産物、パピルス、香辛料、高級織物、葡萄酒および油が、この都市における定期的な輸入品である。その出の大半がユダヤ人とシリア人である外国の商人がこの都市には定住してい、彼らの出生地がマルセイユによってビザンツ諸地域との間に保持されていた諸関係の緊密さを立証している。最後に、メーロヴィンガ王朝時代にマルセイユで鋳造された夥しい量の貨幣が、この都市の商業の活動そのものの物質的証拠を、私達に提供している。(8) この都市の人口は、商人のほかに、かなり多数の手工業者階級を包含していたに相違ない。[9] それ故に、あらゆる点でマルセイユは、フランク諸王の統治の下でも、ローマのシテがもっていた明瞭に自治都市的な性格をよく保持しているように思われる。

マルセイユの経済の動きは、当然に、同港の後背地 *hinterland* に伝播する。マルセイユの経済の動きの影響の下に、ガリアの商業全体がその進むべき方向を地中海に見出す。フランク王国の最も重要な通過税〔徴収所〕は、この都市の近くに、フォスに、アルルに、トゥーロンに、ソルギュに、ヴァランスに、ヴィエンヌに、アヴィニヨンに、置かれている。[10] このことは、マルセイユに陸揚げされる諸商品が内陸部に発送されていたことの明瞭な証拠である。ローヌ河とソーヌ河の流れによって、そしてローマの諸道路によって、そうした諸商品はこの国の北部にまで到達していた。また、私達は、フォスで多数の物資や産物に課せられる通過税の免除〔特権〕をコルビー大修道院が国王から得た特許状をもっているが、その物資と産物の中には、驚くほどさまざまな種類の東方産の香辛料、そしてパピルスが認められる。[11][三] このような状態の下では、大西洋沿岸ではルーアン、ナント両港の、北海沿岸ではカントヴィク（パ-ドゥ-カレー県のエタプル近傍にあった、今は消滅してしまった場所）、ドレスタッド両港の商業活動が、マルセイユの牽引力によって維持されていたと認めるのは、大胆すぎることだとは思われない。サン-ドゥニの大市は、一二、一三世紀にサン-ドゥニの大市をその「先ぶれ」とみなすことのできるシャンパーニュの諸大市(三四)がそうすることになったように、ルーアンおよびカントヴィクを経由してやって来るアングロ-サクソン商人を、ロンバルディア、イスパニアおよびプロヴァンスの商人と接触させ、そしてそうすることによってアングロ-サクソン商人を地中海の商業に参与させる(12)。しかし、地中海の放射する光が最も強く感じられていたのは、明らかに、この国の南部である。メーロヴィンガ王朝時代ガリアの最も重要な諸都市は、すべて、ローマ帝国時代と同じく、依然としてロワール河以南に見出される。クレルモン-フェランおよびオルレアンについてトゥールのグレゴリウスが私達に与えている細かい報告は、この両都市がユダヤ人およびシリア人の正真正銘の居留地を包含していたことを示してい、特権的地位を享受していたと考えることを許すものの何もないこの二つの「シテ」の状態がそのようであったとするならば、ボルドーおよびリヨンのようなはるかに重要な中心地も同じようであったに相違ない。しかもリヨンは、カーロリンガ［カロリング―編集部註］王朝時代にも依然として非常に多くのユダヤ人人口をもっていたことがよく知られている(13)。メーロヴィンガ王朝時代は、地中海の海運の存続のおかげとマルセイユの仲介とによって、真に大規模商業と呼ぶことのできるものを知っていたと結論するには、以上で恐らく充分であろう。ガリアの東方商人の商取引を奢侈品だけに限定しようとするのは、明らかに誤りであろう。確かに、金銀細工品や琺瑯細工品や絹織物を売ることは、彼等に莫大な利益をもたらしたに違いない。しかし、そうした商品の販売では、彼等の数の多かったこと、そして彼等がこの国の全土に驚くほど散らばっていたことを説明するには充分ではないであろう。マルセイユの貿易は、その上、一般的消費物資、香辛料やパピルスは言うまでもなく葡萄酒や油といったものによって養われていい、そうした物資は、既に見たように北の方まで送り出されていたのである。だから、フランク王国の東方商人は卸売商業を営んでいたものとみなさないわけにはいかない。彼等の船舶は、マルセイユの船着場で積荷をおろした後、プロヴァンスの海岸を離れるに際しては、明らかに、旅行者ばかりではなく戻り荷をも運んでいった。史料は、率直に言うならば、この戻り荷の性格については私達に教えてくれない。とりあげるに値する諸推測の中で最も当たっていそうなものの一つは、その積荷は、少なくともそのかなりの部分は、人間商品、換言するならば奴隷であった、という推測である。奴隷商業はフランク王国では九世紀の末まで引き続き営まれていた。ザクセン、テューリンゲンおよびスラヴ諸地方の諸蛮族に対して行なわれた戦争が、かなり豊富であったように思われる素材〔奴隷のこと〕をこの商業に提供していた。トゥールのグレゴリウスは、オルレアンの一商人の所有物であるザクセン人奴隷のことを私達に語ってい(14)、また、七世紀前半に一団の仲間の者と一緒に遂にはその王にまでなるヴェンド族の国をめざして出発したあのサモ(三五)という人物は、奴隷を取引する冒険者にすぎなかったと、最大限の確からしさをもって推定できる。(15)最後に、ユダヤ人が九世紀にもなおかなり活発に従事していた奴隷商業が、明らかにもっと古い時代に遡ることを想起しよう。

商業の大半が、メーロヴィンガ王朝時代のガリアでは、異論の余地なく東方商人に掌握されていたとしても、その東方商人と並んで、そしてどう見ても彼らと常に関係を保っている形で、土着商人が史料に現れる。トゥールのグレゴリウスは、そうした土着商人に関して、それを彼の物語の中に導き入れるのが偶然でないならば明らかにもっと数が多くなるであろう情報を、とにかく私達に提供している。彼は、ヴェルダンの商人達に金を貸すのに国王が同意し、そしてこの商人達の商売が間もなくその借金を返済することができるほどに首尾よく繁昌する話を教えている。(16)彼は、商取引の行なわれる大きな建造物 *domus negociantum* が、すなわちどう見ても一種の市か市場がパリに存在することを知らせている。(17)彼は、五八五年の大飢饉に乗じて金持ちになる一人の商人のことを、私達に語っている⑱。そして、こうした話すべての中では、一点の疑いもなく、職業商人が問題になっているのであって、単なるその時々の売り手や買い手が問題になっているのではない。

メーロヴィンガ王朝時代ガリアの商業が私達に提示する絵は、無論、地中海に沿った他のゲルマン諸王国にも、イタリアの東ゴート族にも、アフリカのヴァンダル族にも、イスパニアの西ゴート族にも見出される。テオドリクの告示は商人に関する多数の規定を含んでいる。カルタゴは依然としてイスパニアと交渉のある重要な港であり、その船舶は遠くボルドーまでも赴いていたようである。西ゴート族の法典は異邦商人に言及している⑲。

以上すべてのことから、ゲルマン人侵入の後におけるローマ帝国の商業の動きの連続が力強く結論されてくる。ゲルマン人の侵入は、古代の経済的統一に終止符をうつものではなかった。地中海によって、そして地中海が西方と東方の間に保持する諸関係によって、この統一は、却って著しい明瞭さをもって維持される。ヨーロッパの大内海は、もはやかつてのように同一の国家には属さない。しかし、やがてこの海が非常に古くからの牽引力を周囲に及ぼすことを止めるであろう、という予測を許すものは未だ何もない。それが示している諸変貌にも拘らず、新しい世界は古い世界の地中海的性格を失わなかった。地中海の諸海岸に、なお新しい世界の活動の最良のものが集中し、そこで栄養源を得ている。ローマ帝国によって確立された文明の共同世界の終末を告知する指標は何もない。七世紀の初めに、一瞥を未来に投じた者があったならば、伝統の存続を信じてはならない理由をただの一つもそこに見出さなかったであろう。

然るに、その当時そう予測するのが自然であり合理的であったことは、現実とはならなかった。ゲルマン人の侵入に耐えて生き残っていた世界の秩序も、イスラームの侵入に耐えて生き残ることはできなかった。イスラームの侵入は、世界的大変動をもたらす根底的な力をもって、歴史の流れを横切るようにして飛びこんできた。マホメット（五七一―六三二年）の存命中でさえ、そのようなことが起こると考えた者も、またそれに備えることのできた者も、一人もいなかった。けれども、イスラームの侵入が支那海[三六]から大西洋まで広まるのに、五〇年以上あまり多くの歳月は必要ではなかった。イスラームの侵入に抵抗するものは何もない。最初の攻撃でペルシア帝国を倒壊させ（六三三―六四四年）、ビザンツ帝国からシリア（六三四―六三六年）、エジプト（六四〇―六四二年）、アフリカ（六四三―七〇八年）を次々と奪取し、イスパニアに侵入する（七一一年）。イスラームの侵略的前進は、八世紀の初めまでは止むことがないであろう。この時になって、一方ではコンスタンティノープルの城壁が（七一七年）、他方ではシャルル・マルテルの軍隊が（七三二年）、キリスト教世界の二つの側面に向けられた二大包囲攻撃を撃砕してしまうであろう。しかし、その膨脹力は涸渇してしまうにしても、イスラームの侵入は地球の表面を変えてしまった。その突発的な圧力は古代世界を破壊してしまった。古代世界がそこに集まっていた地中海共同世界は終末を迎える。古代世界のあらゆる部分を結びつけていた、慣れ親しんでいた海、ほとんど自分の家のようであった海が、今やそのあらゆる部分の間に横たわる障壁に転化しようとする。この海の諸海岸のすべてで、幾世紀来、社会生活はその基本的諸性格において同じであった。宗教も同じ、風俗や思想も同じであるか或いはほとんど同じであった。北方諸蛮族の侵入はこの状態になんらの本質的な変化をも加えなかった。ところが、全く突如として、文明の発祥したまさにその諸地方が地中海共同世界から奪い去られ、予言者崇拝がキリスト教信仰にとって代わり、イスラーム法がローマ法にとって代わり、アラブ語がギリシア語とラテン語にとって代わる。地中海はかつてローマの湖であった。今やその大半が回教徒の湖になる。地中海は、この時以来、ヨーロッパの東方と西方を結合する代わりに両者を分離する。ビザンツ帝国をなお西のゲルマン諸王国に結びつけていた紐帯は絶ち切られる。

第二章　九世紀の商業の衰頽

西ヨーロッパに対するイスラームの侵入がもっているこの測り知れない重要性は、一般には、充分に注目されることがなかった[1]。実際、イスラームの侵入は、西ヨーロッパを有史以来かつてなかった状態におくという結果をもたらしたのである。フェニキア人の仲介、ギリシア人の仲介、最後にはローマ人の仲介を通じて、西方はそれまで常に東方からその文明を受け容れてきた。それまで西方は、言わば地中海に依存して生きてきた。その西方が、ここに初めて、自分自身の生活の資に依存して生きることを余儀なくされたのである。それまではこの海の諸海岸にあった西方の重心が北へと押しあげられ、そしてその結果、すべてを考量するならば西方で未だ二流の歴史的役割を演じていたにすぎなかったフランク国家が、今や西方の運命の決定者になろうとする。イスラームによる地中海の閉鎖とカーロリンガ［カロリング］家[二]の登場との同時性には、単なる偶然の戯れ以上のものを見ないわけにはいかない。事態の全貌を観察するならば、前者と後者の間には明瞭に結果に対する原因の関係が認められる。

フランク帝国は今まさに中世ヨーロッパの諸基礎を据えようとする。けれども、フランク帝国が果たした使命は、世界の伝統的な秩序の転倒をその本質的条件とするものであった。イスラームの侵入によって歴史の進展の方向が変えられなかったならば、歴史の進展に言わば狂いが生じなかったならば、その使命を果たすようにフランク帝国を運命づけるものは何もなかったであろう。イスラームなくしては、疑いもなくフランク帝国は存在しなかったであろうし、マホメットなくしては、シャルルマーニュは考えることができないであろう(二)。

事態がまさにそのようであったことを納得するには、地中海がその一千年にわたる歴史的重要性を保持しているメーロヴィング「メロヴィング」王朝時代とこの影響力が感じられなくなっているカーロリンガ王朝時代とが、相互に呈する対照を指摘すれば充分である。あらゆる面で、すなわち、宗教的感情において、政治において、文芸において、諸制度において、言語において、果ては書体(三)においてさえ、同一の対照が観察される。どのような観点から検討してみても、九世紀の文明は、その前の時代の文明との非常に明瞭な断絶を立証している。ペパン短軀王(四)「ピピン短軀王―編集部註」のクーデターは、一つの王朝に対する別の王朝の代位とはよほど別のことである。このクーデターは、その時まで歴史が辿ってきた流れの新しい方向づけを示していいる。確かに、ローマ皇帝とアウグストゥスの称号(五)で身を飾ることによって、シャルルマーニュは古代の伝統を復興したつもりでいた。実際には、彼は、古代の伝統を破壊したのである。古代帝国は、コンスタンティノープルの皇帝 *basileus* の領土だけに版図が縮小され、西方の新帝国と併存しそれとは無関係な東方帝国になってしまう。その名称にも拘らず、西方の新帝国は、カトリック教会がローマ的である限りにおいてのみ、ローマ的であるにすぎない。さらに、新帝国の勢力の本拠は、他のどこよりも、北方の諸地域にある。宗教的および文化的問題に関する新帝国の主要な協力者は、もはやかつてのように、イタリア人、アキタニア人、イスパニア人ではなく、聖ボニファティウス(六)やアルクイン(七)のようなアングロ‐サクソン人であり、或いはエジナール(八)［アインハルト］のようなシュヴァーベン人である。この時を境として地中海から切り離されてしまった国家の中で、南方の人間達はもはや副次的な役割を演ずるにすぎない。南への道を閉ざされたこの国家が、北ヨーロッパに広く版図を拡大し、エルベ河およびボヘミアの山岳地帯にまでその国境をおしひろげるその時から、ゲルマン的な影響がこの国家の中で支配し始める。(2)

経済史は、特に明瞭に、カーロリンガ王朝時代とメーロヴィンガ王朝時代との相違を際立たせている。(3)メーロヴィンガ王朝時代にはガリアは依然として海洋国家を構成していこの時代のガリアに流通と交通とが維持されているのは海のおかげである。シャルルマーニュの帝国は、それに反して、本質的に内陸的である。この帝国は外部との交渉をもはやもっていない。それは、ほとんど完全な孤立状態の中で生活している封鎖国家、出口のない国家である。

確かに、移行は、一つの時代から他の時代へと、物を切断するようにざっくりと、そして明瞭にはいかなかった。七世紀の半ば以降、イスラームが地中海に進出するにつれて、マルセイユの商業が衰えるのが観察される。まず最初にシリアが、六三四―六三六年にイスラームに征服されて、その船舶と商品とをマルセイユに送ることを止める。やがて次に、今度はエジプトがイスラームに屈服し（六四〇年）、パピルスはもはやガリアに到着しなくなる。六七七年以降、国王官房がパピルスの使用を中止するのは、この間の事情をまことによく物語っている。[4] 香辛料の輸入は、七一六年に、コルビーの修道士がフォスの通過税について彼等のもっている特権を、その時を最後として確認して貰うのを利益だと考えているところから見て、なお暫くは続いている。[5] さらに五〇年の歳月が経過した後に、マルセイユの港はさびれてしまった。マルセイユの港を養い育ててきた海は同港に対して閉ざされてしまい、この海が、マルセイユの仲介によって内陸諸地域にそれまで維持してきた経済的生命力は、決定的に消滅してしまった。九世紀には、かつてはガリアの中で最も富裕な地方であったプロヴァンスが、ガリアの中で最も貧しい地方になってしまった。(6)

その上、イスラームは、この海に対するその支配をますます強固なものにする。九世紀の経過する間に、彼等は、コルシカ島、サルデーニャ島、シチリア島を占領する。アフリカの諸海岸に新しい港、すなわち、カイルアン（六七〇年）、テュニス（六九八―七〇三年）を築き、後にはテュニスの南にエル・メーディアを、次いで九六九年にはカイロを築く。パレルモには大きな兵器庫が建ってい、ここがティレニア海におけるイスラームの主要な根拠地となる。イスラームの艦隊がわがもの顔にティレニア海を航行し、商船隊は西方の諸産物をカイロに輸送し、カイロからさらにバグダッドへとこの諸産物は送られる。あるいはまた海賊船隊は、プロヴァンスおよびイタリアの諸海岸を荒らし、その海岸諸都市で掠奪を働いては、奴隷として売るためにその住民を捕えたあとで町を焼き払う。八八九年、こうした掠奪者の一団が、フラクシネトゥム（ニースに程遠からぬヴァール県のガルド‐フレネ）をさえ占領し、その守備隊はほぼ一世紀の間フラクシネトゥム近傍の住民を絶え間のない侵掠の下におき、フランスからアルプスの諸峠を越えてイタリアに至る諸ルートを脅威にさらす。(7)
サラセン人の攻撃から帝国を防衛しようとするシャルルマーニュとその後継者達の

努力は、ノルマン人(九)の侵入に対抗しようとして彼等の払った努力と同じように、空しいものであった。九世紀の全期間を通じて、デンマーク人とノルウェー人が、北海、イギリス海峡、ガスコーニュ湾からだけではなく、時としては地中海からさえも、どれほどの精力とどれほどの熟練とをもってフランキア *Francia*(一〇) を搾りとったかは、よく知られている。あらゆる河川をまことに巧妙な構造をもった小船が遡った。この小船の立派な見本が最近の発掘作業によって陽の目を見、オスロ（クリスチャニア）に保存されている(一一)。周期的に、ライン河、メウーズ河、エスコー河、セーヌ河、ロワール河、ガロンヌ河、ローヌ河の諸流域が、驚くほど辛抱づよい精神に支えられた組織的な搾取の対象となった(8)。荒廃は、多くの場所で住民そのものが消滅してしまったほどに、徹底的であった。そして、サラセン人に対しても、またノルマン人に対しても、その諸海岸の防衛を組織できなかったことほど雄弁に、フランク帝国の本質的に内陸的な性格を物語るものはない。というのは、この防衛は、それが有効であるためには、海軍による防衛でなければならなかったはずであるのに、帝国は艦隊を全くもっていなかったか、ないしは俄かづくりの艦隊しかもっていなかったからである(9)。

　こうした状態は、真の重要性をもった商業の存在と両立し得るものではない。九世紀の歴史文献は、商人（*mercatores, negociatores*）に関する若干の記載を確かに含んでいるが、[10] しかしその重要性については、些かも錯覚を抱かないよう注意しなければならない。この時代について私達に遺されている多数の史料を考慮に入れると、そうした記載が、実は、寥々（りょうりょう）たるものであることに気づくのである。その規定が社会生活のあらゆる面に触れている勅令（二）の中で、商業に関する規定は明瞭に乏しい。従って商業は、無視しても差し支えないほどに副次的な役割しか果たさなかったと結論しなければならない。

九世紀の前半に商業がなお若干の活動を示しているのはガリア北部だけである。メーロヴィンガ王国内でイングランドおよびデンマークと貿易をしていたカントヴィクおよびドレスタッド（ユトレヒトの南西、ライン河畔）の両港は、ノルマン人によって破壊される（八三四―八四四年）までは、[11] 依然としてかなり広汎な海上交通の中心地である。シャルルマーニュおよびその後継者達の治世に、ライン河、エスコー河、およびメウーズ河を舞台とするフリース族の国内水上運輸業が他のどの地方にも見られない重要性を示したのはこの両港のおかげである、と考えてよい。当時の史料がフリースラントのマント（*pallia fresonica*）という名前で呼んでいるフランドル農民の織った〔毛〕織物が、ライン・ドイツの葡萄酒とともに、かなり定期的だったと思われる輸出の素材を、この国内水上運輸業に提供していた。[12] さらに、ドレスタッドで鋳造されたデーナーリウス銀貨が非常に広く流通していたことも、よく知られている。この銀貨は、スウェーデンおよびポーランドの最古の貨幣の祖型としての役割を果たした。[13] このことは、この銀貨が、疑いもなくノルマン人の仲介によって、早くからバルト海にまで滲透したことの明瞭な証拠である。なおまた、或る程度まで広汎に営まれた商業の対象となったものとして、ノワールムーティエ島の塩を挙げることができる。ノワールムーティエ島ではアイルランドの船が人目を惹く。[14] ザルツブルクの塩の方は、ドナウ河とその諸支流によって帝国の内部へと輸送されていた。[15] 奴隷の売却は、君主の名前でそれを対象とする禁令が出されたにも拘らず、東部諸国境に沿って行なわれていた。そこでは、異教徒のスラヴ人に対して行なわれた諸戦争の捕虜に多数の買い手がつき、その買い手は彼等をビザンティウム或いはピレネー山脈の彼方へと輸送していた。

フリース族の商業はノルマン人の侵入によって絶滅されてしまったが、そのフリース族と並ぶ他の商人としては、ユダヤ人が見出されるだけである。彼等は依然として数が多く、フランキア *Francia* のあらゆる部分に見出される。ガリア南部のユダヤ人は、イスラーム圏イスパニアの同宗者と関係を保ってい、このイスパニアの同宗者にキリスト教徒の子供を売却した廉で非難されている。[16] これらのユダヤ人がその商取引の対象としていた香辛料および高級織物を入手したのは、イスパニア、そして恐らくはそれと並んで、ヴェネツィアからである。[17] けれども、ユダヤ人は自分の子供を受洗させる義務を負わされていたので、彼等の多くが非常に早くからピレネー山脈の彼方へと移住したに違いなく、彼等が商業に占めていた重要性は、九世紀の経過する間に小止みなく減少していく一方であった。シリア人の占めていた商業上の重要性はどうであったかと言えば、往時はあのように大きかったそれも、この時代には、もはや問題にならない。[18]

それ故に、カーロリンガ王朝時代の商業はとるに足りないものになり果てる、と結論せざるを得ない。カントヴィクおよびドレスタッドの消滅後は外来のユダヤ人の掌中にほとんど完全に独占されてしまったカーロリンガ王朝時代の商業の内容は、もはや、若干の葡萄酒樽あるいは塩樽の輸送、奴隷の密貿易、そして最後に東方産奢侈品の行商だけである。

定期的で正常な商業活動、恒常的で組織的な流通、職業商人の階級、都市内部にある職業商人の定住地、要するに、その名に値する交換経済の正に本質を構成するすべてのものについての痕跡は、イスラームの侵入による地中海の閉鎖以後はもはや見出されない。九世紀に見出される多数の市場 (*mercata, mercatus*) はこの断定と少しも矛盾するものではない[19]。というのは、そうした市場は、農村で出来る食糧品を小売りすることによって住民に週一回の補給をする目的から設けられた、地方的な小市場にすぎないからである。カーロリンガ王朝時代の商業活動を立証しようとして、アーヘン[一三]のシャルルマーニュの王宮の近くや、或いは例えばサン‐リキエ大修道院のような若干の大きな大修道院[一四]の側に、商人達の居住する街路（*vicus mercatorum*）があったことを引き合いに出すのもまた、同じく無益なことであろう[20]。というのは、そこで問題となる商人は、決して職業商人ではないからである。宮廷の生活物資や修道士の生活物資を供給することを任務としたのであるからして、これらの商人は、次のような表現がもし許されるならば、領主の生活物資を補給するための使用人であって、些かも商人ではない[21]。

その上、私達は、西ヨーロッパがそれまでその一員であった地中海共同世界に属することを止めてしまった日から西ヨーロッパに襲いかかった経済的衰頽を立証する、一つの物質的証拠をもっている。その証拠は、ペパン短軀王によって着手され、そしてシャルルマーニュによって完成された、貨幣制度の改革によって私達に与えられている。この改革が銀貨の鋳造をもって金貨の鋳造に代えるために後者の鋳造を放棄したことは、よく知られている。その時までローマの伝統に従って貨幣中の貨幣であったソリドゥスは、もはや計算貨幣にすぎなくなる。実際に流通する唯一の貨幣は、それ以後は、重量約二グラム、その金属価値が、フランのそれになおすと、おおよそ四五サンティームに見つもることのできるデーナーリウス銀貨である。[22] メーロヴィンガ王朝時代のソリドゥス金貨の金属価値[二五]が約一五フランであったから、この改革のもっている重要性のすべてが理解されるであろう。議論の余地なく、この改革は、流通と富との驚くべき衰頽以外のものによっては説明されない。

一三世紀に、フィレンツェのフロリン、ヴェネツィアのデュカートとともに金貨の鋳造の復活することがヨーロッパの経済ルネサンスを特徴づけていると認めるならば、そしてそう認めなければならないのであるが、この同じ金貨の鋳造が九世紀に放棄されたことは、その反対に、深刻な衰頽を立証していることが明白である。ペパンとシャルルマーニュはメーロヴィンガ王朝時代末期の貨幣の混乱を匡正（きょうせい）しようとしたのである、と言うだけでは充分ではない。というのは、その匡正だけならば、金貨の鋳造を断念しなくても彼等にはできたはずだからである。明らかに彼等は、必要に迫られてのみ、すなわちガリアから黄金が姿を消したためにのみ、金貨の鋳造を断念したのである。そしてこの黄金の消滅の原因は、ひとえに地中海の商業の杜絶にある。全くその通りなのであって、依然としてコンスタンティノープルとの接触を保っているイタリア南部は、コンスタンティノープルと同様に、カーロリンガ王朝の君主が銀貨をもってそれに代える必要に迫られている金貨をなお維持しているほどである。またその上に、カーロリンガ王朝の君主のデーナーリウス銀貨の極めて軽い重量が[一六]、彼等の帝国の経済的孤立を立証する。カーロリンガ王朝の諸国家と、ソリドゥス金貨が流通し続けていた地中海諸地域との間にもし少しでも交渉が残っていたならば、カーロリンガ王朝が、貨幣単位を前の時代の貨幣単位の価値の三〇分の一に切り下げることができたとは、考えられない[23]。

しかし、それだけではない。九世紀の貨幣改革は、単にそれが実施されるのを経験した時代の一般的貧困化に照応するばかりではなく、緩慢であることと不足していることが等しく顕著な〔貨幣の〕流通に歩調を揃えている。遠方から貨幣を吸引するだけの力をもった中心地がないために、〔貨幣の〕流通は、言わば停滞状態を続ける。シャルルマーニュとその後継者達は王立貨幣鋳造所以外の場所でデーナーリウス銀貨を鋳造しないよう命じたが、効果はなかった。ルイ敬虔王[一七]の治世になると、教会が通貨を入手するのが不可能である状態を考慮して、貨幣鋳造の認可を若干の教会に与えることが必要になる。九世紀の後半以降は、国王による市場開設の認可には、ほとんど例外なく、貨幣鋳造所をその市場に設立する認可が付随して与えられる[24]。このようにして、国家は通貨鋳造の独占権を保持していくことができない。通貨鋳造の独占権は、小止みなく分権化していく。そしてこのことがまた、経済的衰頽の、曖昧ではない、一つのあらわれなのである。というのは、商業流通が活発であればあるほど、貨幣制度は中央集権化し、また単純化するものであることを、歴史が確証しているからである。九世紀の時の流れを降れば降るほどますます貨幣制度が示す分散、多様性、一言にして蔽えば無政府状態は、それ故に、私達がここで明確にしようとする全般的印象を、最も意味深い仕方で強固にする仕上げとなる。

それにも拘らず、シャルルマーニュを広大な展望をもった経済政策の持主に仕立てあげる企てが、これまでになされている。この企ては、シャルルマーニュのもって生まれた才能をどれほど大きなものと考えるにしても、彼が抱いたことなどあり得ない観念を彼が抱いていたとするものである。七九三年にシャルルマーニュがレグニッツ川とアルトミュール川とを結びつけ、そうすることによってライン河とドナウ河との連絡をつける目的で着手させた工事は軍隊の輸送以外のことにも役立ったに違いないとか、アヴァール人に対する戦争はコンスタンティノープルへの商業路を開きたいという願望から起こされたとか、そうしたことを幾らかはありそうなこととして主張するのは、誰にもできない。効果のないものではあったが、貨幣、度量衡、通過税、市場に関する勅令の諸規定は、カーロリンガ王朝の立法体系である規制と統制のあの一般体系に密接に結びついている。徴利を禁止するために取られた措置についても、聖職者身分の者が商業に手を出すことに対する禁止についても、事情は同じである。こういった諸々の禁令の目的は、不正行為、無秩序、無規律を克服すること、そしてキリスト教道徳を上から民衆に与えることである。先入観のみが、これら諸々の禁令を目して、帝国の経済発展に刺戟を与える目的で制定されたものと考えることができるのである。

シャルルマーニュの治世はルネサンスの時代であったと考える習慣があまりにも根深いために、彼の治世にはすべての分野で同じような進歩が見られたものと、無意識のうちに想像してしまいがちである。不幸なことに、文芸、宗教上の状態、風俗、諸制度、政治については真実であることが、流通と商業については、真実ではない。シャルルマーニュが成し遂げた偉業は、すべて、彼の軍事力によるものか、若しくは教会との提携によるものであった。ところで、その教会も、そしてまた軍隊も、フランク帝国がそのために外部への出口を奪われていた状況を克服することはできなかった。フランク帝国は、避けられない宿命としてのしかかってきた状態を甘受しなければならなかった。歴史学は、シャルルマーニュの世紀が他の観点からはどんなに華々しいものに見えるにしても、経済的観点から見るならば、後退の世紀であることの再認識を迫られている。

フランク帝国の財政組織はこのことを私達に納得させるための仕上げをするであろう。何故ならば、帝国の財政組織は、この上もなく未発達なものだからである。メーロヴィンガ王家はローマを模倣して国家の租税を保持していたが、その国家の租税がもはや存在しない。君主の財源は、その荘園からあがる収入、征服した諸民族から徴収する貢物、それに戦利品だけである。通過税はもはや国庫に栄養を与える上で貢献していず、そのことによってこの時代の商業の衰頽を証明している。それは、ごく時たま河川によるか街道によるかして輸送される商品から現物で暴力的に徴収される、単なる不当課税に転化する(25)。通過税の収入は橋梁、波止場、道路の維持に使われなければならなかったのに、その乏しい収入がそれを徴収する官僚によって独り占めされてしまうのである。行政を監督するために創設された国王巡察使 *Missi dominici*(一九) は、彼等の確認する弊害を絶滅させることができない。何故なら、国家は、役人に給与を与えることができないので、役人を国家の権威に従わせることも同じくできないからである。貴族だけが、その社会的地位のおかげで、無報酬の勤務を国家に提供することができるが、その貴族の間から役人を任用することを国家は余儀なくされる。

しかしそうすることで、貨幣がないために、国家権力の代理人を、その最も明らかな関心事が国家権力の減殺である一群の人々の間から選ぶことを、国家は強いられているのである。官僚を貴族の間から任用したことはフランク国家の根本的な欠陥であり、シャルルマーニュ歿後におけるあのように急速なこの国家の崩壊の本質的原因であった。実際、理論上は全能の君主であっても、事実上は君主に対して独立的な役人の忠誠に依存する君主を戴いていたこの国家ほど、こわれやすいものはなかった。封建制度は、この矛盾した状況の中にその芽を出している。カーロリンガ帝国は、ビザンツ帝国やカリフの帝国と同じく、租税の制度、財政上の監査、財政の中央集権、役人の俸給や公共土木事業や陸海軍の維持に必要な経費を支出できる国庫、こういったものをもっていて初めて存続できるものであったろう。この帝国の崩壊を惹き起こした財政的無力は、この帝国が、基盤としての機能を果たし得ない経済的基礎の上に、その行政機構を維持していけなかったことの明瞭な表現である。

国家のこの経済的基礎というのは、社会のそれと同じく、それ以後は不動産である。カーロリンガ帝国は、出口をもたない内陸国家であったと同様に、本質的に農業的な国家でもあった。この帝国でなお見出される商業の痕跡は取るに足りない量にすぎない。この帝国は、土地財産以外の財産をもはや知らず、農業労働以外の労働をもはや知らなかった。しかも、明らかに、この農業の優越ということは新しい事実ではない。農業の優越は既にローマ時代に極めてはっきりと認められるし、メーロヴィンガ王朝時代にもますます強化されながら続いた。古代末期になると、ヨーロッパの西部全体が、その構成員が元老院議員（*Senatores*）[二〇]の称号を帯びていた貴族のもっている大所有地によって蔽われていた。従来の自由農民自身が土地に緊縛されたコローヌス[二一]に転化していった一方では、次第に小所領は消滅して世襲保有地に転化していった。ゲルマン人の侵入はこうした状態をそれとわかるほどには変えなかった。ゲルマン人を農民の平等主義的な民主政治の相の下に思い浮かべる考え方は、現在では決定的に放棄されてしまった。社会的格差はゲルマン人がローマ帝国に入り込んだとき彼等の間で極めて大きなものであった。彼等は少数の富者と多数の貧者とを包含していた。ゲルマン人の間における奴隷および半自由民（*liti*）[二二]の数は夥しいものであった。[26]

侵入者のローマ諸属州への到着は、従って、なんらの大混乱をもたらさなかった。新来者は、そこで彼等の見出した状況に適応することによって、その状況を存続させた。多くのゲルマン人が、彼等を元老院議員と同等のものにした大所領を、国王から与えられるか、或いは暴力、婚姻、その他の方法で手に入れるかした。土地所有貴族は、消滅するどころか、却って新しい要素を加えて増加した。自由な小土地所有者の消滅は、その速度を増しながら続いた。カーロリンガ王朝時代の幕が開くと、自由な小土地所有者はもはや極めて少数しかガリアには存在しなかったようである。シャルルマーニュは、この残存していた自由な小土地所有者の消滅を防止するために若干の措置を講じたが、効果はなかった[27]。保護をうけなければならない必要が彼等をして有力者のもとに防ぎ得ぬ勢いで集まらせたのであり、有力者の保護の下に彼等はその身体と財産を託したのである。

大所領は、それ故、侵入期以後もますます広汎な展開を示すことを止めなかった。国王が教会に対して惜しみなく与えた恩恵もまたこの制度の発達に寄与したし、貴族の宗教的熱狂についても事情は同じであった。七世紀以降その数が非常な速さで増加していった修道院も、競って莫大な土地の寄進をうけた。至るところで教会荘園と世俗荘園が、耕地だけではなく、森林、ヒースの生い茂った荒地、未耕地をも含みながら、入り混じっていた。

これらの荘園の組織は、フランク時代のガリアにおいても、ローマ時代のガリアで見られた所領のそれと同じままであった。そうなるより他になりようがなかったことは、他の組織でそれに代えようとするいかなる動機もゲルマン人にはなかったし、その上、それはやろうとしてもできないことであったからして、納得がいく。この組織の眼目とするところは、全体の土地を、二つの別個の管理法の下におかれる二つのグループに分割することであった。第一のグループに属する土地は、面積の狭い方で、土地所有者によって直接経営された。第二のグループに属する土地は、保有地として、農民に分割された。一つの荘園を構成する村落 *villas* の各々が、このように、領主直営地（*terra dominicata*）と、耕作単位（*mansus*）に区分され、貨幣形態または現物形態による賦課租および賦役の提供を条件として、村民すなわち農奴（*manentes, villani*）によって世襲権をもって占有されていた託営地とを、含んでいた。[28]

都市生活と商業が存在していた間は、大荘園は、その余剰生産物を売却するための市場をもっていた。メーロヴィンガ王朝時代の全期間を通じて、都市集落が食糧の供給をうけ商人が糧食を仕入れたのは大荘園のおかげであったことは、疑うことができない。しかし、イスラームが地中海を制圧し、ノルマン人が北方の諸海を制圧したために流通が姿を消し、それとともに、商人階級と都市住民も姿を消すと、事情は変わらざるを得なかった。荘園はフランク国家が遭遇したのと同じ運命に遭遇した。フランク国家と同じく、荘園も出口を失った。買い手がないので外に売る可能性がもはや存在しなかったから、荘園を生活の基盤とする人々、土地所有者と土地保有者の生活に必要な最小限度以上の生産を続けることは、無益なことになった。

交換経済に消費経済がとってかわった。各荘園は、それ以後、外との交渉を保ち続ける代わりに、孤立して小世界を構成するようになった。各荘園は、家父長的制度の因襲的停滞状態の中で、自分だけで、自分だけを頼りに、生活を営んだ。九世紀は、これまで封鎖的家経済と呼ばれてきたもの、そしてより正確には販路のない経済と呼ばれるであろうものの、黄金時代である。[29]

そこでは生産が荘園に関係する人々の消費に役立つだけであり、従って利潤の観念とは全く無縁であるところのこの経済を、自然発生的な現象と考えることはできない。大土地所有者がその土地の生産物を売却するのを断念したのは、決して自発的にではない。すなわち、そうするより他に彼等はしかたがなかったためである。もし商業が、この生産物を外に売り捌く方途を定期的に彼等に与え続けていたならば、必ずや彼等はそれを利用したであろう、ということは確かである。彼等は、売ることができなかったから売らなかったのであり、販路が存在しなかったから売ることができなかったのである。九世紀以降に登場するごとき荘園組織は、それ故、外部環境の所産であって、そこには有機的な変化は全く見られない。ということは、荘園組織は変則的な現象であるということである。

このことは、カーロリンガ王朝時代のヨーロッパが私達に提示する光景に、同じ時

代にロシア南部が呈する光景を対比することによって、全く印象的に納得することができる。(30)

ヴァリャーグ・ノルマン人の集団、すなわちスウェーデン生まれのスカンディナヴィア人の集団が、九世紀の経過する間に、ドニエプル河流域のスラヴ人に対する支配権を確立したことは、よく知られている。この征服者を被征服者はロシア人という名前で呼んだが、彼等征服者は、自分達の服属させた住民のただ中でその地位を維持していくことができるためには、当然に、群居しなければならなかった。彼等は、そのために、スラヴ語でゴロド *gorods* と呼ばれる、防備施設を施した囲い地を建設し、彼等の大諸侯と彼等の崇める神々の像とを囲んで、そこに住みついた。ロシアで最も古い諸都市は、これらの野営陣地にその起源を負うている。そうした野営陣地はスモレンスク、スズダリ、ノヴゴロドにあった。その中で最も重要なのはキエフにあり、キエフの公は他のすべての大諸侯より一段高い地位を占めていた。

侵入者の生活は土着住民から徴収される貢物によって保証されていた。従って、この地方が豊富に供給していた生活の資の他に不足分の補いを外に求めずとも、自分達の住んでいる場所を動かずに生活することがロシア人には可能であったろう。もし彼等が、西ヨーロッパの同時代人と同じように、外部との交渉ができない状態にあったならば、恐らく彼等はそうした生活を送り、隷属民の貢租を消費するだけで満足したであろう。けれども、彼等の占めていた位置は、やがて彼等をして交換経済を営む気持を起こさせるようになった。

というのは、ロシア南部は二つの高度な文明圏の間に位置していたからである。東の方には、カスピ海の彼方にバグダッドのカリフ国が広がってい、南の方では、黒海の水がビザンツ帝国の諸海岸を洗い、コンスタンティノープルへの道を開いていた。蛮族は、この二つの強力な炉床の熱の放射を、ただちに感じとった。確かに、彼等はこの上なく精力的であり、進取の気性に富み、冒険を好んだが、しかし、そのような彼等のもって生まれた素質も周囲の状況を活用せしめただけである。彼等がスラヴ諸地方を占拠した時、既にそこにはアラブ人、ユダヤ人、ビザンツ人の商人がしばしば訪れていた。これらの商人達が彼等に辿るべき路を指し示してい、彼等は、文明化された人間と同じく原始的な人間にも具わっている儲けを愛する気持の刺戟の下に、その路に進出することを躊躇しなかった。彼等の占拠していた地方は、富裕で生活の洗練されている諸帝国との貿易に特に適する諸物産を、彼等の思うがままの利用に委ねていた。

その無限に広い森林は、未だ砂糖の知られていなかったこの時代には貴重であった蜂蜜と、衣装と家具の贅沢のためには南の諸地方でもその豪奢が必要である毛皮とを、大量に彼等に供給した。奴隷は、手に入れるのが一段と容易であったし、回教徒のハレムとビザンティウムの大邸宅や仕事場のおかげで確実に売れ、しかも儲けも多かった。このようにして、九世紀に入ると、地中海の閉鎖以後カーロリンガ帝国が孤立状態に閉じこめられていたのに対して、ロシア南部は、その反対に、ロシア南部を惹きつけていた二つの大きな市場にその諸物産を売り捌くよう誘いかけられていたのである。ドニエプル河流域のスカンディナヴィア人が異教徒であったことは、西方のキリスト教徒が回教徒と交渉をもつのを妨げていた宗教的疑悩から、彼等スカンディナヴィア人を自由にしていた。キリストの信仰にも、マホメットの信仰にも属さなかったからして、彼等はそのどちらの信者とも分けへだてなく交渉をもって、ただ富裕になることだけを願ったのである。

彼等が回教徒帝国ともギリシア人帝国とも等しく営んだ交易の大規模であったことは、ロシアで発掘され、そして金の点線のようにロシアにおける商業路の方向を示している、夥しい数のアラブ貨幣およびビザンツ貨幣によって証明される。商業路は、キエフ地方から、南の方へはドニエプル河に沿って、東の方へはヴォルガ河に沿って伸び、北の方へはドヴィナ河とボスニア湾に隣接する諸湖によって示される方向へと伸びていた。ユダヤ人あるいはアラブ人の旅行者およびビザンツ人の著述家のもたらす情報が、幸いなことに、考古学上の発掘資料を補っている。ここでは、一〇世紀にコンスタンティーヌス・ポルヒュロゲネートゥス(二四)が報告している情報を、手短かに要約しておけば充分であろう(31)。彼は、毎年氷が融けるとロシア人が船をキエフに集結する、と私達に教えている。小船隊はゆっくりとドニエプル河を降っていく。この河の多数の瀑布が、河岸沿いに小船を曳くことによって避けなければならない障害物となる。海に到着すると、海岸に沿って、この長くて危険な旅の最後の目的地、コンスタンティノープルへと帆をはって航海する。ロシア人商人はこの都市に特別地区をもってい、またその最古のものが九世紀に遡る通商協定が彼等とこの首都の住民との関係を規定している。彼等のうちの多くの者が、この都市の魅力に惹かれてここに永住し、かつてゲルマン人がローマの軍団に勤務したように、ここで近衛隊に勤務する。皇帝の都市（Tsarograd）は、その影響が何世紀にもわたって保たれた不思議な魅力を、ロシア人に与えた。彼等がキリスト教を受け容れた（九五七―一〇一五年）のは、この都市からである。彼等が、彼等の芸術、彼等の文字、貨幣の使用、彼等の行政組織の大部分を借り受けたのは、この都市からである。ビザンティウムとの商業が彼等の社会生活の中で演じた役割を証明するのに、これ以上多くの言葉を費す必要はない。ビザンティウムとの商業は、ロシア人の社会生活の中で、それをぬきにしては彼等の文明が結局は説明できないであろうほどに本質的な地位を占めている。確かに、この商業がそれに従って営まれる諸形式は、極めて原始的なものである。けれども、重要なことは、この貿易の形式ではなくして、この貿易が与えた影響なのである。

ところで、中世初期のロシア人の場合、この貿易が社会制度を実際に決定したと言ってさしつかえない。カーロリンガ王朝時代ヨーロッパに住む同時代人の間に確認される状態とは明瞭な対照を示して、土地財産の重要性はもちろんのこと、その観念さえもが、ロシア人には未知のものである。彼等の富の観念は動産を含むだけであり、動産の中で最も貴重なものが奴隷である。彼等は、土地に対して彼等の行使する支配権によって土地の生産物を取得することができるかぎりにおいて、土地に関心をいだく。そして、こうした考え方は征服的戦士階級のそれであるが、この戦士は同時に商人であったからして、それが、非常に長期にわたって維持されたことはほとんど疑うことができない。最初は軍事的必要が動機であったゴロド *gorods* へのロシア人の集中が、驚くほどよく商業的必要にも適応するのがわかったことを付言しておこう。征服した住民をその支配下につなぎとめておく目的で蛮族によって創設された組織が、それ故に、蛮族がビザンティウムおよびバグダッドの経済的魅力のとりこになってから彼等のものとなった生活様式にも、適合したのである。ロシア人が示しているこの例は、社会は、商業に従事する前に農業を通過するのを必ずしも必要としないことを、教えている。ロシアでは、商業が原初的現象として現れている。そうであるとするならば、それは、ロシア人が、初めから、西ヨーロッパの住民のように外の世界から孤立した状態にはなくて、その反対に、外の世界と交渉をもつことを強制された、もっと適切な言い方をするならば、外の世界と交渉をもつようにしむけられたからである。この点にこそ、ロシア人の社会状態をカーロリンガ帝国のそれと比較する時に明らかになる、まことに強烈な諸対照の原因があるのである。すなわち、荘園を所有する貴族の代わりに商業に従事する貴族、土地に緊縛された農奴の代わりに仕事の手段と考えられている奴隷、農村で生活する住民の代わりに都市に集まり住む住民、最後に、単純なる消費経済の代わりに交換経済と定期的かつ永続的な商業活動である。

こういった、まことに明瞭な諸対照は、カーロリンガ帝国からは出口を奪っていたのに反してロシアには出口を与えたところの環境の所産であることを、歴史は驚くべき明白さで示している。事実、ロシア人の商業活動が維持されたのは、コンスタンティノープルおよびバグダッドへの道がこの商業活動に対して開かれていた間にすぎなかった。一一世紀にペチェネーグ人（二五）が突如としてもたらした危機に対して、この商業活動は些かの抵抗をも示さないのであった。カスピ海および黒海の諸海岸へのこの蛮族の侵入は、八世紀に地中海へのイスラームの侵入が西ヨーロッパにもたらしたのと同一の諸結果を、この商業活動にもたらした。

イスラームの侵入がガリアと東方との交渉を切断したのと同じように、ペチェネーグ人の侵入は、ロシアとその外部の諸市場との交渉を切断した。そして、どちらの場合を見ても、この切断がもたらした諸結果は異常なまでの正確さで一致する。ガリアにおけると同じくロシアでも、輸送が姿を消し、都市の人口は減少し、そして住民が自分のいる場所を動かずに生活の資を用意する方法を見出すことを余儀なくされて、農業経済の時代が商業経済の時代にとって代わる。細部にわたっては相違があるにも拘らず、ガリア、ロシアの双方で光景は同じである。南部の諸地方は、蛮族によって破壊され、不安な状態におとしいれられ、その地位を北部の諸地方に譲る。マルセイユがそうであったように、キエフは衰頽の淵に沈み、カーロリンガ王朝の登場とともにフランク国家の中心がライン河の流域に移ったように、ロシア国家の中心はモスクワに移る。そして、この併行現象を一層意味あるものにする最後の事実として、ガリアにおけると同じく、ロシアでも、土地所有貴族が形成され、輸出あるいは売却が不可能であるために生産が土地所有者とその農民の必要量まで切り下げられる荘園制度の組織されるのが観察される。このように、どちらの場合を見ても、同様の諸原因が同様の諸結果を生んだのである。しかし、同じ日付にそうなったのではなかった。ロシアは、カーロリンガ帝国がもはや荘園制度しか知らなかった時代には商業で生活してい、そして西ヨーロッパが新しい出口を見出して荘園制度と絶縁していたまさにその時に、この制度を始めた。私達は、この絶縁がどのようにして実現されたかを、のちほど吟味しなければならないであろう。さしあたりここでは、ロシアの例を引き合いに出すことによって、カーロリンガ王朝時代の経済は内的発展に由来するものではなく、何よりもまず、イスラームによる地中海の閉鎖にその原因を求めなければならないという考えを、根拠づけておけば足りるのである。

第三章　シテとブール

都市は、九世紀の経過する間に西ヨーロッパがそこへと辿りついたところの、根底において本質的に農業的な文明のただ中に存在したのであろうか。この問いに対する答えは、都市という言葉に与えられる意味の如何によって違ってくる。もしその住民が農耕によって生計をたてる代わりに商工業に専心する場所を都市と呼ぶならば、否と答えなければならないであろう。またもし、都市というものによって、法人格を与えられ、自己自身のものとしてもっている法および諸制度を享受する共同体を理解するならば、答えは同じく否となるであろう。それに反して、都市を、行政の中心地として、また城砦として見るならば、カーロリンガ「カロリング」王朝時代も、それに続いた諸世紀が知ることになった都市とほとんど同数の都市を知っていたことが、容易に納得されるであろう。ということは、この時代に見出される都市なるものが、中世および近代の都市の基本的諸属性のうちの二つを、市民的住民と自治都市組織とを、失っていたということである。

たとえそれがどんなに原始的な社会であろうとも、定住民の社会はすべて、その構成員に集会の中心地を、或いは会合の場所をと言ってもよいが、その場所を提供する必要を感ずるものである。神に対する礼拝を行なうこと、市場を開くこと、政治集会や裁判集会を開くこと、これらのことは、それに参加する希望または義務を有する人々を受け容れるべく定められた場所の選定を、必然的に迫るものである。

軍事的必要はこの方向に一層強力な作用をする。侵入をうけた場合、民衆はそこで敵からの一時的な身の安全を見出すであろう避難所を確保する必要がある。戦争は人類とともに古く、そして城砦の構築はほとんど戦争とともに古い。人間のためにつくられた最初の建造物は防壁であったと思われる。現代でもそうした建造物の見られない蛮族は滅多になく、また、時代をどんなに遠く遡ってみても光景は依然として同じである。ギリシア人のアクロポリス *acropoles*（一）、エトルリア人、ラティーニー人（二）、ガリア人（三）のオッピドゥム *oppida*、ゲルマン人のブルク *burgen*、スラヴ人のゴロド *gorods* は、アフリカ南部の黒人のクラール *Krals* と同じく、最初は集会の場所、しかし特に避難の場所に他ならなかった。その敷地図と構造は、当然のことながら、その地形とそこで産する建築資材によって左右される。しかしその一般的な在り方はどこでも同じである。それは、その周囲を木の幹、土、岩石の塊でつくられた塁壁で囲まれ、一つの堀でまもられ、城門によって外部と連絡している、正方形または円形の空間である。要するに、それは囲い地である。そしてすぐさま、近代英語で都市を指す言葉（*town*）あるいは近代ロシア語におけるそれ（*gorod*）が元来は囲い地を示したことを注意しておこう。

普段は、こういった囲い地には人はいなかった。住民は、宗教上の儀式または世俗上の儀式の時か、そうでなければ戦争で家畜の群もろとも避難しなければならなかった時の他は、ここには集まらなかった。しかし、文明の進歩がこの囲い地の時たまの賑わいを絶え間のない賑わいに、少しずつ変えていった。そこには礼拝所がつくられ、役人か民衆の長が居を構え、商人や手工業者が来住した。最初はその時々の集合中心地にすぎなかった場所が、シテ、すなわちその部族の領域全体の行政上、宗教上、政治上、経済上の中心地となった。そして多くの場合、シテは、その部族の名前をとって自分の名前とした。

そうしたことが、多くの社会、とりわけ古典古代において、シテの政治生活がその城壁内に限定されていなかった事情を説明している。事実、シテは部族のために建造されたものであり、城壁の内に居住していようと外に居住していようと、部族の全員が等しくそのシテの公民だったのである。ギリシアもローマも、厳格に局地的で分立主義的な中世の市民に類似するものは全く知らなかった。そこでは都市生活は国家生活と一つになっていた。シテの法律は、シテの宗教でさえそうなのだが、そのシテを首都とする全民衆、そのシテとともに単一の共和国を構成していた全民衆に、共通のものであった。

自治都市制度は、それ故に、古代においては国家制度と一体である。そしてローマが地中海世界全域にその支配権を拡大した時、ローマは自治都市制度をその帝国の行政制度の基礎とした。この行政制度は、西ヨーロッパではゲルマン人の侵入後も生き残った(1)。その痕跡は、五世紀以後になってもかなり長い間、ガリアで、イスパニアで、アフリカで、イタリアで、明白に見出される。しかしながら徐々に、社会組織の衰微はその特徴の大部分を抹消した。八世紀にはもはやデクリオーネス *Decuriones* も、都市記録簿 *Gesta municipalia* も、デーフェーンソル・キーヴィターティス *Defensor civitatis* も、見出されない。それと同時に、イスラームの地中海への進出が、その時まで都市でなお若干の活動を維持していた商業を不可能にすることによって、都市に再び立ち上がることのできない衰頽を宣告する。しかしイスラームは都市に死を宣告するのではない。いかに縮小され、いかに貧血状態になるにしても、都市は生き続ける。この時代の農業社会の中で、都市は、すべてのことにも拘らず本原的重要性を保持している。後に都市が演ずるべく運命づけられている役割を理解しようとするならば、この時代の農業社会の中で都市が演じた役割をよく理解しておくことが是非とも必要である。

教会がローマのシテの管区を踏襲してその司教管区としたことは既に見ておいた。教会は、蛮族の尊崇をうけていたので、彼等が帝国諸属州の中に定住した後にも、こうして教会の基礎であった自治都市制度を維持し続けた。商業の杜絶、商人の流出も、教会の組織にはなんらの影響も及ぼさなかった。司教の居住していた都市は、司教自身はその影響を蒙ることなくして、貧しくなり、人口が減少したのである。それどころではなく、社会一般の富が減少すればするほど、司教の勢力と影響力はますます強められていった。国家の威信が姿を消しただけに一層大きくなった威信を背景に、信者からは莫大な寄進をうけ、社会の統治ではカーロリンガ王家に協力した司教は、その道徳的権威、その経済的実力、そしてその政治的行動によって、自己の価値を承認せしめた。

シャルルマーニュの帝国が瓦解した時、司教の地位はそれによって弱められるどころか却って一層強固なものになった。国王権力を崩壊させた封建大諸侯も、教会の権力には手をふれなかった。教会の起源の神聖さが、封建大諸侯の攻撃から教会をまもったのである。封建大諸侯は破門という恐るべき武器を彼等にふるうことのできる司教を恐れていた。彼等は秩序と正義の超自然的な保護者として司教を尊敬していた。それ故、九世紀および一〇世紀の無政府状態のさなかに、教会の支配力は無傷のままであったし、また教会もそれに値するだけの態度を示した。この頃から王権が抑えることのできなくなった私戦の災禍と戦うために、司教は自分の司教区内に神の平和の制度[四]を組織した。[2]

司教のこういった優越的地位は、当然のことながら、彼等の居住する場所、すなわち古いローマのシテに特異な重要性を与えた。司教の優越的地位が、それらのシテを没落から救ったのである。事実、九世紀の経済状態の中では、そういったシテにはもはや存在理由がなかった。商業の中心地であることをやめることによって、それらのシテは、全く明瞭に、その人口の大部分を失ってしまっていた。商人が姿を消すのと相まって、メーロヴィンガ［メロヴィング］王朝時代にはそれらのシテがなお残していた都市的性格も消滅した。世俗社会にとっては、それらのシテはもはや少しも役に立たないものであった。シテの周囲では、大荘園がその本来の生活を営んでいた。そして、国家は、これまた純粋に農業的な基礎の上に構築されていたからして、シテの運命に関心を抱いたなどということは、どういう理由があればそうするのか、わからない。カーロリンガ朝諸君侯の王宮（*palatia*）がシテになかったことが確認されるのは極めて特徴的である。王宮は例外なく農村に、王朝の荘園にある。メウーズ河流域のエルスタル、ジュピルに、ライン河流域のインゲルハイムに、セーヌ河流域のアッティニ、キルシに、等である。アーヘンがもっていた名声に惑わされてこの土地の性格について錯覚を抱いてはならない。シャルルマーニュの治世にアーヘンが一時的に放った光彩は、そこがこの皇帝の愛好する居住地であったということの他には、理由がない。ルイ敬虔王の治世の末期には、アーヘンは再びとるに足りない場所になってしまう。アーヘンが都市になったのは、ようやくそれから四世紀経った後のことであった。

　行政はローマのシテの存続のためにはいかなる点でも貢献することができなかった。フランク帝国の州を形成していた伯領には、帝国自体に首都がなかったように、中心地がなかった。伯領の管理を委任されていた伯には固定した任地というものが伯領になかったのである。伯は、裁判集会を主宰し、租税を徴収し、軍隊を召集する目的で、絶えずその管区を巡歴していた。行政の中心は、伯の居住地ではなくして、伯その人であった。それ故、伯がシテに住居をもっているかいないかということは、たいして重要なことではなかった。それに、伯は、その地方の大土地所有者の中から任命されたので、多くの場合、自分の所領に住んでいた。伯の城も、皇帝の王宮と同じく、通例は農村にあった(3)。

これに反して、教会の紀律によって強制されていた司教の定住性は、その司教区の司教座がおかれていたシテに常時司教をとどめることになった。世俗行政の上では無用の存在となったが、シテは、宗教行政の中心地という性格は失わなかったのである。各司教区は、依然として司教座聖堂(五)のある都市の周囲にまとめられていた。九世紀以降に見られるキーヴィタース *civitas* という語の意味の変化は、この事実を明らかに証明している。キーヴィタースという語は、司教区および司教都市と同義の言葉になる。キーヴィタース・パリシエンシス *civitas Parisiensis* ということが、司教の居住する都市パリそのものを指すのに言われると同時に、パリの司教区を指すためにも言われる。そしてこの二重の語義の中に、教会の手によって教会独自の目的に適合せしめられた古代の自治都市制度の名残りが保たれている。

これを要するに、貧しくなり、また人口の減少したカーロリンガ王朝時代のシテで生じたことは、舞台はもっと立派であるが、ローマ自体で、四世紀の経過する間に永遠の都が世界の主都であることを止めた時に生じたことを、はっきりと想起させるのである。ローマを見限ってラヴェンナを(六)、次いでコンスタンティノープルを主都とすることによって、皇帝はローマを教皇の手に委ねた。ローマは、依然として教会の統治の中では、国家の統治の中ではもはやそうではなかったところのもの〔つまり中心地〕であった。皇帝の都市が教皇の都市となった。この都市がもっていた歴史的威信が、聖ペトロ（七）の後継者の威信をますます高めた。孤立していたからして、聖ペトロの後継者は一層偉大であると思われ、同時にまた一層強力になった。ひとびとが見るのはもはや教皇だけであった。かつての支配者がいなくなってしまったため、ひとびとが服従するのはもはや教皇だけであった。ローマに住み続けることによって、教皇はローマを教皇のローマにしたのである。ちょうど、各司教が彼の居住するシテを司教のシテにしたように。

後期ローマ帝国の最後の時期を通じて、そしてメーロヴィンガ王朝時代になってもますます、シテの住民に対する司教の影響力は増大するのを止めなかった。司教は、世俗社会がますます混乱していくのを利用して、権力を与えられたか或いは自分のものであると称したが、その司教に対して住民は異議を申し立てる意思をもっていなかったし、国家もまた彼等がそれを掌握するのを禁止する関心もさらには手段も全くもっていなかった。四世紀に入って聖職者が享受し始める裁判上および租税上の諸特権は、司教の地位を一層高めた。司教の地位は、彼等の利益のためにフランク国王が惜しみなく与えたインミュニテ特許状によって、さらに高くなった。何故なら、この特許状によって、司教は彼等の教会の荘園内では伯の干渉をうけることがなくなったからである。司教は、この時以降、すなわち七世紀以降、彼等の領民と領土に対する真正の領主権を与えられたのである。従って、司教が聖職者に対して既に行使していた教会裁判権に、司教によって設けられ、そしてその所在地が、当然のことながら、司教がそこに居所をもっていたシテに固定された裁判所に司教の委託した世俗裁判権が、付け加えられることになった。

九世紀に、商業の消滅が都市生活の最後の痕跡を消し、そして都市住民のうちなお残存していた者を消滅せしめた時、既に以上のような拡大を見ていた司教の影響力には、匹敵するものがなくなった。シテはこの時から専ら司教に服属するものになった。というのは、もはやシテには、多かれ少なかれ直接に教会に従属する住民の他にはほとんど誰もいなかったからである。

完璧に正確な情報は欠けているが、しかしながらシテの住民の性格を推測することは可能である。シテの住民は、司教座聖堂およびその周辺にまとめられた他の諸教会の聖職者、時として相当な数で司教座〔所在地〕に移り住んできた修道院の修道士、教会附属学校の教師と学生、最後に、礼拝の必要と聖職者集団の日常生活の必要とに欠くことのできなかった自由民あるいは不自由民の従僕と手工業者から構成されていた。

ほとんど例外なしに、シテでは近隣の農民達が自分で作った農作物を携えて来る週市が見られた。時には歳市（*annalis mercatus*）さえシテで開かれることがあった。貨幣鋳造所が市壁の中で操業していた。シテにはまた、司教の家士、司教のアヴーエ[八]あるいは司教の城代の住んでいる若干の塔も見られた。最後に、以上の他に、きまった時期にシテの外の土地保有農民の手で搬ばれてくる司教領および修道院領の収穫物が貯蔵されていた、穀物倉および倉庫を付け加えなければならない。それぞれ年に一度の大きな祝祭日のたびに、司教区内の信者達が大勢シテに押し寄せ、数日間は常にない騒音と雑踏でシテを活気づけるのであった[4]。

この小世界の全体が、その精神生活上の首長と世俗生活上の首長を等しく司教に認めていた。宗教的権威と世俗的権威とが司教の人格において結びついていた。もっと正確に言うならば、融け合っていた。司祭と聖堂参事会員で構成される参事会[九]の助言を得て、司教は、キリスト教道徳の掟に則ってシテと司教区を統治した。助祭長の主宰する司教の教会裁判所は、国家の無力およびそれ以上に国家の好意のおかげで、著しくその権能を拡大した。聖職者があらゆる事柄についてこの裁判所の管轄に属したばかりではなく、俗人に関係している数多くの問題、すなわち結婚、遺言、身分等に関する問題が所属したのもこの裁判所にであった。司教の世俗裁判所は或いは城代が或いはアヴーエが主宰していたが、この裁判所の権限も、同じような拡大に恵まれた。ルイ敬虔王の治世以降、この裁判所の権限は、ますます明白になっていく公的行政の混乱が説明しかつまた正当化するところの公権力侵害を実現することを止めなかったのである。司教の世俗裁判所に服属したのは、インミュニテ(一〇)の住民だけではなかった。少なくともシテの城壁内では、すべての者が司教の世俗裁判所の管轄に属していたようであり、理論上は依然として伯が自由民に対してもっていた裁判権に、事実上は司教の世俗裁判所がとって代わったようである⑤。その他、司教は限界のかなり不明確な一種の警察権を行使していた。この警察権のおかげで、司教は、市場行政を掌握し、通過税の徴収を管理し、貨幣の鋳造を監督し、市門、橋、市壁の維持に備えた。要するに、シテの行政の中で、法によるにせよ権威によるにせよ、司教が秩序、平和、公益の擁護者として介入しない分野はなくなったのである。一種の神政政治的制度(一一)が、古代の自治都市制度に完全にとって代わった。住民は彼等の司教によって統治され、その統治に些かでも参加することを当然の権利として主張することはもはやなかった。確かに、時としてシテの中で暴動が勃発することがあった。司教はその邸宅で突然攻撃をうけ、時には逃亡を余儀なくされた。しかし、これらの叛乱の中に、些かなりとも自治都市精神の痕跡を見出すことはできない。これらの叛乱は、陰謀あるいは個人的な敵対関係から説明できる。これらの叛乱を、一一、一二世紀のコミューン運動の先駆現象と考えることは全くの誤りであろう。その上、そうした叛乱は極めて稀であった。あらゆることが、司教の行政は、概して、思いやりがあり民衆の間に人気のあったことを示している。

司教の統治が都市の内部に限られていなかったことは既に述べておいた。それは司教区全体に広がっていた。シテは司教統治の中心であったが、しかし司教区が司教統治の対象であった。都市住民が司教区の中で特権的な地位を享受するということは全くなかった。都市住民がその下で生活していた制度は一般法の制度であった。都市住民の中に含まれていた騎士、農奴、自由民は、彼等が同一の場所に集まって住んでいるということによってのみ、都市外の騎士、農奴、自由民と区別されていた。やがて中世の市民が享受することになった特別法と自治の面影は、まだ些かも見出すことができない。当時の史料がそれによってシテの住民を指しているキーヴィス *civis* という言葉は、単なる地誌的名称にすぎない。それは法的な意味はもっていない。(6)

これらのシテは司教の居住地であると同時に城砦でもあった。ローマ帝国の末期に、蛮族からこれらのシテをまもるために、城壁でそれをとり囲むことが必要になった。その城壁が当時まだほとんど至るところで残っていた。そして九世紀を通じて、サラセン人とノルマン人の侵入が、時を追ってますます切実に保護の必要を悟らしめただけに、司教はなおのこと熱心に城壁の維持ないしは修復に没頭した。それ故、ローマ時代の古い城壁が新しい危険に対してもシテを保護し続けた。

シテの敷地図は、シャルルマーニュの時代にも、コンスタンティーヌスの時代のままであった。原則として、シテの敷地図は、塔で側防を施した城壁に囲まれ、そして外部とは通例全部で四つの市門で連絡している長方形であった。このような仕方で取り囲まれた空間は極めて限られたものであった。すなわち、その一辺の長さが四、五百メートルを越えることは稀であった。(7) その上、その空間はその全域に家が建っているという状態には程遠かった。家々の間には耕地や菜園があった。メーロヴィンガ王朝時代にはまだ城壁の外に拡がっていたフォブール (*suburbia*) はどうであったかと言えば、これは消滅してしまった。(8) その防備施設のおかげで、シテは、ほとんどいつでも、北方および南方からの侵入者の攻撃に抵抗し、勝利を収めることができた。ここでは、ノルマン人による八八五年の有名なパリ攻囲を想起すれば充分であろう。

司教都市は、無論、その周辺に住む住民の避難所としての役割を果たした。修道士は、ノルマン人の攻撃から逃れる場所を求めて、非常に遠くからでも司教都市にやってきた。例えば、八八七年にはサン-ヴァーストの修道士達がボーヴェに、八八一、八八二年にはサン-カンタンの修道士達、ガンのサン-バヴォンの修道士達がランに、やって来たように(9)。

非常に暗鬱な性格を九世紀後半に滲透させている不安と混乱のただ中で実際に保護の使命を果たすことは、従って、シテの肩にかかった。シテは、外敵の侵入を受け、身代金を強要され、恐怖におののいていた社会の、言葉のあらゆる意味での保護者であった。しかし、やがてシテはもはやこの役割を演ずる唯一のものではなくなった。

九世紀の無政府状態がフランク国家の不可避的な崩壊を促進したことは、よく知られている。同時にその地方最大の土地所有者でもあった伯は、そうした状況を利用して、完全な自主性を我が物とし、彼等の官職を一種の世襲財産とし、彼等自身の荘園に対して有していた私的権力に彼等に委譲された公的権力を彼等の掌中で結びつけ、そして最後に、単一の大諸侯領の形で、占拠できる限りの諸伯領のすべてを彼等の支配権の下に併合した。カーロリンガ帝国は、このようにして(一〇)、九世紀の中葉以降、領域の数と同じ数だけある、そして王権とは封建的託身の脆弱な絆によって結ばれているにすぎない、地方的王朝の支配下におかれた多数の諸領域に細分された。この細分化に抵抗することができるためには、国家の構造はあまりにも脆弱であった。細分化は明らかに暴力と不実行為によって達成された。しかしながら、すべてのことを考えあわせると、この細分化は社会にとって好ましいことであった。権力を奪取するとただちに、大諸侯は彼等に権力が負わせる義務を体験を通じて悟った。彼等の最も明白な関心事は、彼等の領地、彼等の領民となった土地と民衆を防衛し、保護することであった。彼等は、彼等の個人的な利益に対する関心だけからも充分に彼等に生じたであろう任務を、怠らずに果たした。彼等の勢力が増大し強化されていくのにつれて、彼等が、秩序と公共の平和を保障することのできる組織を自分の大諸侯領に与えることに、ますます没頭するようになったのが見られる[10]。

彼等が満たさなければならなかった第一の必要は、サラセン人およびノルマン人に対する、また近隣の大諸侯に対する、防衛の必要であった。それ故、九世紀に入ると、どの地方も城砦で蔽われるのが見られる[11]。同時代の史料は、そうした城砦に種々雑多な名前を与えている。すなわち、カステルム *castellum*, カストゥルム *castrum*, オッピドゥム *oppidum*, ウルプス *urbs*, ムーニキピウム *municipium* である[12]。こうした名称の中で最も通例の、そしてとにかく最も術語的な名称は、ブルグス *burgus* という名称である。これは、後期ローマ帝国のラテン語がゲルマン人から借用した言葉で、あらゆる近代語に残っている（*burg, borough, bourg, borgo*）。

中世初期のこれらのブールについては今日いかなる遺跡も残っていない。幸いなことに、史料がかなり正確にその状態を思い浮かべることを私達に可能にしている。ブールは、城壁によって、最初のうちは時として単なる材木の防禦柵によって、囲まれた場所であり、[13]面積は小さく、通例円形で一つの濠をめぐらしていた。中央には堅固な塔、つまり天守閣があり、攻撃をうけた際の最後の根城であった。

騎士守備隊（*milites castrenses*）がブールに常置されていた。周辺の住民の間から選定された兵士団が順番でこの守備隊を補強しに来たこともしばしばあった。守備隊全員が城代[一三]（*castellanus*）の指揮下におかれていた。その領土内にあるブールの各々に、大諸侯は、戦争や行政が大諸侯に強制した絶え間のない移動の途中に従者を従えて滞在する館（*domus*）をもっていた。たいていの場合、聖職者の滞在に必要な建物が付属している礼拝堂あるいは教会が、城壁の矢狭間（やざま）よりも高くその鐘楼を聳え立たせていた。さらに時としては、礼拝堂あるいは教会の側に、裁判集会を開くための場所があり、この裁判集会の構成員は定められた日に城外からブールにやってきて出席した。最後に、例外なく存在したものは、攻囲を受けた時の必要に備えるためと、大諸侯が滞在する間の食事を供するために、大諸侯がその周辺にもっていた荘園の農作物を貯蔵しておいた一つの穀物倉と幾つかの穴倉であった。その地方の農民に賦課された現物貢租が、守備隊の生活資料の方は確保していた。城壁の維持は、賦役労働によって城壁づくりをしなければならなかったのと同じ農民の責任であった。[14]

以上に叙述した光景は、無論、細部については地方地方で相違していたにしても、その本質的特徴はどこでも同じであった。類似はフランドルのブール *bourgs* とアングロ－サクソン時代イングランドのバラ *boroughs* との間では明白である。[15] そしてこの類似は、同じ必要はどこでも同じような手段をとらせたことを、はっきりと証明している。

私達の眼に映ずるブールは何よりもまず軍事施設である。しかし、この原初的性格に非常に早くから行政の中心地としての性格が加わった。城代は単に守備隊の騎士の指揮官であることを止める。大諸侯は、ブールの城壁の周囲に大小さまざまの面積をもって広がり、一〇世紀になるとシャテルニー[(一四)]の名前を帯びる地域における財政権と裁判権とを城代に委譲する。シャテルニーは、司教区がシテに依存するように、ブールに依存する。戦争の場合には、シャテルニーの住民はブールに避難所を見出す。平和な時には、彼等は裁判集会に出席するために、或いは彼等が義務づけられている貢租を納入するために、ブールに赴く(16)。それでもなお、ブールは都市的な性格を少しも示していない。ブールの住民は、その本質的な部分をなしている騎士と聖職者の他には、彼等に仕える従属民だけであり、その数も明らかにとるに足りないものであった。それは、城砦の住民なのであって、都市の住民ではない。商業も、また工業も、このような環境では存在することができないし、想像することさえできない。ブールは、自分自身では何も生産せず、近隣の土地の収益で生活し、単なる消費者の役割以外の経済的役割は果たしていない。

大諸侯の建設したブールと並んで、九世紀の経過する間に大きな修道院の大部分が蛮族から身をまもるために築造せしめた城壁にも言及しておかなければならない。この城壁によって、今度は修道院がブール或いはシャトーに転化したのである。しかしあらゆる点で、この教会城砦も世俗城砦と同じ性格を呈する。前者も、後者と同じように、避難と防禦の場所でしかなかった(17)。

それ故に、カーロリンガ王朝時代とともに幕が開く時代は、言葉の社会的意味における都市も、経済的意味における都市も、また法的意味における都市も知らなかったと、誤りを犯す惧れなしに、結論することができる。シテとブールは、防備を施した場所であり行政の中心地であるにすぎなかった。その住民は、特別法も、独自な制度も、もっていない。そして彼等の生活様式は、社会のその他の者から些かも彼等を区別しない。

完全に商業活動ともまた工業活動とも無縁であるシテとブールは、あらゆる点で当時の農業文明に照応している。その上その住民の数が極めて少ない。情報がないので正確にその数を算定することはできない。しかしながらすべてのことは、最も大きなブールの住民数でもわずか数百であり、シテでも二、三千人以上の住民を擁するものは恐らくなかったことを示している。

シテとブールは、それにも拘らず、都市の歴史において本質的な役割を演じた。シテとブールは、言わば、都市の待歯石（まちばいし）（一五）であった。一〇世紀の経過する間にその最初の徴候が見つけ出される経済ルネサンスが起こるや都市の形成を見るであろう場所は、シテとブールとの城壁の周囲なのである。

第四章　商業の復活

九世紀の末は、地中海の閉鎖後に西ヨーロッパの経済的推移が描いたカーヴがそのどん底に達した時点である、と見なしてよい。それはまた同時に、侵入者の掠奪が惹き起こした社会的混乱と政治的無政府状態とが、その絶頂に達した時点でもある。一〇世紀は、復興の時代ではないにしても、少なくとも安定化と相対的平和との時代であった。ロローに対するノルマンディーの割譲（九一二年）[一]が西方におけるスカンディナヴィア人の大侵入の終焉を示し、他方、東方においては、ハインリヒ捕鳥王[二]とオットー[三]とが、スラヴ人をエルベ河沿岸で、ハンガリア人をドナウ河流域で、阻止し、釘づけにする（九三三、九五五年）。それと同時に、確実に王権に対する勝利者である封建制度が、カーロリンガ［カロリング］王朝の旧制度の残骸の上に、フランスで確立される。ドイツでは、それに反して、社会発展の進み具合がもっと緩慢であったことが、ザクセン王家[四]の諸君侯をして、俗界貴族の王権侵蝕と同家の依拠する司教の勢力とに対抗すること、君主権力を再建すること、そして、ローマ皇帝の称号で自己を飾ることによってかつてシャルルマーニュがふるった普遍的権威を自分達ももっているのだと自負すること、これらのことを可能にする。

こうしたことすべては、争いなしには達成されなかったにしても、なおかつ明らかに有益なことであった。ヨーロッパは、情容赦なく蹂躙されることがなくなった。ヨーロッパは未来への確信を、そしてその確信とともに勇気と仕事とを取り戻した。人口の増加の動きが再び始まるのは一〇世紀からであると考えてよいようである。社会の諸当局者がその肩にかかる役割を再び果たし始めるのは一層明らかである。司教大諸侯領でも、封建大諸侯領でも、この頃になると、民衆の状態を改善しようと努力する組織の最初の痕跡が見つけ出される。ようやく無政府状態から脱け出したばかりのこの時代の第一の要求は、あらゆる社会的要求の中で最も原初的でかつ最も本質的な平和への要求である。最初の神の平和が九八九年に宣言されたことを想起しよう。[五]この時代の災禍である私戦は、フランスの領域伯から、またドイツの帝国教会の高位聖職者から、力強い挑戦をうけた。

それ故、なおいかに暗い様相を呈しているとはいえ、一〇世紀は、一一世紀が私達に提示する絵の下書きができあがりつつあるのを目のあたりに見たのである。紀元一〇〇〇年という年にまつわるあの有名な恐怖の伝説[六]には、この点で、象徴的な意味あいがないわけではなかった。確かに、紀元一〇〇〇年に人々が世界の終末を予期していたというのは事実ではないが、しかし、この年に幕が開く世紀は、それに先行する世紀とは反対に、永いあいだ苦悶の悪夢によって抑えつけられてきた社会が、それから目ざめたのだと考えてもよいほどに顕著な、活動の再開によって特徴づけられる。あらゆる分野で、活力の、また私は楽観主義の、と言いたいのだが、同じような爆発が見られる。

クリュニーの改革(七)によって生気を取り戻した教会は、その規律の中にいつの間にか入り込んでいた悪習を洗い浄め、皇帝が教会をそこへとおしこめている隷属的な地位から脱け出ようと企てる。教会を活気づけそして教会が信者に吹きこむ神秘主義的な熱狂が、イスラームに対して西方キリスト教世界の威信を恢復する十字軍の英雄的で壮大な企てに信者を参加させる。封建制の好戦的精神は、西方キリスト教世界をして、叙事詩的な幾つかの企てを起こさせ、そしてその企てに成功させる。ノルマン人の騎士はイタリア南部にでかけてビザンツ人および回教徒と戦いを交え、やがてそこからシチリア王国が生まれるであろう幾つかの大諸侯領をそこに樹立する。(八)別のノルマン人は、フランドル人およびフランス人がそれに加わって、ウィリアム公の指揮の下にイングランドを征服する。ピレネー山脈の南では、キリスト教徒はイスパニアのサラセン人を撃退し、トレドおよびバレンシアを奪取する（一〇七二―一一〇九年）。こうした企ては、単に個々の人間の活力と精力とを証明するだけではなく、それは社会の健全さをも示している。こうした企ては、一一世紀の諸特徴の一つである高い出生率がなかったならば、明らかに不可能だったであろう。子沢山は、一一世紀には、農民の間でも貴族の間におけると同じく一般的なように見える。次三男がどこへ行っても多勢いて、生まれ故郷では窮屈な思いがし、遠くへ出て自分の運をためしてみようという気持に燃えている。至るところに利益あるいは仕事を求める冒険者の姿が見られる。軍隊は、雇い入れようとする者には役務を賃銀引き換えに提供する傭兵のコテレリ *coterelli* あるいはブラバント人 *Brabantiones* で充満している。[九] フランドルとオランダからは、一二世紀の初めになると、農民の集団がエルベ河沿岸の湿地 *Mooren* を干拓するために出かけるであろう。ヨーロッパのあらゆる地方で、人手はありあまるほど提供され、この頃からその数を増していく開墾と築堤の大事業を説明するものは、明らかにこの労働力の潤沢さである。

ローマ時代から一一世紀までの間は、耕地の面積が目立つほどの拡張を示したようには思われない。修道院も、この点については、ゲルマン諸地方を除けば、既存の状態をほとんど変えなかった。修道院は、ほとんどいつでも、古くから開けた土地の上に建立され、そしてその荘園の中に含まれる森林、ヒースの生い茂った荒地、沼地の面積を縮小するために何かをするということは全くなかった。ところが、人口の増加が、こういった非生産的な土地を耕地に変えることを可能にした時から、事情は全く変わってしまった。大体紀元一〇〇〇年頃から、拡大の一途を辿りながら一二世紀の末頃まで続くであろう開墾の時代が始まる。ヨーロッパは住民の増加によってヨーロッパ自体を拓殖したのである。大諸侯や大土地所有者は、耕作する土地を求める次三男が多勢集まってきた新しい町〔一〇〕の建設に着手した。(1) 大きな森林が間伐され始めた。フランドルでは、一一五〇年頃に、最初の排水新開地が出現した。(2) 一〇九八年に創設されたシトー会〔一一〕は、すぐさま開墾と山林の伐採に従事した。

見られるように、人口の増加および人口の増加がその原因でもあり結果でもある活動の復活は、農業経済に好ましい結果をもたらした。しかし人口の増加は、商業にも影響を与えることになった。商業は、一一世紀に入る前からルネサンス時代を迎える。このルネサンスは、一つはヨーロッパの南に位置し、他の一つは北に位置する、二つの中心地の影響の下に始まった。すなわち、一方はヴェネツィアとイタリア南部であり、他方はフランドル海岸である。ということは、結局、このルネサンスが外からの刺戟の結果だということに他ならない。このルネサンスが出現し、そしてそれが広がっていったのは、この二つの場所で〔ヨーロッパの〕外の商業との間にあった接触のおかげである。確かに、事情が別様であることもあり得たであろう。商業活動は、一般的な経済生活の働きによって息を吹きかえすこともできたであろう。しかしながら、実際は、そういった途はとらなかった。西方の商業は、外部への出口が閉鎖された時に姿を消したように、この出口が再び開いた時に甦ったのである。

　ヴェネツィアの影響がまず最初に西方の商業に感じられたのであるが、ヴェネツィアは、周知のように、ヨーロッパの経済史の中では特異な地位を占めている。というのは、ティルス[一二]と同じように、ヴェネツィアは専ら商業的な性格を示しているからである。フン族、ゴート族、ランゴバルド族が接近した時に難を逃れてきたヴェネツィアの最初の住民は、（五世紀および六世紀に）潟湖に浮かぶ荒れた小島に、すなわちリアルトに、オリヴォーロに、スピナルンガに、ドルソドゥーロに、避難所を求めてやってきた。[3][一三] 生きていくためには、彼等は智恵を絞って自然と闘っていかなければならなかった。何もなかった。飲料水さえなかったのである。しかし、働くすべを知っている者の生活には海さえあれば充分である。漁業と製塩業が、近隣の海岸の住民とこの二つの生業の産物を交換することにより小麦の入手を可能にすることを通じて、すぐさまヴェネツィア人の生活の資を保証した。

商業は、このように、ヴェネツィア人の居住条件そのものによって彼等に強制されたものであった。彼等は商業が企業精神に提供する無限の諸可能性を利用する活力と才能とをもっていた。八世紀になると、彼等の居住していたこれらの小島の群は、一つの特別司教区の司教座になるのに充分なだけの人口を、既に擁していた。

この都市がつくられた時には、イタリア全土が未だビザンツ帝国に属していた。島であったおかげで、ヴェネツィアは、相次いで［イタリア］半島に襲いかかった征服者達、最初にランゴバルド族、次いでシャルルマーニュ、そして最後にドイツ人皇帝（一四）の支配を免れた。そのためヴェネツィアはコンスタンティノープルの主権に服する地位を保ち続け、アドリア海の奥、アルプス山脈の麓に、ビザンツ文明の孤立した哨所を形成した。西ヨーロッパが東方から分離しつつあったのに、ヴェネツィアは東方の一部分であることを続けたのである。そしてこの出来事は非常に重要である。この出来事の結果として、ヴェネツィアは、コンスタンティノープルの軌道をまわることを止めなかった。海を隔てて、ヴェネツィアは、コンスタンティノープルの牽引力に引かれ、その影響の下に成長した。

コンスタンティノープルは、一一世紀の経過中まで、単に一つの大都市としてではなく、地中海の波によってその海岸を洗われる諸地方全体の最大の都市として立ち現れる。同市の人口は一〇〇万人という数にほぼ達し、しかもその住民は著しく活動的であった。(4)(二五) コンスタンティノープルの住民は、共和政下および帝政下のローマの住民とは異なり、生産をすることなく消費するだけでは満足していなかった。コンスタンティノープルの住民は、商業だけではなく工業にも熱心に従事していた。財政制度(二六)がその熱心さに水をかけたが、それを圧殺することはなかった。コンスタンティノープルは、政治上の首都であると同時に、大きな港であり、第一流の工業中心地であった。そこには、あらゆる生活様式、あらゆる社会的活動形態が見出された。キリスト教世界においては、この都市だけが、本質的に都市的な文明のもつあらゆる複雑さ、あらゆる欠陥、しかしまたあらゆる洗煉を具えてい、近代の大都市に類似した光景を呈していた。途切れることのなかった海上交通が、黒海の、小アジアの、イタリア南部の、諸海岸に、そしてアドリア海の波に洗われる諸地方に、コンスタンティノープルを結びつけていた。コンスタンティノープルの艦隊は、それなしでは同市が生きていけなかったであろう制海権を同市のために確保していた。この制海権が強固であった限りは、コンスタンティノープルは、イスラームに対して、東地中海の全水域に対するその支配権を維持することができた。

ヴェネツィアがヨーロッパ的西方とは非常に違った世界に結びつけられていたこと

からいかに大きな利益を得たかは、容易に理解することができる。ヴェネツィアは、その商業の繁栄をこの世界に負っていたばかりではない。中世のヨーロッパにおいて独自の地位をヴェネツィアに与える、あの高度の文明諸形態、あの完成した技術、あの実業精神、あの政治組織および行政組織を、この世界から学んだのである。八世紀になると、ヴェネツィアは、ますます大きな成功を収めながら、コンスタンティノープルに対する食糧などの供給に専心する。ヴェネツィアの船舶は、東と西で同市に接する諸国の産物をコンスタンティノープルに輸送する。すなわち、イタリアの小麦と葡萄酒、ダルマティアの木材、〔ヴェネツィアの〕潟湖の塩、それに、教皇および皇帝の禁令にも拘らずヴェネツィアの船員がアドリア海沿岸のスラヴ人の間で容易に手に入れた奴隷である。ヴェネツィアの船舶は、その代わりに、ビザンツ工業の製造する高価な織物およびアジアがコンスタンティノープルに供給する香辛料を、コンスタンティノープルからもち帰る。一〇世紀には、ヴェネツィア港の活動は既に驚くべき程度に達する。(5) そして、商業の拡大に伴って、儲けを愛する気持が抑え難い形で現れる。ヴェネツィア人の場合、いかなる疑悩も儲けを愛する気持に敵し得ない。彼等の宗教は事業家の宗教である。回教徒との商業が利益になり得るものであるならば、回教徒がキリストの敵であることなど、彼等にとってはどうでもよいことである。九世紀の経過する間に、彼等は時を追ってますます頻繁にアレッポ、アレクサンドリア、ダマスクス、カイルアン、パレルモを訪れ始める。商業協定が、イスラームの諸市場において、特権的地位をヴェネツィア人に保証する。

一一世紀の初めには、ヴェネツィアの勢力は、その富と同じ程度に驚異的な進歩を示していた。ドージェ、ピエトロ・オルセーオロ二世[一七]の下で、ヴェネツィアは、アドリア海からスラヴ人海賊を一掃し、イストリアを服属させ、ザラ、ヴェーリア、アルブ、トゥロ、スパラト、キュルゾラ、ラゴスタに、商館あるいは軍事的居留地をもっている。助祭ヨハネス[一八]は黄金のヴェネツィア *l'aurea Venitia* の壮麗と栄華をほめ讃え、アプーリアのギヨーム[一九]は「貨幣に充ち、人の満つ」この都市をほめそやし、「海戦でこれ以上勇敢な人間、海上で船を操る術にこれ以上熟練した人間はこの世にはいない」と断言している。

ヴェネツィアを中心とする力強い経済の動きが、ヴェネツィアとはただ潟湖によって隔てられていたにすぎないイタリアの諸地方に伝播しないということは、あり得ないことであった。ヴェネツィアは、自分で消費するか或いは輸出していた小麦と葡萄酒とを前からイタリアで手に入れていた。そしてヴェネツィアは当然にも、船員がますます大量にヴェネツィアの船着場に荷おろしするようになった東方商品の販路をイタリアにつくり出そうとした。ポー河によって、ヴェネツィアはパヴィアと交渉をもったが、やがてヴェネツィアの活動がそのパヴィアを活気づけるようになった(6)。ヴェネツィアは、ドイツ人皇帝から、最初は近隣の諸都市と自由に貿易する権利を、次いでイタリア全土と自由に貿易する権利を獲得し、また同港に到着するあらゆる商品の輸送独占権をも獲得した。

一〇世紀の経過する間にロンバルディアはヴェネツィアによって商業へと覚める。パヴィアから、商業生活は周辺の諸都市に非常な速さで広まる。すべての都市が、ヴェネツィアがその模範を与え、そしてそれをすべての都市で発生させることがヴェネツィアの利益である、貿易に急いで参加する。企業精神が次第に発達していく。ヴェネツィアとの商業関係に養分を与えるものは、もはや農産物だけではない。工業が出現し始める。おそくとも一一世紀の初頭になると、既にルッカは織物の製造に従事していい、私達のもっている情報が嘆かわしいほどに貧弱なものでなかったならば、ロンバルディアの経済ルネサンスのこの端緒について、もっと多くのことを私達は知っているであろう(7)。

イタリアにおけるヴェネツィアの影響力がいかに優越的なものであったにしても、イタリアで感じとられたのはこの都市の影響力だけではなかった。スポレートおよびベネヴェント以南の半島南部は、依然としてビザンツ帝国の支配下にあり、その状態が一一世紀のノルマン人の到着まで続いた。バーリ、タラント、ナポリ、しかしなかんずくアマルフィが、ヴェネツィアのそれに類似した諸関係を、コンスタンティノープルとの間に維持していた。これらの諸都市は、極めて活発な商業地であり、しかもその上、ヴェネツィアと同じく、回教圏の諸港と貿易をすることに躊躇しなかった。[8] これらの諸都市の海運は、おそかれ早かれもっと北方に位置する沿岸諸都市の住民に競争者を見出さないわけにはいかなかった。そして事実、一一世紀の初めになると、最初にジェノヴァが、次いで間もなくピサが、その努力を海の方に向けるのが観察される。九三五年にはまだ、サラセン人の海賊がジェノヴァを掠奪していた。しかし、今度はジェノヴァの方が攻勢に転ずる時が近づきつつあった。ヴェネツィア或いはアマルフィとは違って、ジェノヴァにとっては、その信仰上の敵と商業協約を結ぶことは、問題になり得ないことであった。西方の神秘主義的な宗教感情がそれを許さなかったし、また信仰上の敵に対して、幾世紀来、あまりにも多くの憎悪が蓄積されていた。海は力ずくでなければ開かれ得なかった。一〇一五—一六年になると、ジェノヴァ人によってピサと共同でサルデーニャ島に遠征隊が派遣される。それから二〇年経って、一〇三四年に、ジェノヴァ人は、アフリカ海岸のボーナを、一時的にではあるが占領する。ピサ人の方は、一〇六二年に、勝利を収めてパレルモ港に入り、同地の兵器庫を破壊する。一〇八七年には、教皇ヴィクトル三世の激励をうけたこの両市の艦隊がメーディアを攻撃する(9)。

こうした諸遠征はすべて、企業精神によって説明されると同時に宗教的熱狂によって説明される。ヴェネツィア人とはよほど違って、ジェノヴァ人およびピサ人は、イスラームに対して自分達をキリストおよび教会の兵士であると見なした。彼等は、異教徒と戦っている時に、大天使ガブリエルと聖ペトロが自分達を導いている姿が見えるような気がする(一〇)。そして彼等が、自分達に有利な商業協定に調印するのも、「マホメットの聖職者達」を虐殺し、メーディアの回教寺院で掠奪を働いた上でのことである。この勝利のあとで建立されたピサの司教座聖堂は、戦勝者の神秘主義をも、海上交通が戦勝者の方へ流し始める富をも、見事に象徴している。アフリカから運搬されてきた円柱と高価な大理石とがこの司教座聖堂の装飾に用いられた。その富裕が顰蹙と羨望をひき起こしていたサラセン人に対するキリスト教の復讐を、この司教座聖堂の華麗さによって証拠だてようとしたのだと思われる。少なくとも同時代の或る熱血的な詩が表現しているのはその感情である(10)。

それ故に汝が教会は永遠に光り輝いているであろう
金、宝石、真珠、パリウム[二二]に輝いて。
Unde tua in aeternum splendebit ecclesia
Auro, gemmis, margaritis et palliis splendida.

このようにして、キリスト教徒の反撃の前に、イスラームは次第に後退する。第一次十字軍の攻撃開始（一〇九六年）はイスラームの決定的な後退を告げる。一〇九七年になると、ジェノヴァの一船隊がアンティオキアへ航海し、十字軍兵士に増援軍と食糧とをもたらした。二年後には、「教皇の命によって」エルサレムを解放するために、ピサが艦船を派遣した。それ以来、地中海全体が西方の海上交通に門戸を開く。と言うよりはむしろ再び開く。ローマ時代におけると同じように、本質的にヨーロッパの海であるこの海の一方の端から他方の端まで自由交易が恢復した。

この海に対するイスラームの支配は終焉した。確かに、十字軍の政治的および宗教的諸結果は束の間のものであった。エルサレム王国およびエデッサとアンティオキアの大諸侯領[二三]は一二世紀に回教徒によって再征服された。けれども、地中海はキリスト教徒の支配下にとどまった。地中海を経済的に制圧するものは今やキリスト教徒である。海運のすべてが「近東諸国の商港」では次第に彼等のものになる。彼等の商業的居留地の数は、シリアの諸港、エジプトの諸港およびイオニア海の諸島で驚くべき速さで増加する。サルデーニャ島（一〇二二年）、コルシカ島（一〇九一年）、シチリア島（一〇五八—九〇年）の征服によって、キリスト教徒は、九世紀以降西方を封鎖状態に釘づけることをサラセン人に可能ならしめていた作戦基地を、サラセン人の手から奪取する。ジェノヴァ人とピサ人は、或いは隊商の手によって、或いはまた紅海およびペルシア湾の海上交通によって、アジアの奥から到着した諸物産が充ち溢れている東方の諸海岸へ航海するために、そして今度はビザンティウムの大港を訪れるために、遮るもののない航路をとる。ノルマン人によるアマルフィの占領（一〇七三年）は、この都市の商業に終止符をうつことによって、アマルフィとの競争からジェノヴァ人とピサ人を解放することになった。

しかしジェノヴァとピサの発展はやがてヴェネツィアの嫉妬を惹き起こす。その独占権の保持を主張している貿易をこの二つの新参都市と分けあうことに、ヴェネツィアは耐えることができない。ヴェネツィアは、同じ信仰を公言し、同じ民族に属し、同じ言葉を話すにもかかわらず、ジェノヴァとピサが競争者になった以上は、もはやこの両都市に敵以外のものは見ない。一一〇〇年の春、ピサがエルサレムに派遣した船隊の帰路をロードス島沖合に碇泊して待ちうけたヴェネツィア艦隊は、突如としてその船隊に襲いかかり、多数の艦船を仮借なく撃沈する。[11] このようにして沿海諸都市の間に、諸都市が繁栄している間は続いた紛争が始まる。地中海は、かつて皇帝の統治する帝国が与えていたあのローマの平和を、もはや取り戻すことはないであろう。利害関係の衝突が、これより後、地中海の覇権を争う競争者の間に、時には表面に出ない、時には公然たる、敵対関係を地中海上に保ち続けるであろう。

発展するに伴って、海上商業は当然のことながら一般化していった。一二世紀の初め以後、海上商業はフランス海岸およびイスパニア海岸に広まる。古い港マルセイユは、メーロヴィンガ［メロヴィング］王朝時代の末に陥った冬眠状態が永く続いたあとで、活気づく。カタルーニャでは、バルセロナが地中海の再開を有効に利用する番になる。しかしながら、この最初の経済ルネサンスでは、明らかにイタリアが優位を保持している。東の方はヴェネツィアから、西の方はピサとジェノヴァから、地中海の商業の動きのすべてが合流するロンバルディアが、並外れて力強く花開く。この素晴らしい平原では、都市が穀物と同じ活力をもって成長する。ここでは、出口の得られ易さが原料の輸入と製品の輸出に同時に有利に働くとともに、土地の肥沃さが無限の伸長を穀物に可能にする。ここでは商業が工業を生み出す。そして商業が発達するのに伴って、ベルガモ、クレモナ、ローディ、ヴェローナ、古いローマの「シテ」のすべて、古いローマの「ミュニシップ」[一三]のすべてが、新しい、そして古代においてそれらの諸都市に活気を与えていたそれよりもはるかに旺盛な、生命を取り戻す。やがて、これらの諸都市の溢れるばかりの活動は、外へ向かって広がろうとする。南では、トスカーナを席捲し、北では、新しいアルプス越えの道を開く。シュプリューゲン、サン-ベルナール、ブレンネルの諸峠を通って、この活動は、海からやって来たこの有益な刺戟をヨーロッパ大陸にもたらす[12]。この活動は、東へはドナウ河、北へはライン河、西へはローヌ河と、河の流れが決める自然の径路を辿る。一〇七四年になると、イタリア人商人、明らかにロンバルディア人が、パリにいたことが記録に残っている[13]。そして一二世紀の初めになると、フランドルの諸大市は既に夥しい数の彼等の同国人を惹き寄せていた[14]。

フランドルの海岸への南方人のこの出現ほど自然なことはない。それは、商業が自然発生的に商業に及ぼす牽引力の結果である。

私達は、カーロリンガ王朝時代を通じて、低地諸邦[一四]が当時他のどこにも見られなかった商業的生命力を示していたことを、既に確証しておいた[15]。この商業的生命力は、この地方を貫流し、そして海に注ぐ前にこの地方で合流する数多くの河川、すなわちライン河、メウーズ河、エスコー河の存在によって容易に説明される。イングランドとスカンディナヴィア諸地方は、大きくて深い幾つかの河口をもったこの地方とは非常に近かったので、極めて早い時期から、その船員がしばしばこの地方を訪れていた。ドレスタッドとカントヴィクの両港がその重要な地位を負ったのは、既に観察しておいたように、これらの船員に対してである。しかしこの重要な地位も束の間のものであった。それはノルマン人の侵入期を乗り切ることができなかった。或る地方への接近が容易であればあるほど、その地方は侵入者を惹きつけ、そして彼等のもたらす破壊に苦しまなければならなかった。ヴェネツィアでは商業の繁栄をまもった地理的位置が、ここでは商業の消滅に当然ながら貢献することになった。

ノルマン人の侵入は、スカンディナヴィア人によって感じられていた勢力圏拡大の必要の最初の現れにすぎなかった。溢れ出る彼等の活力は、同時に西ヨーロッパとロシアへ向けて、掠奪と征服を事とする冒険者として彼等を押し出した。彼等は単なる海賊ではなかった。彼等は、あたかもかつてゲルマン人がローマ帝国との関係でそうしたように、自分達の郷土よりも豊かで肥沃な地方に定着し、郷土がもはや養いきれなくなった過剰人口のための定住地をそこに創り出すことを切望していた。彼等は結局この企てに成功した。東では、スウェーデン人が、バルト海からネヴァ河、ラドガ湖、ヴォルホフ河、ロヴァト河、ドヴィナ河、ドニエプル河を経て黒海に至る自然の径路に沿って、安定した地歩を占めた。西では、デンマーク人とノルウェー人が、ハンバー河以北のアングロ－サクソン諸王国に植民し、フランスではシャルル単純王[一五]をしてイギリス海峡の海岸地方[一六]、この時以降ノルマンディーという名前になった地方に関して譲歩せしめた。

こうした諸成功は、スカンディナヴィア人の活動を新しい方向へ導く結果をもたらした。一〇世紀の経過する間に、彼等は戦争から転じて商業に専心するようになる[16]。彼等の操る船はすべての北の海の波を切って進む。北の諸海の波がその岸辺を洗う諸民族の間では彼等だけが航海者であるから、彼等は競争者を恐れる必要が全くない。蛮族の船員達の大胆さと知力の程を窺うには、彼等の冒険と武勲とを語っている楽しいサガ *Sagas*[一七]の物語を一読するだけで充分である。毎年、春が訪れて海の氷が溶けると、彼等は外海に乗り出す。彼等の姿は、アイスランドで、アイルランドで、イングランドで、フランドルで、エルベ、ヴェーゼル、ヴィスウァの諸河川の河口で、バルト海の諸島で、ボスニア湾とフィンランド湾の奥で、見られる。彼等は、ダブリンに、ハンブルクに、シュヴェーリンに、ゴットランド島に、居留地をもっている。彼等のおかげで、ビザンティウムおよびバグダッドを出発点としキエフおよびノヴゴロドを経てロシアを縦断する商業の流れは、北海の海岸にまで延長され、その地方に有益な影響を感じさせる。およそ歴史の上で、ギリシア人帝国とアラブ人帝国の高度文明が北ヨーロッパに及ぼした、そしてスカンディナヴィア人がその媒介者であった、この影響ほどに興味深い現象はあまり存在しない。この点で、スカンディナヴィア人の果たした役割は、気候、環境および文化の相違にも拘らず、ヨーロッパ南部でヴェネツィアの果たした役割と全く類似していると思われる。ヴェネツィアと同じように、スカンディナヴィア人も、東方と西方との間の接触を恢復した。そして、ヴェネツィアの商業がやがてロンバルディアをその動きの中にひき込んだように、スカンディナヴィア人の海上交通もフランドル海岸の経済的覚醒をよびおこした。

事実、フランドルの地理的位置は、北の諸海の商業の西の交易地になる資格を、驚くほど充分にフランドルに与えていた。フランドルは、イングランドからやって来る船舶や、バルト海を経、ズント海峡を越えて南へ進んで来る船舶が通る航路の、自然的な終点となっている。前に述べておいたが、カントヴィクとドレスタッドの両港には、ノルマン人の侵入期が始まる前から既にノルマン人がしばしば訪れていた。この両港は、〔ノルマン人侵入の〕嵐の中に、どちらも姿を消してしまった。カントヴィクはその廃墟から再び立ち上がらず、カントヴィクの遺産を相続したのは、ズヴァン湾の奥にあって地理的位置のなお一層良好なブリュージュであった。ドレスタッドの方はどうであったかと言えば、スカンディナヴィア人の船員は一〇世紀の初頭になると再びそこに姿を現した。しかしながら、その繁栄もそれほど永くは続かなかった。商業は、成長していくにつれて、フランスにより近く、そしてそこではドレスタッド地方の享受していなかった安全をフランドル伯が維持していたブリュージュに、ますます集中した。それはともあれ、ブリュージュが北方の商業をますますその港に惹き寄せたこと、そして一一世紀の経過する間にドレスタッドの消滅がブリュージュの未来を決定的に保証したこと、これは確実である。フランドル伯アルヌール二世[二八]およびボードワン四世（九六五―一〇三五年）[二九]の貨幣がデンマーク、プロイセン、さらにはロシアでさえも夥しく発掘された事実が、文学的な情報のない今の場合、フランドルがこの頃からスカンディナヴィアの船員を介してこれらの諸地方との間に維持していた関係を立証している。[17] フランドルと向かい合わせになっているイングランド海岸との交渉はさらに一層活発であったに相違ない。一〇三〇年頃アングロ－サクソンの王妃エマ[三〇]の亡命した先がブリュージュであることを私達は知っている。九九一―一〇〇二年以降、ロンドンの関税表は、この都市で商取引を営む外国人の中でフランドル人を第一位に記載している。[18]

　このように早くからフランドルを特徴づけた商業上の重要な地位を生み出した諸原因の中で、この地方に到着する船に高価な戻り荷を供給するに適した土着工業がこの地方に存在した事実を特に指摘しなければならない。ローマ時代から、恐らくは既にその前から、モリニ族とメナピイ族[三一]が毛織物を製造していた。この原始的工業は、ローマの征服によって導入された技術的進歩の影響をうけて、改良されたに相違ない。海岸の湿気の多い草原で飼育された羊の毛の独特の質の良さがフランドル毛織物工業の成功を保証する最後の要因であった。この毛織物工業が製造した短いマント（*sagae*）[三二]やマント（*birri*）がアルプス以南の地にまで輸出されたことや、帝国の末期にトゥルネに軍衣製造工場があったことはよく知られている。ゲルマン人の侵入がこの工業に終止符をうつことはなかった。五世紀にフランドルに侵入したフランク族は、先住民が営んだように、この工業を営み続けた。九世紀の歴史作品が語るフリースラントの織物がフランドルで製造されたことには疑問の余地がない[19]。この織物は、カーロリンガ王朝時代に、多少の商業で取り扱った唯一の工業製品としてその姿を見せる。フリース族がこの織物をエスコー、メウーズ、ラインの諸河川に沿って輸送した。そしてシャルルマーニュは、カリフ、ハルン‐アル‐ラシッド[三三]の祝辞に対する返礼として贈り物をしようとした時、フリースラントのマント *pallia fresonica* の他には適当な贈り物を思いつかなかった。その手ざわりの柔らかなことにより、またその色合いの美しいことにより際立っていたこの織物が、一〇世紀のスカンディナヴィア人航海者の注意をすぐさま惹いたに違いないことを認めなければならない。この織物以上に価値のある産物はヨーロッパの北部のどこにも見出せなかった。そして明らかにこの織物は、北方の毛皮、アラビア産およびビザンティウム産の絹織物と並んで、最も需要の多い輸出品の一つであった。どう見ても、一〇〇〇年頃のロンドンの市場で有名な毛織物は、フランドルの毛織物であった。そして今や海上交通がこの毛織物のために開いた新しい販路は、その製造に、新しい飛躍的発展をもたらさずにはおかなかった。

このようにして、商業と工業、すなわちこの地方で営まれた工業と外からやってきた商業とが結びついて、一〇世紀に入ると、もはや発展を止めることのない経済活動をフランドル地方に与えたのである。一一世紀には、実現された発展は既に驚異的である。フランドルはその頃からフランス北部と貿易を営み、自国産の毛織物をフランス北部の葡萄酒と交換する。ノルマンディーのギヨームによるイングランドの征服は、それまでデンマークの軌道を廻っていたこの国を大陸に結びつけ、ブリュージュが既にロンドンとの間に保っていた関係を増大した。ブリュージュの他にも商業中心地が出現する。〔列挙すれば〕ガン、イプル、リール、ドゥエ、アラス、トゥルネ。大市が伯によってトゥルーに、メッシーヌに、リールに、イプルに設けられる。

　フランドルは、しかしながら、北方の海上交通がもたらした健全な諸影響をうけた唯一の地方ではなかった。この海上交通の反響は、低地諸邦で海に注ぎ込むすべての河川の沿岸で感じとられる。エスコー河に臨むカンブレ、ヴァランシエヌ、メウーズ河に臨むリエージュ、ユイ、ディナンは、既に一〇世紀に、商業の中心地として記録に残っている。ライン河に沿ってはケルンおよびマインツについても同じである。イギリス海峡と大西洋の海岸は、北海の活動の中心地からは一層離れているので、同様の重要性は示していない。この両海岸には、当然のことながらイングランドと交渉のあったルーアン、そしてさらに南にその発展の一層緩慢なボルドーおよびバイヨンヌがある他には、言及すべきものはほとんどない。フランスの内陸部およびドイツの内陸部についてはどうであるかというと、これらの諸地方は、イタリアから北上してきたにせよ、低地諸邦から南下してきたにせよ、少しずつこれらの諸地方へ拡がってくる経済活動の滲透によって、極めてゆるやかに動き出すにすぎない。

　経済活動の滲透が次第に広まりながら西ヨーロッパの姿を決定的に変えるのは、ようやく一二世紀のことである。経済活動の滲透は、専ら土地に対する人間の関係に依存する社会組織が西ヨーロッパをそこへと運命づけていた伝統的な停滞性から、西ヨーロッパを解放する。商業と工業は、単に農業と並ぶ地位を占めるだけではなく、逆に農業に作用を及ぼす。農産物は、単に土地の所有者や土地の耕作者の消費に役立つだけのものでは、もはやない。すなわち、農産物は、交換品として或いは原料として、一般的な流通の中に捲き込まれる。その時まで経済活動を閉じ込めてきた荘園制度の枠組みがこわれる。そして、社会全体が、より柔軟な、より活動的な、より多彩な性格を刻印される。古代におけると同じように再び農村は都市の方へと顔を向ける。商業の影響の下に、古いローマのシテは活気を取り戻し、再び人口が増大し、商人集落が、ブールの根もとに成立し、海岸に沿って、河岸に、また河川の合流点に、そして自然の交通路の交わる点に形成される。その各々が[三四]、それぞれの重要度に応じてその牽引力が周辺地方に及ぼされるか或いは遠隔の地でも感じられる、市場を構成する。大小さまざまのそうしたシテや商人集落に、至るところでぶつかる。それは平均すると五平方里の土地に一つずつある。というのは、そうしたシテや商人集落が社会にとって必要不可欠になったからである。そうしたシテや商人集落は、もはやそれなしでは社会がやっていけないであろう一種の分業を、社会に導入した。そうしたシテや商人集落と農村の間にサーヴィスの相互交換〔の関係〕が確立される。ますます密接になっていく連帯性が両者を結びつけ、農村は都市への補給に当たり、都市はその代わりに農村に商品と工業製品とを提供する。市民の物質的生活は農民に依存するが、しかし農民の社会的生活は市民に依存する。というのは、市民が、より快適で、より洗練された生活様式、しかも農民の慾望をかきたてることによって農民の必要を増加し、農民の生活水準 *standard of life*[三五] を高める生活様式を、農民に対して見せつけるからである。そして都市の出現が社会の進歩を強力に実現したのは、単にこのことだけによるのではない。都市の出現は、新しい労働の観念を世の中に広めることによって、社会の進歩にそれに劣らぬ貢献をした。都市の出現までは、労働は隷属的であった。都市の出現とともに、労働は自由になる。そしてこの事実の諸結果については後にまた立ち戻らなければならないであろうが、それは数え尽くせないものであった。最後に、一二世紀がその開花を目のあたりに見た経済ルネサンスが資本の力を顕示したことを付け加えておこう。そうすれば、社会に対してこれ以上深刻な影響を与えた時代はほとんどないことを論証するのに充分のことを、言い尽くしたことになるであろう。

活気づけられ、変貌し、進歩への途を歩み出した新しいヨーロッパは、要するに、カーロリンガ王朝時代のヨーロッパよりも古代のヨーロッパに似ている。というのは、後者から、新しいヨーロッパは諸都市の地域であるというあの本質的な特徴を取り戻したからである。政治組織において都市の果たした役割は中世におけるよりも古代における方が大きかったにしても、その代わりに、中世においては都市が与えた経済的影響は、古代におけるそれをはるかに凌駕したと断言することさえできるであろう。概して言えば、大商業都市はローマ帝国の西部諸属州には比較的稀少であった。そこにはナポリ、ミラノ、マルセイユ、リヨンの他には、そのようなものとして挙げるべきものはほとんど見られない。ヴェネツィアの、ピサの、ジェノヴァの、或いはブリュージュのような港に比肩し得るそういったもの、或いはまた、ミラノ、フィレンツェ、イプル、ガンのような工業中心地と比肩し得るそういったものは、そこには存在しない。ガリアでは、オルレアン、ボルドー、ケルン、ナント、ルーアン等のような古い都市によって一二世紀に占められた重要な地位は、皇帝の治下でそれらの都市が示していた地位をはるかに凌いだようである。最後に、中世ヨーロッパの経済的発展は、ローマ時代のヨーロッパにおいて経済的発展が到達していた諸境界を突破した。ライン河およびドナウ河に沿って立ち止まる代わりに、経済的発展は広くゲルマーニアに溢れ出で、ヴィスウァ河に至るまで広がる。キリスト紀元の最初の頃には、たまさかの琥珀や毛皮の商人が遍歴するにすぎなかった諸地域、しかもアフリカの中心部が私達の祖先〔ベルギー人〕にそう思われたのと同じように近寄り難く思われた諸地域が、今や諸都市の開花によって蔽われる。かつてローマの商船が通過したことのなかったズント海峡は、絶え間のない船舶の通過で活気を呈する。船は地中海を航行するのと同じようにバルト海と北海を航行する。この二つの海の海岸にはほとんど同数の港が存在する。どちらの場合にも、商業は、自然が自由な利用に委ねた資源を活用する。商業は、ヨーロッパ大陸の驚くほどに入りくんだ海岸線を間に挟むこの二つの内海を支配する。イタリアの諸都市が回教徒を地中海から撃退したように、一一世紀の経過する間に、ドイツの諸都市はスカンディナヴィア人を北海とバルト海から撃退し、そしてこの二つの海を舞台にドイツ・ハンザ[三八]の海運が展開される。

　このようにして、ヨーロッパがそのおかげでヴェネツィアおよびフランドルを介して東方世界と接触を保っていた二つの地点から始まった商業の膨脹は有益な流行病のように大陸全体に広まった[20]。内陸部へと伝わることによって、北からの動きと南からの動きとがついに相会（あいかい）することになった。両者の接触は、ブリュージュからヴェネツィアへ通ずる自然の通路の中間の地点、シャンパーニュの平原で実現した。そこでは、一二世紀になると、有名なトロワ、ラニー、プロヴァン、バール－シュル－オーブの大市が開設される。これらの大市は、一三世紀の末まで、中世ヨーロッパにおいて取引所と手形交換所 *clearing house* の役割を果たした。

第五章　商　人

情報がないので、起源の諸問題についてはほとんどいつでも起こるように、以上でその発端を略述した商業の動きを呼び起こし、そしてそれを西ヨーロッパ中におしひろめた商人階級の形成を、充分な正確さをもって説明することは不可能である。

若干の国々では、商業は、原初的なそして自然発生的な現象として出現する。例えば、ギリシアとスカンディナヴィアでは、歴史の曙を迎えるや、そうした現象として商業が出現した。航海は、そこでは、少なくとも農業とともに古い。すべてのことが、航海に従事するよう人々の心を誘うのであった。すなわち、海岸線の深い凸凹、港の豊かさ、水平線上にその横顔を見せ、生まれ故郷の土地が不毛であっただけに一層海に出て冒険をしてみる気持を起こさせていた島々あるいは浜辺の魅力である。その上、より古い、そして防禦の手薄な諸文明が近くにあったことが、獲物の多い掠奪を約束していた。海賊が海上貿易の先導者であった。ホメーロス時代のギリシア人航海者の場合にも、ノルマン人のヴァイキングの場合と同じように、海賊と海上貿易とは、ながい間、あい携えて発達した。

このようなことは中世には全く発見されない、と言わねばならない。中世には、この英雄的で未開な商業の名残りは少しも見られない。五世紀にローマの諸属州に侵入したゲルマン人は、海上生活には全く縁のない連中であった。彼等は土地を占拠することで満足した。そして地中海の海運は、帝国時代にその肩にかかっていた役割を、それまで通りに、果たし続けた。

地中海の海運の崩壊をひき起こしそして地中海を閉鎖した回教徒の侵入は、なんらの反撃をもおよび起こさなかった。その事実は既成の事実として受け入れられ、伝統的な出口を奪われたヨーロッパ大陸は、長い間、本質的に農村的な文明の中に閉じこもった。カーロリンガ「カロリング」王朝時代にユダヤ人、行商人、その時々の商人が営んだ散発的な取引は、あまりにも微々たるものであり、その上、ノルマン人およびサラセン人の侵入によってあまりにも完全に絶滅されてしまったので、これらの商人達を、一〇世紀にその最初の諸徴候が見つけ出される商業ルネサンスの先駆者であったと考える気にはなれない。

商人階級は、ちょっと見たところではそのように想定するのが自然に思われていたように農民大衆の間で徐々に形成されたものだと認めることができるであろうか。そのように考えてよい根拠は何もない。各家族が親子代々土地に緊縛されている中世前期の社会組織の中には、人々をして、土地の占有によって保証されている生活を捨て射倖的で不安定な商人の生活を択びとらせることができたであろうものは、何も見られない。その上、儲けを愛する気持と生活条件を改善する欲求とは、外界との接触を一切もたなかったのでいかなる新奇なことといかなる珍奇なことによっても刺戟をうけることのなかった、そして疑いもなく進取の気性の全く欠如した伝統的な生活様式になじんでいた住民の間では、非常にわずかしか広がっていなかったに違いない。シテおよびブールに設けられた小市場をしばしば訪れても、農民の間に欲望をよび起こすには、或いは交換を土台とする生活様式の可能性をぼんやりとでも彼等に見せるには、余りにもわずかすぎる利益しか彼等の手には入らないであろう。現金を手に入れるために自分の土地を売却するという考えは、彼等の中の誰にも、絶対に思い及ばぬことであった。社会と慣習との状態がそうした考えに対しては鉄壁のように立ちはだかっていた。なおまた、誰かがそのように世間の風とは違った、またそのように大胆な取引をかつて考えたことがあるという証拠も、少しも残っていない。

若干の歴史家は、大きな大修道院が、外部で生活必需物資を手に入れたり、恐らく時としては大修道院の穀物や葡萄の余剰を近隣の市場で売り捌いたりすることをも委託したあの従僕を、中世商人の先祖であると思わせようとした。この仮説は、着想は非常によいが、検討してみると成り立たないことがわかる。何よりもまず、「大修道院商人」は、何ほどかの影響を及ぼすには、その数があまりにも少なかった。その上に、彼等は自主的な商人ではなく、その主人に奉仕することに専ら従事した被傭者であった。「大修道院商人」が自分自身のために商取引を行なった事実は見当たらない。彼等と、その起源を私達がここで追究している商人階級との間に系譜関係を設定することは、これまでのところ成功していないし、今後も決して成功しないであろう。

確実に断言できることは、職業としての商業は、それが西ヨーロッパに広まっていくという見通しなど全くない時期から、早くもヴェネツィアには出現するということだけである。カッシオドールスは、六世紀に、既にヴェネツィア人を船員市民であり、商人市民であると表現している。九世紀には極めて大きな富がこの都市に築きあげられていたことを、私達は確信をもって知っている。さらに、この頃からカーロリンガ朝の諸皇帝あるいはビザンティウムの諸皇帝との間にヴェネツィアが結んだ商業協定を見れば、ヴェネツィアの住民の生活様式について、些かの疑問をも残すわけにはいかない。ヴェネツィア人がどのようにして資本を蓄積し、どのように商取引を営んだかを示すデータは、不幸にして遺されていない。この潟湖の小島群で製造された塩が、非常に早くから、儲けの多い輸出貿易品であったことはまず間違いのないところである。アドリア海沿いの沿岸貿易、なかんずくこの都市とコンスタンティノープルとの交渉は、それより一層大きな利益をもたらした。一〇世紀になると既にヴェネツィアの商業実践がどれほど完成されていたかを知るならば一驚を喫する。(1)ヨーロッパの他の地方ではどこでも教育が聖職者の完全な独占物である時期に、ヴェネツィアでは文字を書くことが広く普及してい、この興味ある現象を商業の発展と関連づけてみずにはいられない。

また、商業をそれが現実に到達した点まで発展させる上で信用が非常に早い時期から貢献した、と想定してまず差し支えない。確かに、この点に関して私達のもっている情報は一一世紀初頭より古いものではない。しかし、海上貸付(二)の慣習はこの時代には既に非常に高度の発達を遂げていたようであるから、その起源はさらに古い時期に遡らせる必要がある。

ヴェネツィア商人は、一般に二〇パーセントに達する利子を支払って、船の積荷を仕立てるのに必要な金額を資本家から借り入れる。一隻の船の積荷は共同で行動する数人の商人によって積み込まれる。航海に伴う危険に対する配慮から、海上輸送は、用意周到に武装をした多数の船員が乗り組んだ数隻の船を包含する小船隊によって行なわれることになる。(2) あらゆることが、利益の非常に多いことを示している。この点について、ヴェネツィアの記録は私達に詳細な報告をほとんど提供していないが、ヴェネツィアの史料の沈黙は、ジェノヴァの史料のおかげで補うことができる。一二世紀には、海上貸付、船の艤装(ぎそう)、商取引の形式は、この両都市では同じである。(3) ジェノヴァの航海者によって挙げられた巨大な利益について私達の知っていることは、それ故、その先駆者であるヴェネツィアの航海者についても、同じように妥当するに相違ない。そして私達は、ジェノヴァの商人の利益については、この両都市いずれの場合にも、商業が、しかも商業のみが、幸運によってそのもっている活力と知力とに助けが与えられた連中に、潤沢な資金をもたらすことができたのだと断言できるだけの、充分な知識をもっている。(4)

しかし、ヴェネツィア商人の、このように急速な、そしてこのように早い時期の、富の秘密は、議論の余地なく、ヴェネツィアの商業組織をビザンティウムのそれに結びつけ、さらにビザンティウムを介して古代の商業組織に結びつける密接な血縁関係の中に見出される。実際、ヴェネツィアはその地理的位置によってのみ西方に属している。ヴェネツィア人の送っている生活、そしてその生活に生気を吹きこんでいる精神から見れば、ヴェネツィアは西方とは無縁の存在である。アキレイアとその近傍諸都市からの逃亡者である潟湖への最初の移住者が、ローマ世界の経済技術と経済用具とをヴェネツィアにもたらした。その時から後この都市をビザンツ領イタリアおよびコンスタンティノープルに結びつけることをやめなかった、恒常的な、そしてますます活発になった諸関係が、ヴェネツィアにあるこの貴重な寄託物を保護し、かつ発展させていった。要するに、ヴェネツィアと一〇〇〇年にわたる文明の伝統が維持されている東方との間では、接触が失われることはかつてなかったのである。ヴェネツィアの航海者は、先に見たように回教徒の侵入の時まであのように活発にマルセイユ港およびティレニア海を訪れていた、あのシリアの航海者の後継者であると見做すことができる。ヴェネツィアの航海者は、大規模商業に習熟するのに、長期にわたる辛い徒弟修業を必要としなかった。大規模商業の伝統はヴェネツィアの航海者の場合にはかつて失われることがなかったのであり、彼等が西ヨーロッパの経済史に占めている特異な地位を説明するには、このことだけで充分である。古代の商法と商慣習とが、西ヨーロッパの経済史上でヴェネツィアの航海者が示している優越性と彼等が獲得した先進性の原因であることを認めないわけにはいかない(5)。詳細な研究が、ここで私達が主張していることの証明をいつの日か必ずやもたらすことであろう。初期の幾世紀かの間ヴェネツィアの政治制度にあのように明瞭に見られたビザンツ帝国の影響が、その経済制度にも滲透したことは疑う余地がない。ヨーロッパの残余の地方では、職業としての商業は、その痕跡が久しい以前から全く消滅してしまっていた文明の中から、ゆっくりとした足どりで現れた。ヴェネツィアでは、それは都市の形成と同時代の現象である。それは、そこでは、ローマ世界からの残存物である。

ヴェネツィアは、確かに、一一世紀の経過する間に発達し始めた他の沿海諸都市、すなわち最初にピサ、ジェノヴァ、後にマルセイユ、バルセロナには深い影響を与えた。しかし、商業活動がそのおかげで海岸から大陸内部へと徐々に広まっていったところの商人階級の形成には、ヴェネツィアが貢献したとは思われない。大陸内部では、全く別の現象に、古代の経済組織と関連づけることを許す根拠の何一つない現象に、遭遇する。確かに、ヴェネツィア商人の姿はロンバルディアおよびアルプス以北にも早くから見られる。けれども、彼等が居留地をつくったという事実はどこにも見当たらない。その上、陸上商業の諸条件は、海上商業のそれとは非常に異なっているので、海上商業が影響力をもっていると考える気にはなれない。さらにそうした影響力のあったことを私達に示す一点の史料もない。

大陸ヨーロッパで職業商人の階級が再編成されたのは一〇世紀が経過する間のこと

であり、この階級の発展は、初めのうちは極めてゆっくりとしていたが、次の世紀に入るにつれて速くなった[6]。同じ時期に現れ始める人口の増加は、明らかにこの現象と直接の関連をもっている。何故なら、人口の増加は、その結果として、時を追ってますます夥しくなる数の人間を土地から引き離し、そうした人間を、あらゆる農業文明において土地にその生活の基盤を見出す術のもはやない連中の宿命である、あの危険な放浪生活へと捧げたからである。人口の増加は、世の中をさすらい、修道院の施し物でその日暮らしを送り、刈り入れ時にはひとに傭われ、戦争の時には軍隊に身を投じ、機会が生ずれば強奪も掠奪も敢て辞さないという、放浪者の群を増加させた。疑いもなく商業の最初の達人達を探し求めるべきは、この故郷を捨てた者や冒険者の群の中にである。彼等の生活様式は、当然のことながら、多くの人間の集まることがなんらかの儲けの機会あるいはなんらかの幸運なめぐりあわせを期待するのを可能にした場所へと、彼等を押し流していった。彼等は、せっせと巡礼地に足を向けたにしても、明らかにそれに劣らず港や市場や大市に惹き寄せられていった。港や市場や大市で、彼等は、船員として、船曳人として、荷揚人あるいは担ぎ手として、傭われるのであった。思いがけない出来事に満ちている生活の経験で鍛えられた精力的な人物が、彼等の間には大勢いたに違いない。多くの者が、幾つかの異国語を知ってい、いろいろな国の風俗やその国が必要としているものに通暁していた。[7] ひとたび幸運が訪れたならば、そして放浪者の生活には僥倖が非常に多いことはよく知られているのだが、その幸運から儲けをひき出すのに彼等は驚くほどうってつけであった。小さな儲けも、手腕と知力をもってすれば、大きな儲けに変えることができる。流通の不充分なことと消費に充てられる商品が相対的に少なかったことが必然的に物価を非常な高水準に釘づけせざるを得なかった時代には殊に、そうであったに違いない。この不充分な流通がヨーロッパ中にはびこらせていた飢饉が、或る時には或る国で、また別の時には別の国で、それを利用する術を知っていた連中のために、致富の機会を一段と増加させていたのである。[8] 数袋の小麦でも売るのにうってつけの時と所に運ばれたものならば莫大な利益をあげるのに充分であった。抜け目のない、骨惜しみをしない人間には、それ故、幸運が有利な取引をとっておいてくれた。そして、明らかに、世の中を素足で遍歴するこれらの貧困者の哀れな群の間から、やがて成り上がり者が出現したのである。

幸いなことに、事情がそのようであったことの証明を提供するのに好適な若干の情報が遺されている。そうしたものの中で最もよくその間の事情を物語っているフィンクルの聖ゴドリクの伝記[二]を挙げれば充分であろう。[9]

彼は、一一世紀の末頃、貧しい農民の子としてリンカンシャに生まれ、そしてまだ年端のいかぬうちから、生計の資を探し出す工夫をしなければならなかった。あらゆる時代の数多い他の貧しい者達と同じように、彼も、波によってうち上げられる漂着物を待ちうける浜辺の拾い屋であった。次いで、恐らく何か幸運な拾い物をした後にであろう、彼は行商人に早変わりし、安物商品をかついで国内を遍歴している。時が経つにつれて、彼は、小金を貯め、そして或る日のこと、遍歴の途中で出合った商人の一団に身を投ずる。彼は、その商人団の後について、市場から市場を、大市から大市を、町から町を、廻って歩く。このようにして職業商人となった彼は急速に莫大な利益をあげ、その結果、同業者の仲間に入り、彼等と共同で一艘の船に商品を積み、イングランド、スコットランド、デンマーク、フランドルの海岸に沿って沿岸貿易を企てることができるようになる。この組合は望み通りに繁栄する。その取引の内容は、物資を、その物資がそこでは稀少であることを組合が知っている外国へ輸送すること、そしてその代わりにそこで、それに対する需要が最も多く、従ってまた最も有利な儲けをあげることのできる場所で売り捌くことを心がける商品を手に入れること、である。数年経つと、安く買い入れ、非常に高く売るというこの慎重な習慣は、ゴドリクを非常に裕福な人間にした。恩寵に心動かされて、彼が、それまで送ってきた生活を突然に放棄し、自分の財産を貧者に分け与え、そして隠者になるのは、その時である。

聖ゴドリクの経歴は、その神秘的な結末を除き去るならば、他の多くの者の経歴でもあった。それは、徒手空拳で出発した人間がどのようにして比較的短い期間に莫大な資金を蓄積し得たのかということを、完璧な明瞭さをもって、私達に示している。状況と幸運が確かにゴドリクの立身出世には大いに協力したに違いない。しかし、彼の成功の本質的な原因はその物語を私達が負うている同時代の伝記作者も言葉数多く力説しているのだが、知力、より正確に言うならば、商売のセンスである。[10]ゴドリクは、いつの時代にも、進取の気性に富んだ人間の間ではぶつかることの珍しくない、あの商業本能を具えた抜け目のない人物のように思われる。利潤の追求が彼のあらゆる行動を支配してい、ルネサンス期に入らなければ出現しなかったものだと私達に信じさせようとする努力の続いているあの有名な「資本家の精神」(*spiritus capitalisticus*)[11]が、彼には明瞭に認められる。ゴドリクはただ自分の日常の必要を弁ずるためにだけ商業を営んだと主張することはできない。自分の儲けた金を金庫の底に貯めこまずに、彼は専ら自分の商業に栄養を与え、それを拡張するために用いる。私は、彼の儲けた利益はその流動資本を増加させるために用いられると言うことによって、あまりにも近代的な表現を用いることも敢えて辞さない。この未来の修道士の良心があらゆる宗教的な疑悩から完全に解き放されているのが観察されるのは、驚くべきことでさえある。商品の一つ一つについて、それが最大の儲けを生むであろう市場を探し求める彼の配慮は、あらゆる種類の投機に教会が浴びせる非難ならびに正当価格の経済教義㈣に、明瞭に反している(11)。

ゴドリクの立身出世は単に商才だけで説明できるものではない。一一世紀の社会のようになお殺伐な社会にあっては、個人の進取の気性は、仲間組織に頼らなくては成功を収めることができなかった。あまりにも多くの危険が商人の遍歴生活には待ち構えていたから、何よりもまず、自分の身をまもるために集団をつくる必要が商人には生じた。さらにその他の諸動機も同業者に協力することを商人に強制した。大市や市場で紛争が生じた場合には、商人は、裁判で自分のために弁じてくれる証人ないしは保証人を同業者の中に見出した。同業者と共同でならば、自分一人だけの資力では入手することができなかったであろう商品でも、大量に買い入れることができた。商人の個人的信用は、彼がその一員であった集団の信用によって増大した。そしてこの集団のおかげで、彼は競争相手との競争に対抗することが一層容易となった。ゴドリクの伝記作者は、その主人公の商売が飛躍的な発展をとげたのが彼が遍歴商人の一団に仲間入りした日からであることを、全くそのままの言葉で私達に教えている。彼がこうした行動をとったのは全く慣習に従っただけのことである。中世前期の商業は、隊商がその特徴的な現象であるところの、この原初的な形態の下でしか考えられない。隊商がそのメンバーの間に確立する相互保証、そのメンバーに課する規律、そのメンバーを服せしめる規制によらなければ、中世前期の商業は不可能である。海上商業の場合であろうと、陸上商業の場合であろうと、それは常に同じ光景である。船は、商人が隊を組まないでは国内を遍歴することがないように、集められて小船隊をつくらなければ航海しない。安全は、彼等にとっては、それが力によって保障されなければ存在せず、そしてその力は団結の賜である。

一〇世紀に入るとその足跡を見出すことのできる商人の仲間組織に特殊ゲルマン的な現象を見るのは、全くの誤りであろう。ヨーロッパの北部でこの商人の仲間組織を指称するのに用いられた言葉、すなわちギルド *gildes* およびハンザ *hanses* (五) がドイツ起源のものであるというのは正しい。しかしながら、団体をつくるという行為はどこにおいても経済生活には見られることであり、それが地方地方に応じて呈する細部の相違がどのように大きくても、その本質的な点においては、この行為はどこにおいても同じである。何故ならば、この行為を必要不可欠なものとした諸条件はどこにでも同じようにあったからである。イタリアでも、低地諸邦におけると同じように、商業は相互扶助によらなければ拡大することができなかった。ロマン語[六]諸国の「フレリ」、「シャリテ」、商人「コンパニ」は、ゲルマン語諸地域のギルドおよびハンザに正確に類似したものである。[12]経済組織を支配したものは、「民族精神」ではなく社会的必要である。商業の原初的諸制度は、封建制の諸制度と同じように、世界共通のものであった。

　史料は、一〇世紀以降西ヨーロッパで時を追ってますます数多く見られるようになる商人集団について正確な像を描くことを、私達に可能にしている。[13]そういった商人集団は武装隊として思い浮かべなければならない。弓と剣を携えたそのメンバーは袋や梱（こり）や樽を積んだ馬や荷馬車を取りまいている。隊商の先頭には一人の旗手が行進する。ハンザの伯あるいは長老と呼ばれる一人の長が団体全体にその権威を及ぼす。この団体は、誠実誓約によって相互に結ばれた「兄弟」によって構成されている。緊密な連帯の精神が集団全体を活気づけている。商品は、恐らくは、共同で仕入と販売が行なわれ、利益は仲間組織の中で各メンバーの出資分担額に比例して配分される。

　これらの団体は、原則として、非常に長途の旅を行なったようである。この時代の商業を、地方的市場の描く軌道に局限された地方商業として思い浮かべるならば、それは全くの誤りであろう。私達は既にイタリア商人がパリおよびフランドルにまで進出していることを確証しておいた。一〇世紀の末葉に、ロンドンの港には、ケルン、ユイ、ディナン、フランドルおよびルーアンの商人が定期的にしばしば訪れている。或る史料は、イスパニアと交易しているヴェルダン人について私達に語っている。[14] セーヌ河流域では、パリの水上商人ハンザ[七]がルーアンと恒常的な関係をもっている。ゴドリクの伝記作者は、バルト海および北海への彼の遠隔地旅行を私達に物語ることによって、同時にゴドリクの同業者の遠隔地旅行のことを私達に教えている。

それ故、中世の経済ルネサンスの特徴であったものは、大規模商業、或いはより正確な言葉を選ぶならば遠隔地商業である。あたかもヴェネツィアおよびアマルフィの海運が、そしてそれに遅れてピサおよびジェノヴァの海運が、最初から遠距離航海に乗り出すように、大陸の商人達も広汎な地域にわたってその遍歴生活を送る。[15] それこそが彼等にとって巨額の利益をあげる唯一つの手段であった。よい値で売るためには、後でその産物の稀少さの故にその価値が増大する場所で売って利益をあげることのできるように、産物が豊富に見出される遠方まで探し求めることが必要だったのである。商人の旅が遠距離であればあるほどその旅はますます多くの利益をもたらした。だから、あらゆる偶然の出来事にさらされている遍歴生活に伴う苦難、危険、脅威を承知の上で旅に出かけるほどに儲けの誘惑が強烈であったことは、容易に理解される。冬の間を除いて、中世の商人はいつも旅に出ている。一二世紀のイングランドの史料は、「ほこりまみれの足」(*pedes pulverosi*) という印象鮮やかな名前で中世の商人を呼んでいる。[16]

この遍歴生活者、この商業の放浪者は、最初から、その慣習の一切に彼が衝突していた、そしてその中には彼のためには些かの生活の場所も残されていなかった農業社会を、その生活様式の特異さによって、ゆさぶったに相違ない。彼は、土地に緊縛された人々の中に移動性をもちこんだ。彼は、伝統に忠実な世界、各階級の役割と順位とを固定していた階層制を重んずる世界に対して、そこでは立身出世が人間の地位によって測られないでただ人間の知力と活力とによって左右された、抜け目のない合理主義的な活動を見せつけた。従って彼が顰蹙を買ったとしても不思議ではない。貴族は、どこの馬の骨とも知れないこれらの成り上がり者達に対しては軽蔑の念しか抱かなかったし、思い上がった彼等の富裕ぶりには我慢のならなさを覚えた。貴族には、成り上がり者が自分達よりも潤沢に貨幣をもっているのを見るのはくやしいことであった。貴族は、金に困った時には、これらの成り上がり者の財布を頼りにしなければならないことで、面目を失っていた。イタリアでは貴族の家柄が金貸し業者の資格で商取引に関心を寄せることによってその富を増大するのをためらわなかったが、そのイタリアを除いては、商業に携わることは品位をおとすことだという偏見が、旧政体の終末に至るまで、貴族の胸中に根強く残った。

聖職者はどうであったかというと、商人に対する彼等の態度は一層非好意的であった。教会から見れば、商業生活は魂の救いにとって有害なものであった。聖ヒエロニムスの筆になるとされている或る史料には、商人が神の御心にかなうことは非常に難しいと記されている。[八]商業は教会法学者には徴利の一形態と思われていた。教会法学者は利潤追求を非難したが、彼等は利潤追求と貪欲とを混同していたのである。教会法学者の説く正当価格の教義は、経済生活に、一種の断念を、約言すれば経済生活の自然的発展とは両立し難い一種の禁欲主義を、強制しようとするものであった。あらゆる種類の投機が彼等には罪であると思われていた。そしてこの厳しさの原因はキリスト教道徳の厳格な解釈だけではなかった。教会の生活諸条件にも原因を求めなければならないようである。何故なら、教会の生活手段は、企業ならびに利益という観念とはいかに無縁のものであったかを既に見ておいた、あの荘園組織に完全に依存していたからである。この事実に、クリュニー派の神秘主義が宗教的熱情に与えていた貧困の理想を付け加えるならば、教会が商業ルネサンスを迎えた時の警戒的で敵対的な態度が容易に理解されるであろう。商業ルネサンスは、教会にとっては、破廉恥なことであり、気がかりになることだったのである。[17]

　しかしこの態度がとにかく好ましい結果をもたらしたことは認めなければならない。確かにそれは、結果として、儲けへの情熱が際限なく溢れ出ることを阻止した。それは、貧者を富者から、債務者をその債権者から、或る程度まで保護した。古代ギリシアおよび古代ローマで民衆の上にあのように重くのしかかった負債の災厄を中世の社会は免れた。そして、この幸福な結果をもたらす上に、教会が大いに貢献したと考えて差し支えない。教会の享受していた普遍的な威信が道徳的歯止めとして働いたのである。この道徳的歯止めは、たとえ商人を正当価格の学説に従わせるほどには強力でなかったにしても、商人が後ろめたさを感ずることなしに利益追求の精神に身を委ねるのを防止するに足るだけの強さはもっていた。明らかに商人の多くは、彼等の生活の様式が彼等の永遠の救いを危険にさらしているのに不安を感じていた。来世に対する恐怖が彼等の良心を苦しめていた。死の床で、遺言によって、慈善施設を建設したり、或いは不当に儲けた金額を返済するのに財産の一部を充てたりする者が多数いた。ゴドリクの生涯の教化的な結末は、商人達の魂の中で、逆らうことのできない富の誘惑と宗教的な道徳を尊びながらも自分の従事する職業のためには絶えず破らなければならないその道徳のきびしい掟との間に、しばしば演じられたに相違ない葛藤を証明している[18]。

商人の法的地位は、以上のように数多くの理由で彼等がゆさぶったこの社会において、彼等に全く特異な地位を与える上での最後の仕上げであった。他ならぬ彼等の送っていた遍歴生活のために、商人はどこへ行っても余所者として出現した。この永遠の旅人の出自は誰も知らなかった。確かに、彼等の大多数は、冒険生活に乗り出すために彼等が早くからその許を離れた非自由身分の両親から生まれたけれども、農奴身分は憶測では決められない。すなわち農奴身分であることが証明されなければならない。法は、法が主人への帰属を決定できない人間は、やむを得ず自由民として取り扱う。それ故、その大半は明らかに農奴の息子であった商人を、あたかも常に自由を享受し来ったかのごとくに見做さなければならないことになった。わが身を生まれ故郷から引き離すことによって、彼等は事実上自分を解放したのである。民衆が土地に緊縛され誰もが領主に従属していた社会組織の中で、商人は、何人も呼び戻すことのできない遍歴者という、周囲からかけはなれた姿を示した。彼等が自由を要求したのではなかった。すなわち、彼等が自由を享受していなかったと証明するのが不可能であったが故に、自由が彼等に与えられたのである。彼等は、いわば慣習と時効とによって自由を取得した。要するに、あたかも農業文明が農民をその正常状態が隷属である人間にしたように、商業は、商人をその正常状態が自由である人間にしたのである。その時から、領主的、荘園的裁判に服する代わりに、商人は公的裁判にのみ服した。多数の私的裁判所の上に位置してフランク国家の裁判制度の古い骨組みをなお保持していた裁判所だけが、商人を裁くことができた[19]。

公権力は、同時に、商人を自分の保護の下においた。それぞれの伯領内で街道の治安維持と旅人の安全確保とを含む平和と公的秩序を擁護しなければならなかった大諸侯は、その保護を商人の上にもおしひろげた。そうした行動をとることによって、大諸侯は、彼等がその諸権力を簒奪した国家の伝統を継続させたにすぎなかった。既にシャルルマーニュの農業帝国において、大帝は流通の自由の維持に注意を払っていた。大帝は、巡礼者およびユダヤ人商人あるいはキリスト教徒商人の便宜を図る措置を発令しているし、大帝の後継者達の勅令は彼等がこの政策を忠実に守り続けたことを立証している。ドイツではザクセン王家の諸帝が別様の行動をとらず、フランスの諸王も、フランスの権力を掌握するとすぐに同じように振る舞った。その上大諸侯も商人を自分の領土に引き寄せるのは大いに望ましいことだと思っていた。商人は、大諸侯領に新しい活気をもたらし、通過税収入を増加させる有益な存在であったのだ。

非常に早くから、伯が追いはぎに対して徹底的な措置を講じ、大市の秩序と交通路の安全とに気をくばるのが見られる。一一世紀には諸種の大進歩が実現し、黄金の一杯つまった袋をたずさえて旅行しても掠奪される危険のない地方が幾つかあることを、年代記作者が立証している。教会は教会で主要な街道の追いはぎを破門した。そして、一〇世紀の末に教会が率先して着手する神の平和がとりわけ商人を保護する。

しかし、商人は公権力の保護と裁判の下におかれる、というだけではまだ充分ではない。彼等の職業の新しさは、その他に、農業に基礎をおく文明のために作られた法が、柔軟になり、そして彼等の職業の新しさが法に課する基本的諸必要に適合するようになることを、強く要求する。硬直した伝統的な形式主義、遅滞、決闘[九]のように原始的な立証方法、雪冤(せつえん)宣誓[一〇]の濫用、訴訟の結果を偶然に委ねる「神判」[一一]、こういったものを伴う裁判手続は、商人にとっては常住不断の不便[一二]である。彼等は、もっと簡単な、もっと迅速な、そしてもっと公正な法を必要とする。大市や市場で、その最初の形跡を一〇世紀の経過する間に見つけ出すことのできる商人法 (*jus mercatorum*) が商人間で彫琢(ちょうたく)されていく[20]。商人法は、非常に早くから、少なくとも商人間の訴訟の場合には、裁判実務の中に導入されたと考えてよいであろう。商人法は、商人にとって一種の属人法[一三]を構成していたに相違なく、裁判官にはそれがもたらす利益を商人に対して拒否する理由は何もなかった[21]。商人法の存在を暗示している史料も、不幸なことに、その内容を知る手がかりは与えてくれない。しかしそれは、疑いもなく、商取引の実際から生まれ、商取引の広まっていくのに応じて次第に拡がった慣行の集成であった。諸国の商人が定期的に参集し即決裁判用の特別裁判所をもっていたことの知られている大きな大市が、疑いもなく最初に、国、言語、民族法の相違にも拘らず、根本においてはどこでも同じであった一種の商法の彫琢されていくのを見たであろう。

商人は、このようにして、単に自由民として立ち現れるばかりではなく、特権者としても立ち現れる。聖職者や貴族と同じく、商人は特別法を享受する。商人は、聖職者や貴族と同じく、農民の上に重くのしかかり続ける荘園権力および領主権力の及ばないところにいる。

第六章　都市の形成と市民

いかなる文明においても都市生活は商業および工業と無関係には発達しなかった。気候、国民、宗教の相違は、この事実については、時代の相違と同じく無関係である。この事実は、現代においてヨーロッパあるいはアメリカの、インド、日本あるいは中国の諸都市に妥当するように、過去においてエジプトの、バビロニアの、ギリシアの、ローマ帝国あるいはアラブ帝国の諸都市についても妥当した。その普遍性は必要ということによって説明される。事実、都市集落は、外部から取り寄せる食糧の輸入による以外には生存していくことができない。しかし、この輸入には、他方でその引替物ないしは対価となる工業製品の輸出が見合わなければならない。このようにして、都市とその近隣との間には恒常的なサーヴィスの関係が確立される。商業と工業はこの相互依存の維持に不可欠なのである。すなわち、食糧の補給を保証する輸入なしには、交換品によってその輸入を相殺する輸出なしには、都市は死滅するであろう[1]。

この状態は明らかに無数の微妙な相違を含んでいる。時代によって、また場所によって、或る場合には商業活動が、また或る場合には工業活動が、都市住民の中で優越的な地位を占めた。古代においては、都市住民の大部分が、都市外に持っていた土地の耕作あるいはその土地からあがる収入で生活していた土地所有者によって構成されていたことは、充分によく知られている。しかしそれでもなお、都市が大きくなるにつれて、都市には手工業者や商人が次第に多くなったことに変わりはない。都市経済よりも歴史の古い農村経済は、都市経済と並んで存在し続けた。農村経済は都市経済が発達するのを妨害しなかった。

中世の都市は、それとは非常に異なった光景を私達に示している。商業と工業とが中世の都市をして中世の都市たらしめたのである。中世の都市は、商工業の影響の下に成長し続けた。どんな時代にも、中世の都市の社会経済組織が農村の社会経済組織に対して示す対照ほどに著しい対照は、見られない。それまでにはかつて中世の市民がそうであったほどに特殊に、厳密に、都市的な人々の階級は存在したことがなかったと思われる(2)。

中世の都市の起源が、前の幾章かで述べた商業ルネサンスに、原因に対する結果という関係で直接に結びついているというのは、疑うことのできない事実である。そのことの証拠は、商業の膨脹と都市の動きのそれとの間に見られる明瞭な一致から出ている。前者が最初に見られたイタリアと低地諸邦とは、まさに後者が始まった地方であり、またそれが最も急速に、そしてまた最も力強く確立された地方である。商業の進展につれて都市の数が増加していくのを認めることは容易である。都市は、商業がそれによって広まるすべての自然の径路に沿って出現する。都市は言わば商業の通った足跡に生まれる。最初のうちは都市は海岸か河岸にしか見られない。次いで、商業の滲透が拡大していくと、そうした商業活動の最初の中心地を相互に結びつける街道に沿って都市がつくられる。低地諸邦の事例はこの間の事情を非常によく物語っている。一〇世紀に入ると、海岸とメウーズ、エスコー両河の河岸に、最初の都市がつくられ始める。中間地帯であるブラバントは未だ都市を知らない。都市がこの二つの大きな河の間に設けられた街道沿いにブラバントに出現するのを見るには、一二世紀を待たなければならない。そしてこれと類似したことは至るところで確認できるであろう。商業路の重要度がそこに示されているヨーロッパ地図は、都市集落の重要度を示すモザイク地図と、ほぼ完全に合致するであろう。

確かに中世都市は非常な多様性を示している。その各々がそれ自身の顔と性格とを持っている。人間が一人々々違うように、中世都市もまた一つ一つが違っている。しかしながら、それらの諸都市を類別し、若干の一般的類型に従って区分することはできる。そしてこれらの諸類型自体も、その本質的特徴という点では、相互に類似している。従って、本書でそれを試みようとしているごとく、ヨーロッパの西部における都市生活の発展を叙述することも、不可能なことではない。このようにして得られるであろう絵は、どうしてもごく図式的なものになるであろう。それは、個々の場合についてはどれにも正確には合致しないであろう。そこには、共通の諸特徴しか、個々の場合の諸特徴からの抽象物しか、見出されないであろう。あたかも山の頂きからじっと見下ろした風景におけるように、太い輪郭だけが現れるであろう。

この課題は、しかしながら、ちょっと考えた時にそう思われるかもしれないよりは複雑なものではない。というのは、ヨーロッパの諸都市の起源を説明する際に、諸都市の示す無限の複雑さを考慮に入れることは無益なことだからである。都市生活は、最初のうちは、イタリア北部および低地諸邦ならびに両者の近隣諸地方に属するかなり限られた数の場所にしか発達しなかった。それに対する関心がいかようであり得るにしても要するに繰り返し現象にすぎないところの後から成立した諸都市は無視して、最初に成立したこれらの諸都市だけに限定しても充分であろう(3)。なおまた、以下の諸頁では、低地諸邦に特権的な地位が与えられるであろう。それは、低地諸邦が、実際に、都市の発展の初期に関して、西ヨーロッパの他のどの地方よりも豊かな光を歴史家に投げ与えているからである。

先にそれを叙述しようと努めたごとき中世の商業組織は、それを支えていた遍歴商人の一定の場所への定住を必要不可欠のことたらしめた。彼等の旅行と旅行の間の期間、とりわけ海や河川や道路を接近不可能にする悪い季節には、どうしても彼等はその地域の幾つかの地点に集結しないわけにはいかなかった。彼等が最初に集中したのは、当然に、その位置が交通に便利で、同時に彼等の携えている貨幣と財産との安全を確保し得る場所であった。従って、彼等はこの条件に最もよく合致するシテ又はブールに足を向けた。

それらの数は合計すると甚だ多かった。シテの所在地は、土地の起伏あるいは河川の流れの方向によって、要するに、まさに商業の方向を決定し、そうすることによって商人をシテに向かわせていた自然環境によって、決められていた。外敵に抵抗するか或いは住民に避難所を提供する役割を予定されていたブールの方はどうであったかと言えば、ブールは必ず、近づくことの極めて容易な場所に建造された。侵入者が通過するのも、商人が辿るのも、同じ街道である。そのために、侵入者を防ぐために建造された城砦が、その城壁の方へと商人を引き寄せるのに特に適合するという結果が生じたのである。このようにして、最初の商業集落は、自然が、経済的流通の中心地になるか或いは再びなる素地を与えていた場所に形成されることになった。[4]

九世紀以降に非常に数多く設けられた市場（*mercatus, mercata*）が、これらの最初の集落の根源であったと考えたい気持もわかるし、事実そのように考えた若干の歴史家もある。一見したところではいかに魅惑的であるにしても、この見解は、検討してみると成り立たないことがわかる。カーロリンガ［カロリング］王朝時代の市場は、近隣の農民および若干の行商人が訪れる単なる地方市場にすぎなかった。それらの市場は、専らシテおよびブールに対する食糧の供給を目的としていた。その開催も週に一度を越えることはなく、かつその取引は、市場の開設によって利益を蒙ったごく少数の住民の家庭生活上の必要によって限定されていた。この種の市場はいつでも存在するものであったし、今日でも無数の小さな町や村に存在している。これらの市場の吸引力は、その周囲に商人人口を引き寄せて定着させるほどには、強力でも広汎でもなかった。その上、この種の市場を具えていながら都市の域には遂に到達しなかった多数の場所が知られている。例えば、カンブレの司教が一〇〇一年にル・カトーカンブレジに、ライヘナウの大修道院長が一一〇〇年にラードルフツェルに、建設した市場の場合がそうであった。ところで、ラードルフツェルもル・カトーも終始取るに足りない場所にすぎず、この両市場〔の建設〕を目標とした企ての失敗は、時として好んで市場に与えられがちなあの影響力を、市場が欠いていたことをよく示している(5)。

大市（*fora*）についても同じことが言える。しかしながら、大市は、市場とは異なって、職業商人の定期的な集合場所として役立つために、職業商人を相互に接触させるために、一定の時期に職業商人をそこへ集めるために、開設されたものであった。事実、大市の多くがもっていた重要性は非常なものであった。フランドルではトゥルーの大市とメッシーヌの大市、フランスではバール－シュル－オーブの大市とラニーの大市が、一三世紀の末頃まで、中世商業の主要な中心地に数えられる。それ故、これらの場所のいずれもが都市の名に値する都市にならなかったことは、ちょっと考えたところでは不思議に思われるかもしれないが、それは、これらの大市で行なわれていた取引活動が、商業の定着化に必要不可欠なあの永続性を欠いていたためである。商人は、それらの大市が北海からロンバルディアへと通ずる幹線輸送路に位置していたので、またそれらの大市には大諸侯が免罪権(二)と特権とを与えていたので、そこへ足を向けたのであった。大市は、北あるいは南からやって来る売り手と買い手とが落ち合う地点であり、交換の場所だったのである。しかも、数週間経つと、大市の利用者である外来の商人はすべて四散し、翌年まで姿を見せなかった。

確かに、大市が商人集落のつくられた場所に固定化されるということも、しかもかなりしばしば、あった。例えば、リール、イプル、トロワ等の場合がそうであった。大市は確かにこれらの都市の発達を助長したが、しかし大市がこれらの都市の発達の原因であったと認めるわけにはいかない。多数の大都市が容易にそのことの証明を提供する。ヴォルムス、シュパイア、マインツはかつて大市の開催地であったことがない。トゥルネは一二八四年になって初めて大市を取得したのであるし、ライデンは一三〇四年、ガンはようやく一五世紀のことであった[6]。

従って、地理的位置に加うるにシテ或いは防備を施したブールの存在が、商人の定住地の本質的で必要な条件として立ち現れることに変わりはない。この種の定住地の形成ほど人為的でないものはない。商業生活にとって基本的に必要な諸条件、交通の便と安全の要求とが、最も自然な仕方で商人定住地の形成を説明している。もっと発達した時代で、技術が、自然を克服することを、そして気候や土質の障害にも拘らず自然に対して自分の存在を主張することを、人間に可能にしているであろう時ならば、企業精神と利潤追求が決めるであろう場所に、その場所がどこであっても、都市を建設することは疑いもなく可能であろう。しかし、自然環境から解放されるほど充分な力強さを未だ社会が獲得していない時代には、事情は全く別である。自然環境に適応することを余儀なくされるので、社会がその生活を営む場所を決めるのは自然環境に順応しながらである。中世の都市の形成は、河川の流れが山の起伏と峡谷の方角によって決定されるのと同じ程度に明瞭に、地理的環境と社会的環境によって決定される現象である、と言ってまず差し支えない[7]。

一〇世紀以降、ヨーロッパの商業ルネサンスが本格的になっていくのにつれて、シテの中、或いはブールの根もとに設けられた商人定住地は、絶え間なく大きくなっていった。その住民数は、経済的生命力と軌を一にして増加した。一三世紀の末に至るまで、商人定住地の住民数が最初から示している上昇の動きは絶えることなく続いていくであろう。そうなるより他なりようがなかったのである。国際的な輸送の結び目に当たる地点はいずれも、当然にこの国際的な輸送の活動に参加し、商人の増大は、商人が最初に定着したすべての場所で、不可避的に商人の数の増加をもたらした。何故ならば、それらの場所こそ、まさに商業生活に最も都合のよい場所だったからである。そうした場所が他の場所よりも早い時期に商人を引き寄せたのは、そうした場所が、他の場所よりも一層よく商人の職業的要求にかなっていたからである。一般的に言って或る地方の最大の商業諸都市がその地方の最古の諸都市でもあるということは、このようにして最も説得的な仕方で説明される。

私達はこの初期の商人集落に関しては、不充分なために私達の探究心を満足させるには程遠い情報だけしかもっていない。一〇、一一世紀の歴史作品は、社会的経済的諸現象には全く関心を払っていない。専ら聖職者あるいは修道士によって書かれたものであるからして、当然に、それは諸事件の重要さをその事件が教会に対してどの程度に重要であったかということを基準にして判定していた。世俗社会は、宗教社会と関係のあった場合にだけ、彼等の関心を惹いた。彼等は宗教社会に影響を及ぼした戦争や政治紛争の物語を看過することはできなかったが、しかし、それに対しては共感に劣らず理解も欠いていたところの都市生活の起源を、どうして彼等が記述するよう配慮したであろうか(8)。たまたま書きとめられた若干の暗示、暴動や叛乱の場合の若干の断片的な註釈、これだけで歴史家はほとんどいつでも満足しなければならない。文章を書くことに手を染めている少数の俗人の著作の中に幾分か内容の豊かな獲物をあちこちで発見するには、一二世紀まで降らなければならない。特許状と証書が或る程度までこの貧困を補うことを私達に可能にしている。それにしてもその特許状と証書は起源の時代については非常に数が少ない。それらが幾分か豊かな光を投げ与え始めるのは、ようやく一一世紀の末以降のことである。都市起源の史料、市民によって記述され編纂されたものを私はこう呼んでおきたいのだが、それはどうであったかと言えば、この種の史料で一二世紀末以前のものは存在しない。従って、そうした史料が多少はあるにしても、どうしても知ることのできない事柄が数多くあり、都市の起源に関する情熱をかきたてる研究においては、非常にしばしば、推定と仮説に頼らざるを得ないのである。

都市への定住の詳細はわかっていない。都市に定着するために最初にやってきた商人が、先住の住民達の間に、或いは先住の住民達と並んで、どのようにして定住していったかは知られていない。耕地および菜園となっていた無住地をしばしばその域内に含んでいたシテは最初のうちはそれらの商人に場所を提供したに違いないが、その場所もやがて狭すぎるようになった。一〇世紀になると多くのシテで商人が城壁の外側に定住することを余儀なくされたのは確実である。ヴェルダンでは、彼等は、二つの橋でシテと連絡している、防備施設のある一つの囲い地（*negotiatorum claustrum*）をつくる。(9) レーゲンスブルクでは、商人の都市（*urbs mercatorum*）が司教都市と並んでつくられる。同様の事実は、ユトレヒト、ストラスブール等でも証明される。(10) カンブレでは、新来者達は木柵で周囲をめぐらすが、この木柵は暫くして石の壁にとりかえられる。(11) マルセイユでは一一世紀の初めに市域が拡張されたに違いないことを私達は知っている。[12] こういった事例の数をふやすことは容易であろう。そういった事例は、ローマ時代以来一度も拡大されることのなかった古いシテに生じた急速な拡張を、否定し難い形で確証している。

ブールへの定住も、シテへの定住と同じ原因によるものであるが、しかしそれはかなり相違した条件の下で行なわれた。というのは、ブールには、自由に使用できる土地が来住者のためになかったからである。ブールは、その城壁がわずかの面積の空間を囲んでいるだけの城砦にすぎなかった。その結果、空地がないために、商人は最初から、この城壁で囲まれた空間の外側に定着しなければならなかった。彼等は、ブールと並んで、外側のブールすなわちフォブール（*forisburgus, suburbium*）をつくった。このフォブールは、史料によっては、それが接していた封建的ブール或いは古いブール（*vetus burgus*）と対照させて、新しいブール（*novus burgus*）とも呼ばれている。特に低地諸邦とイングランドでは、フォブールを呼ぶのにその性質に極めてよく適合する言葉が見出される。すなわちポルトゥス *portus* である。

ローマ帝国の行政用語では、海港ではなく、商品の集散地あるいは仲継地の役割を果たす囲い込まれた場所をポルトゥスと呼ぶ。[13] この用語法は、メーロヴィンガ「メロヴィング」王朝時代およびカーロリンガ王朝時代にもほとんど変わることなく伝えられた。[14] この語句が用いられている場所のすべてが河川に沿っていること、また通過税〔徴収所〕がそこに設けられていることを見るのは容易である。

それ故、ポルトゥスというのは、さらに遠くに運ばれることの決まっていた商品が流通の動きによって集積された船着場であった。[15] ポルトゥスと市場あるいは大市との間では対照は極めて明瞭である。市場と大市とが、買い手と売り手が定期的に集まる場所であるのに対して、ポルトゥスは、恒常的な商取引の場所であり、絶え間のない輸送の中心地である。七世紀になると、ディナン、ユイ、マーストリヒト、ヴァランシエヌ、カンブレはポルトゥスの所在地であり、従って仲継地であった。[16] 八世紀の経済的衰頽とノルマン人の侵入とは、当然に、これらのポルトゥスの商業を破壊した。これらの古いポルトゥスの甦えるのが見られるだけではなく、同時に、多くの場所で、ブリュージュで、ガンで、イプルで、サン－トメール等で、新たにポルトゥスができるのを見るには、一〇世紀を待たなければならない。それと同じ頃、アングロ－サクソンの史料に、ラテン語のウルプス *urbs* およびキーヴィタース *civitas* と同義語として用いられているポート *port* という言葉の出現が指摘される。ポート *port* という語尾が、英語を話すあらゆる国の都市の名前にいかにしばしば見られるかは周知のことである。[17] 中世の経済ルネサンスと都市生活の誕生の間に存在する密接な関連を、これ以上明瞭に示しているものはない。中世の経済ルネサンスと都市生活の誕生とは、ヨーロッパの偉大な国語の一つで商業定住地を指すのと同じ言葉が都市自体を指すのにも用いられたほどに、親密に関連しあっているのである。なおまた古いネーデルラント語も類似の現象を示している。古いネーデルラント語では、ポールト *poort* という語とポールテル *poorter* という語が、前者は都市の意味で、後者は市民の意味で、用いられている。

私達は、一〇世紀および一一世紀に、フランドルおよびその近隣諸地方のブールの根もとに非常に数多く存在したことが記録されているポルトゥスというのは商人の集落のことである、と完璧な確実性をもって結論することができる。商人集落について余りにも数は少ないが詳細な報告を私達に与えてくれる諸年代記や聖人の諸伝記の若干の箇所を見れば、この点について些かの疑念をも残すわけにはいかない。ここでは、一〇六〇年頃に自分が報告している諸事件をその眼で見た一人の修道士によって書かれた、『聖ウォマルスの奇蹟』*Miracula Sancti Womari* に出てくる興味ある物語を引用するにとどめよう。そこで報告されているのは、行列をつくってガンに到着した一団の修道士のことである。住民は「蜜蜂の群のように」その修道士の一行を迎えに出る。彼等は、この敬虔なる訪問者を、最初にブルグス *burgus* の中にあるサント－ファレルド教会に案内する。次の日、修道士は、近頃ポルトゥスの中に建立されたサン－ジャン－バティスト教会に赴くためにそこを出る[18]。それ故、私達はここで起源と性格とを異にする二つの定住中心地の並存を問題にしなければならないと思われる。一方の古い方の定住中心地は城砦であり、他方の新しい方の定住中心地は商業地である。そして、都市が生まれてくるのは、この二つの要素の漸次的な融合からであり、二つの要素のうち前者は後者によって次第に吸収されていくであろう[19]。

話を先に進める前に、その位置の故に商業上の中心地になる幸運に恵まれなかったシテおよびブールが、どのような運命を辿ったかを考察しておこう。低地諸邦だけに限るならば、例えば、テルーアンヌのシテ、或いはスタヴロ、マルメディ、ロッブ等の修道院の周囲に建てられたブールのごときである。

中世の農業的、荘園的な時代には、これらの場所はすべて、その富と影響力とによって他に卓越した場所であった。しかし、幹線交通路からあまりにも離れていたために、これらの場所は、経済ルネサンスの影響を蒙らなかったし、また次のように言うことが許されるならば、経済ルネサンスによって発達への子種を宿すこともなかった。経済ルネサンスがもたらした開花のただ中にあって、これらの場所は、石の上にこぼれ落ちた種子のように、芽を出さないままで終わってしまった。これらの場所のどれもが、近代になるまでは、単なる半農村的な小集落の域を出なかった[20]。都市の進化の中でシテおよびブールの演じた役割を明確にするには、以上の論述で充分である。その中で都市が誕生した社会秩序とは非常に異なった社会秩序に適合するものであったシテおよびブールは、都市を生み出すものではなかった。それは、言ってみれば、商業活動を結晶させる点にすぎなかった。商業活動はシテおよびブールから生まれでるものではない。商業活動は、その場所の好適な状況が商業活動をシテおよびブールに集中させる場合に、外からやってくる。シテおよびブールの果たした役割は本質的に受動的な役割であった。都市の形成史において、商業的なフォブールは封建的なブールの重要性をはるかに凌駕している。活動的な要素はフォブールであり、後に見るように、経済復興の結果にほかならない自治都市生活の復興を説明するのも、フォブールである[21]。

商人集落は、一〇世紀以降、絶え間のない成長によって特徴づけられる。このことによって、商人集落は、それがその根もとのところに位置を占めたシテおよびブールがそこから脱け出せない不活発さに、極めて強烈な対照を呈する。商人集落は絶えず新しい住民を引き寄せる。商人集落は絶え間なく膨脹を続け、ますます広い空間を占めるようになり、その結果、一二世紀の初めには既に多くの場所で最初の城砦の四囲をとりまくようになり、城砦の周囲には商人集落の家屋が密集する。一一世紀の初めになると、商人集落のために新しい教会を建立すること、そしてその住民を新しい聖堂区[21]に分割することが、必要不可欠になった。ガンで、ブリュージュで、サン－トメールで、その他多くの場所で、史料は、しばしば裕福になった商人達の発意による教会の建立を報告している[22]。フォブールの実景と結構とについては、細部にわたっては正確さの欠ける一般的な観念しかもつことができない。最初の形態はどこでも極めて単純である。その場所を貫流している河川の岸に設けられるか或いはその場所の真中に設けられた市場が、街路（*plateae*）の交叉する地点になっている。街路はこの市場から城門へ伸び、城門から農村へと道が通じている。城門と言ったわけは、商人的フォブールは、この特徴は特に注意して指摘しておかなければならないのであるが、間もなく防備施設によって取り囲まれるからである[23]。

大諸侯や教会の努力にも拘らず暴力と掠奪が永続的に猛威をふるっていた社会にあっては、防備施設で守る他に途はあり得なかった。カーロリンガ帝国の解体とノルマン人の侵入までは、国王権力がまずどうにか公共の安全を保障することに成功していた。その時代のポルトゥスは、或いは少なくともその大多数は、無防備のままの場所であったようである。しかしながら既に九世紀の半ばには、動産の安全を保障するものは、防壁の保護以外には何もなかった。八四五―八四六年の一史料は、最も裕福な者達と当時なお残っていたごく少数の商人とがシテに避難所を求めたことを、はっきりと示している。(24)商業ルネサンスがあらゆる種類の盗賊の慾望を激しく刺戟したので、商業集落は、彼等から身を守る緊急の必要を免れることができなかった。商人達は、武装をしないでは敢えて旅行に出なかったように、その集団居住地をさまざまな作り方の防塞地にした。彼等がシテ或いはブールの根もとにつくった定住地は、一七世紀および一八世紀にアメリカ或いはカナダの植民地でヨーロッパからの移民がつくった堡塁と小要塞 *blockhouse* を、(三)かなり正確に偲ばせる。後者と同じく、たいていの場合、商業集落は、幾つかの門が付き、一つの壕で囲まれた堅固な木柵で防備されているだけであった。この最初の都市防壁の名残りは、一種の円形の垣で都市を表すという、長い間紋章学に保持されている慣習の中に今なお認めることができる。

この粗雑な組立ての柵が、不意の襲撃に備えることだけを目的としたのは確実である。それは、匪賊（ひぞく）に対する安全を保障するものであって、本格的な攻囲には耐え得なかったであろう。(25)戦争の場合には、敵がそこに潜むのを阻止するために柵に火を放ち、強力な城砦としてのシテ或いはブールの中に避難しなければならなかった。商人定住地の繁栄が増大し、その結果、塔で側防が施され本格的な攻撃をうけとめることのできる石の城壁をめぐらすことにより、商人定住地の安全を増大させることができるようになったのは、だいたい一二世紀に入ってからのことである。それ以後は、商人定住地自体が城砦であった。依然としてその中心に聳えていた封建的な或いは司教的な古い城壁は、このようにして、その存在理由のすべてを失った。役に立たなくなったその周壁は、少しずつ崩れ落ちていくままに放置せられた。その周壁にからみつくようにして家屋が建てられ、また周壁のこわれたあとを家屋がうずめた。都市が、その周壁を伯なり司教なりから買いとったことさえあった。伯や司教にとっては、こうした周壁はもはや利潤を生まない資本に等しかった。買いとられた周壁は破壊され、周壁の占めていた空間は建築用地に変えられた。

従って、商人達に痛感された安全の必要が、城砦都市であるというあの中世の都市の本質的性格の説明を私達に与えてくれる。この時代に防壁のない都市を想像することはできない。防壁は、中世都市に例外なく備わっている一つの権利、或いは、当時の用語法を用いるならば、一つの特権である。この場合にもまた、紋章学は、都市の紋章を城壁冠で飾ることによって、極めて正確に現実と一致している。

しかし市壁は単に都市の象徴であるばかりではない。かつて都市の住民を指すのに用いられ、そして今なお用いられている名称の由来もまた、市壁にある。というのは、防備施設の施された場所であるという事実によって、都市はブールになったからである。商人集落は、既に述べたように、もとからあった古いブールと対照させて、新しいブールという名前で呼ばれていた。後に一一世紀の初頭以降、その住民がブルジュワ（*burgenses*）という名前を帯びるのは、この事実に由来している。私の知る限りでブルゲンセスという言葉の初出はフランスであり、そこでは一〇〇七年にこの言葉が用いられ始めている。フランドルでは一〇五六年にサン＝トメールで見られる。次いでこの言葉は、メウーズ河流域地方の仲介によって〔神聖ローマ〕帝国の中へ伝播していき、そこでは、一〇六六年にユイで見られる。このようにして、ブルジュワという名称を与えられたのは、というよりはむしろその名称を自分に与えたのは、新しいブール即ち商人ブールの住民達である。この名称が古いブールの住民達には決して適用されなかったことが観察されるのは、興味深いことである。古いブールの住民は、カステラニ *castellani* 或いはカストレンセス *castrenses* という名前で登場する。このことは、都市住民の源流が、もとからあった城砦の住民の中にではなく、商業によって古い城砦の周囲に集められ、一一世紀に入るとそれまでの住民を吸収し始めた移住民の中に求められなければならないということの、一層意味深い、そして特に意味深い、証拠である。

ブルジュワという名称は、初めは一般に用いられたものではなかった。この名称と並んで、古代の伝統に従ってキーヴェス *cives* という名称が依然として用いられていた。またイングランドとフランドルでは、ポールトマンニ *poortmanni* とポールテルス *poorters* という言葉が見られる。この二つの言葉は、どちらも中世の末頃になると用いられなくなった言葉であるが、既に別の角度から確かめておいたポルトゥス *portus* と新しいブールとの同一性を、この上なく的確に確証している。実を言えば、ポルトゥスと新しいブールとは全くの同一物なのである。たとえこれまでにその充分な証拠があげられていないにしても、言語がポールトマンヌス *poortmannus* とブルゲンシス *burgensis* との間に明らかにする同義性は、ポルトゥスと新しいブールとの同一性を証明するのに充分であろう。

商業集落に定着した最初の市民は、どのようなものとして思い浮かべればよいであろうか。前章でその叙述に努めたごとき遠隔地商人だけで構成されているのでなかったことは、明瞭である。その中には、遠隔地商人と並んで、商品の荷揚げと運搬、船の艤装と整備、車、樽、箱、一言で蔽えば取引を行なうのに不可欠な一切の付属品の製造、これらのことをするために雇われた、所によって程度の違いこそあれ夥しい数の人間が含まれていたに相違ない。取引の遂行は、必然的に、職を求める周辺一帯の人々を生成期の都市へと引き寄せた。一一世紀の初めになると、都市住民による農村住民の本格的な引き寄せが始まったことがはっきりと証明される。都市の人口密度が高くなればなるほど、都市住民がその周辺に及ぼす影響力も強まっていった。都市の住民はその日常生活を営む上で、多数の手工業者を必要としただけではなく、ますます多くの職種の手工業者をも、必要とした。それまでシテおよびブールの限られた需要を充分満たしてきた少数の手工業者では、新来者達の増加した要求に応ずることは明らかにできなかった。従って、最も必要欠くべからざる職種の手工業者、すなわち、パン屋、ビール醸造者、肉屋、鍛冶屋等は外部からの移住に俟たなければならなかった。

しかし商業それ自体も工業を出現せしめた。農村で既に工業の営まれていたすべての地方で、商業は、最初はその工業を都市に引き寄せ、やがて次にはそれを都市に集中させることに努め、そして成功した。

フランドルはこの点について最も有益な例を提供している。既に見たように、この地方ではケルト時代から引き続いて、絶えることなく、毛織物工業が非常に広汎に普及していた。農民によって製造された毛織物は、ノルマン人の侵入時代が始まる前は、フリース族の水運によって遠くまで輸送されていた。次には都市の商人達がこの毛織物工業をぬかりなく活用する番になった。一〇世紀の末になると、彼等が毛織物をイングランドに輸送していたことを、私達は知っている。[26] やがて彼等はイングランド産の羊毛が良質であることを知るようになり、この羊毛をフランドルに輸入し、フランドルでそれを加工させることを始めた。このようにして、商人達は仕事を与える者に転化し、当然のことながら、農村の織布工を都市へ引き寄せた。[27] この織布工は、それ以後その農村的性格を失い、商人に雇われるところの単なる賃銀生活者になった。人口の増加は当然に工業の集中化を助長した。多数の貧民が、商業の発達につれて活発になっていく毛織物工業が稼ぎ口を彼等に保証していた都市に流入した。しかし都市における彼等の状態は非常に悲惨だったようである。労働市場で彼等がお互いに競争者となったので、商人は彼等の賃銀水準を極めて低くすることができた。彼等について私達のもっている情報――その最古のものは一一世紀に遡る――は、彼等を、粗野な、無教養な、不平の多い下層民として描き出している。[28] 一三世紀および一四世紀のフランドルで工業生活が非常に激しく誘発することになった社会闘争は、既に都市の形成期に芽生えていたのである。資本と労働の対立は市民とともに古いものであることが、そこに示されている。

農村の古い毛織物工業はどうなったかといえば、これは、かなり急速に消滅した。

農村の毛織物工業は、商業によって潤沢な原料を供給され、より進んだ技術に恵まれていた都市の毛織物工業には太刀うちできなかった。それというのも、商人達が、販売するという観点にたって、彼等の輸出する織物の品質改良を怠らなかったからである。彼等は、そこで毛織物が縮絨（しゅくじゅう）され、染色される共同作業室を組織し、自ら監督に当たった。一二世紀に、商人達は、彼等のつくる毛織物を、その織り目の細かさと色彩の美しさとで、ヨーロッパの市場で匹敵するもののない地位におくことに成功した。彼等は毛織物の寸法も大きくした。かつて農村の織布工が製造していた旧式の正方形の「マント」(*pallia*) は、長さ三〇ないし六〇オーヌ(四)の巻いた毛織物にとって代わられた。この方が、製造が経済的であり、輸出が容易であった。

このようにして、フランドルの毛織物は大規模商業の取り扱い商品の中で最も需要の多いものの一つになった。毛織物工業の都市への集中は、中世末に至るまで変わることなく諸都市の繁栄の本質的な源泉であり、また、著しい新しさをドゥエに、ガンに、イプルに付与するところの工業の大中心地というあの性格を諸都市に与えるのに貢献した。

毛織物工業は、フランドルで比類のない威勢を享受したにしても、当然のことながら、この地方だけに限定されたりはしない。フランス北部および南部、並びにイタリアの多くの諸都市、ライン河沿岸の多くのドイツ諸都市もこの工業にたずさわって成功を収めた。毛織物は、他のどの工業製品よりも多くの栄養分を、中世の商業に与えた。冶金(やきん)工業のもっていた重要性ははるかに小さかった。冶金工業はほとんど全く銅細工業だけであり、幾つかの都市——その中では特にメウーズ河流域のディナンを挙げておかなくてはならない——がこの銅細工業にその富を負うている。しかし他方では、その種類が何であろうとも、工業は、私達がフランドルであのように早い時期について確証したあの集中の法則に、どこにおいても従った。至るところで都市集落は、商業の力によって、農村工業を自分の方へと吸い寄せたのである。(29)(五)

荘園経済の時代には、経営の中心体は大小を問わずいずれも、可能な限り最大の程度まで、その必要とするもののすべてを自給していた。大土地所有者は、農民一人々々が自分の家を自分の力でつくり、どうしても必要な家具や道具を自分自身の手で製造していたのと同様に、自分の「領主館」に農奴手工業者を抱えていた。行商人、ユダヤ人、時たま通りかかるごく少数の商人が、その他の必要物を供給していった。ひとびとは、ロシアの多くの地方で近頃になってもなお存在していた状況に非常に類似した状況の中で生活していたのである。こうしたことの一切は、都市が、あらゆる種類の工業製品を都市で買い入れる便宜を農村の住民に提供し始めると、変わっていった。市民と農村住民との間に、既に触れるところのあったあのサーヴィスの交換〔関係〕が確立された。市民を顧客としていた手工業者は、農村住民の間にも確実な得意客を見出した。その結果は、都市と農村との間における極めて明瞭なる分業であった。農村は専ら農業に従事し、都市は専ら商工業に従事した。そしてこの状態が、中世社会の続く限り続いたのである。

しかしこの状態は、農民に対してよりも、市民に対してはるかに大きな利益をもたらした。従って都市はこの状態を維持するために徹底的な努力をした。都市は、農村に工業を導入しようとするあらゆる企てに対して、ぬかることなく戦った。都市は、都市の存立を保証していた独占権を失うまいとして警戒の眼を光らせた。都市が、もはや経済的進歩と両立しないようになった排他主義を断念し、それを放棄するようになるには、近代を待たなければならない(30)。

以上において商業および工業というその二重の活動を素描したところの市民は、最初から、さまざまの困難な問題にぶつかった。市民がそれらを克服するには時間の経過が必要であった。市民がそこに定着したシテおよびブールには、市民を受け容れる準備は何もできていなかった。市民は、シテおよびブールに攪乱の原因として現れたに相違なく、極めてしばしば彼等はそこで招かれざる客の扱いをうけたと表現したくなるのもいたしかたない。彼等は、まず最初に、土地の所有者と話をつけなければならなかった。シテおよびブールに土地を所有し、そこで裁判権を行使していたのは、或る場合には司教であり、或る場合には修道院であり、或る場合には伯または領主であった。ポルトゥス *portus* 即ち新しいブールの占めている土地が、幾つかの部分にわかれて、幾つかの裁判権および幾つかの荘園に属していることさえしばしばあった。その土地は、農業に充てられていた場所であり、それが新来者の移住によって突然に建築用地に変えられたのである。その土地の所有者がこの変化から引き出すことのできる利益に気づくまでには、若干の時間が必要であった。最初のうちは、彼等は、諸慣習と相容れなかったり或いは伝統的諸思想と衝突したりするところの生活様式にはまりこんだ、これらの移住者の到来によって生じたさまざまな不都合を何よりも不快に思った。

闘争がたちまちのうちに勃発した。新来者が、余所者として、彼等の成長を妨げる諸利害、諸権利、諸慣習をほとんど意に介そうとしなかったことを考えるならば、これらの闘争は避けられないものであった。とにかくも新来者に対して譲歩しなければならなかった。そして新来者の数が増加するのに伴って、彼等の侵蝕はますます大胆になった。

一〇九九年に、ボーヴェでは、司教座聖堂参事会[六]は、川の流れをせきとめて参事会所有の水車の廻転をとめてしまった染色業者達を相手どり、訴訟を起こさなければならなかった[31]。他のところでも、市民の居住する土地について、司教あるいは修道院が市民に異議を申し立てるのが見られる。しかしながら、いやでも応でも、折り合うことが必要であった。アラスでは、サン-ヴァースト大修道院がついにその「耕作地」を、幾つかの小地片に分割して、譲渡した[32]。同じような事実がガンでもドゥエでも確認され、私達のもっている情報の極度の乏しさにも拘らず、この種の取り決めの一般性を明らかに認めることができる。今日に至るまで、多くの都市で、街路の名称が、それらの諸都市が最初の頃に呈した農業的相貌を偲ばせている。例えば、ガンでは、主要な道路の一つが今なお「田園通り」(*Veldstraat*) の名前で呼ばれてい、その付近には耕作地 (*cultura*) 広場が見られる[33]。

土地所有者の多様性に、土地がその下におかれていた制度の多様性が照応していた。或る土地は貨幣地代 *cens* と賦役労働とを課せられ、或る土地は古いブールの常設守備隊を構成していた騎士達の扶養に充てられる貢租を課せられ、別の或る土地は、城代、司教、或いはアヴーエが上級裁判君主の資格で徴収する租税を課せられていた。要するに、すべてのものが、政治組織と同じく経済組織もまた専ら土地の所有の上に構築されていた時代の刻印を帯びていたのである。それに加えて、不動産譲渡の際に慣習によって要求される諸手続と諸租税とがあって、これが、不動産の売買を不可能にしないまでも著しく複雑にしていた。こうした状態においては、土地は、その上にのしかかる重い既得権の鉄筋によって縛りつけられていたので、商業の中に歩み入り、市場価値を獲得したり或いは信用の基礎として役立ったりすることはできなかった。

裁判権の多様性が、さなきだに錯綜していた状況を一層複雑にしていた。市民の居住した土地が唯一人の領主に属することは極めて稀であった。その土地を分有していた土地所有者のそれぞれが、不動産に関する事件だけを裁くことのできる荘園裁判所をもっていた。その上に、そういった荘園裁判所のうちの或るものは、あるいは上級裁判権を、あるいは下級裁判権を、行使していた。従って権能の錯綜性が裁判権の錯綜性をさらに強めていた。同一の人間が、それが負債の問題であるか、刑事犯の問題であるか、それとも全く単なる土地の所有の問題であるかに応じて、同時に幾つかの裁判所の管轄下にあるという事態が生じたのである。その結果として生じた諸困難は、これらの裁判所のすべてが必ずしも都市にあったわけではなく、訴訟のためには時として遠方まで赴かなければならなかっただけに、一層大きかった。その上、これらの裁判所は、その構成ならびにその判告する法によって相互に違っていた。荘園裁判所と並行して、或いはシテに或いはブールに設けられた古いエシュヴァンの裁判所(七)がほとんど例外なく存続していた。司教区の教会裁判所は、教会法に関する諸事件ばかりではなく、相続、身分、結婚等の多くの問題は言うまでもなく、聖職者身分の一員が関係している諸事件はすべて、自己の管轄の下においた。

人格の状態に眼を転ずると、複雑さは一層大きいように思われる。形成途上にあった都市的環境は、この点について、あらゆる対照、あらゆるニュアンスを呈している。生成期の市民ほど奇妙なものはない。商人は、既に見たように、事実上、自由民として扱われていた。けれども、仕事を見つけようとして都市へ流れ込んで来た極めて多くの移住者の場合には、そうではなかった。というのは、ほとんど例外なくその周辺で生まれた者であったために、彼等はその身分をかくすことができなかったからである。彼等がその許から脱出してきた荘園の領主は、容易に彼等を探し出すことができた。彼等の生まれた村の人々も、都市にやってきた時に彼等と出会うことがあった。彼等の両親が誰であるかということも知られていたし、隷属が農村諸階級の一般的状態であったからしてその両親が農奴であることもわかっていた。従って、商人が、その出生身分が不明であるというただそれだけの理由で享受できた自由を、彼等は、商人のように要求することができなかった。(34) このようにして、手工業者の大部分は、都市においても、その生まれながらの農奴身分を保持していた。次のように言うことが許されるとするならば、彼等の新しい社会的地位と彼等の伝統的な法的地位との間には両立不可能性が存在していたのである。農民であることを止めたにも拘らず、彼等は、農奴身分が農村階級に烙印として押した斑紋(八)を抹消することができなかった。その斑紋をつつみかくそうとしても、彼等はいつも、無惨にも現実にひき戻されるのであった。彼等は、彼等の領主が彼等を要求しさえすれば、領主に付き従って、逃れて来た荘園に戻らなければならなかった。

商人自身も、農奴身分から蒙る損害に間接的に不快の念を抱いていた。商人が結婚しようとすると、彼等の選ぶ女性は、ほとんどいつでも農奴階級に属していた。商人の中で最も富裕な者達だけが、その負債を支払ってやった騎士の娘と結婚する名誉をかち得る野心を抱くことができた。その他の者については、農奴身分の女性との結婚が、その子供を不自由身分にするという結果をもたらした。何故なら、慣習法は、「子は腹に従う」《*partus ventrem sequitur*》という諺によって、子供達には母親の法を与えたからであり、その結果として家族の身分的分裂が生じたことは容易に理解される。商人が自分自身のために享受していた自由は、その子供達には伝えることができなかった。結婚が、商人の家庭に農奴身分を再生産したのである。いかに多くの怨恨、いかに多くの争いが、このように矛盾した状況の中から不可避的に生まれたことであろうか。明らかに、古い法は、それがもはや適合しなくなった社会環境に対して自己を主張しようとすることによって、改革への要求をおしとどめ難くつくり出すこれらの諸不合理、諸不正を生み出したのである。

他方では、市民が成長しその数によって実力を獲得していった間に、貴族は市民の台頭におされて少しずつ後退し、市民に地位を譲っていった。ブール或いはシテに居住していた騎士は、これらの古い城砦の軍事的重要性が消滅してしまってからは、もはやそこにとどまっている理由が全くなくなってしまった。少なくともヨーロッパの北部では、彼等は都市を捨てて農村に引退したことが極めて明瞭に認められる。ただイタリアとフランス南部では、彼等は引き続いて都市に居住した。

この事実の理由は、疑いもなく、この二つの地方ではローマ帝国の自治都市の諸伝統および或る程度までは自治都市の組織が存続していたことに、求めなければならない。イタリアおよびプロヴァンスのシテは、シテを行政の中心地とする領域と極めて密接な関連をもっていたから、八世紀および九世紀の経済的衰頽の時にも、他のどの地方におけるよりも密接な関係を、そうした領域との間に保っていた。イタリア、プロヴァンスでは、貴族の封土は農村一帯に散在していたが、彼等は、フランス、ドイツ或いはイングランドの貴族を性格づけるあの農村的性格は帯びていなかった。イタリア、プロヴァンスの貴族はシテに定住し、その所領からあがる収入に依存する生活をそこで営んだ。彼等は、中世前期以降、今日に至るまで数多くの古いトスカーナの諸都市に絵のように美しい眺めを与えている塔を、都市に造った。彼等は、古代社会を強く特徴づけていた都市的刻印を捨てなかったのである。イタリアでは、ヨーロッパのその他の地域におけるよりも、貴族と市民との間の対照が顕著でないように思われる。商業ルネサンスの時代に、そこでは、貴族が商人の事業に関心を抱き、彼等の収入の一部をそれに投ずることとさえ見られる。イタリア諸都市の発達が北方諸都市のそれと恐らくは最も根本的に相違しているのは、このためである。

北方の諸都市では、騎士の一家が、そここに孤立して、市民的社会のただ中におき忘れられたかのように存在するのが見られるのも、全く例外的なことにすぎない。一二世紀には、貴族の農村への流出は、ほとんど至るところで完了した。しかし今私達の触れている問題は、知られるところ未だ極めて少なく、今後の研究によってより多くの光が投ぜられるであろうことが期待されているものである。それまでは、貴族が一二世紀に収入の減少のために苦しめられた経済的危機が、彼等の諸都市からの消滅に影響がなくはなかったと想定することが許される。貴族は、彼等が都市に所有していた土地、そしてその建築用地への転換がその価値を著しく増大した土地を、市民に売却するのが有利であることに気がついたに違いないのである。

聖職者の地位は、シテおよびブールへの大量の市民の流入によっても、著しい変化をうけることはなかった。彼等に不利な結果も生じたが、しかしまた有利な結果も生じた。司教は、新来者の出現に直面して、自分の裁判権に付着している諸権利と荘園法上の諸権利とを、もとのままの形で維持するために闘わなければならなかった。修道院および司教座聖堂参事会は、その所有する畑地あるいは「耕作地」に家が建てられるのを許容しなければならなかった。教会が長い間それに慣れていた家父長的および荘園的な制度が、あまりにも突然に、思いがけない要求および必要と正面から衝突したために、その結果として、初めは不安と動揺の時期が訪れた。

けれども、他方では、その埋め合わせにも事欠かなかった。市民に譲った土地からあがる貨幣地代は、ますます潤沢になっていく収入源の一つであった。人口の増加につれて、洗礼、結婚、死亡の際に献ぜられる謝礼が、それに照応して増加していった。寄進の収入は絶え間なく増加していった。商人および手工業者は、毎年納付金を納めるという条件で、一つの教会あるいは一つの修道院と特別の関係にある宗教団体を結成していた。住民の数がふえるのに伴って、新しい聖堂区の創設が聖堂区付き聖職者の数と収入を増加させた。大修道院はどうであったかといえば、一一世紀以降にもなお大修道院が都市内に設けられるのが見られるのは、もはや全く例外的なことにすぎない。大修道院は、あまりにも騒々しく、あまりにも繁忙な都市の生活に慣れることができなかったのであろう。その上、それ以後、大きな宗教的建造物と、その建造物が要請した副次的な宗務の執行とに必要な場所を、都市内に発見することができなかったのであろう。一二世紀の経過する間にあれほど広くヨーロッパ中に広まったシトー会は、農村にしか修道院を設けなかった。

修道士が、再び、しかし全く異なった諸条件の下で、諸都市への道を歩むようになるのは、ようやく次の世紀に入ってからである。そのころ都市に来て定着するようになる托鉢修道会、（九）すなわちフランシスコ会（一〇）およびドミニコ会（一一）は、単に宗教的熱情の新しい方向に照応するだけではない。その清貧主義は、この二つの修道会をして、その時まで修道院生活の支柱であった荘園組織との関係を絶たしめた。この二つの修道会によって、修道制が、都市的環境に全くよく適合するものであることがわかった。フランシスコ会とドミニコ会の修道士が市民に乞うたのは、施し物だけであった。彼等は、広大で閑寂な囲い地の中心に孤立する代わりに、街路に沿って修道院を建立した。彼等は、手工業者のあらゆる不安、あらゆる苦悩を、ともにわかちあった。彼等は手工業者のあらゆる願望を理解した。だから彼等は、手工業者の精神的指導者になる資格を具えていた。

第七章　都市の諸制度

生成期の都市が私達に提示するものは、見られるように、ひどく複雑な環境、極めて多くの対照を含み、あらゆる種類の問題を抱えた環境である。一つに融合することなくそこに併存している二種類の住民の間には、二つの別個の世界が示す対立が現れている。古い荘園組織は、確かに荘園組織から発生したものではないがしかし荘園組織がそれにその独特な色あいを分かち与えているすべての伝統、すべての思想、すべての感情ともども、荘園組織に不意に襲いかかり、荘園組織とぶつかりあい、荘園組織がそれに適合しないで初めのうちはそれに抵抗するところの、諸欲求および諸渇望と相闘っている。

荘園組織が地歩を譲るとすれば、それは、自己の意思に反してであり、新しい事態が、その諸結果を受け容れざるを得ないほどに根深い、また阻止不可能な諸原因によるものだからである。恐らく社会的諸当局者は、初めのうちは、自らの周囲に生起しつつあった変貌の重みを、正しく測定することができなかったのであろう。変貌の力を見くびって、彼等はまずそれに抵抗した。彼等が避け難い変貌を甘受したのはようやく後になってからのことであり、そしてそれはしばしば遅きに失するものである。変化というものが常にそうであるように、この変化は時の経過を俟って初めて実現した。そしてこれまで幾度か試みられたように、極めて自然な動機によって説明のつく抵抗の原因を、「封建的圧制」あるいは「聖職者の尊大」に帰するのは正しくないであろう。それ以後も非常にしばしば生じたことが中世にも起こったのである。既存の秩序から利益を得ていた者達は、単に既存の秩序が彼等の利益を保証していたためばかりではなく、恐らくはそれよりもむしろ、彼等には既存の秩序が社会の維持に必要不可欠のものであると思われていたので、その既存の秩序を防衛するのに汲々としたのである。

さらに、この社会を市民が受け容れていることに注目しよう。市民の諸要求事項および市民の政治綱領と呼んで差し支えないものは、いささかも既存の秩序を転覆することを目ざすものではない。市民は、大諸侯、聖職者、貴族の諸特権と権威に異議をさしはさむことなく、これを容認する。市民は単に、それが自らの生存に不可欠であるが故に、事態の転覆をではなく、若干の単純なる譲歩を、獲得することを欲する。そしてその譲歩も、市民自身の諸欲求にかぎられている。市民は彼等の出身階層である農村住民の諸欲求には、全く関心をもっていない。要するに市民は、彼等の送る生活様式に矛盾しない地位を彼等のために設けてくれる社会を、要求するだけなのである。市民は革命家ではない。市民が過激に走ることがあっても、それは、体制に対する憎悪によるものではない。それは、全く単純に、体制に譲歩を強制するためのものである。

市民の要求事項が必要不可欠の範囲を越えるものではないことを納得するには、その主要な事項に一瞥を与えれば充分である。それは、まず第一に人格の自由である。この自由は、商人あるいは手工業者に、自分の欲するところに往来したり、居住したりすることができ、しかも自分の身柄も自分の子供達の身柄も同じように領主権力の保護下におくことができる可能性を、保障するであろう。次には、特別裁判所の授与である。この裁判所によって、市民は、自己の服する裁判権の多種多様性と、旧来の法の極端に形式主義的な手続きが市民の社会活動および経済活動にかけている不便とから、同時に解放されることになるであろう。彼等の要求事項は、〔次に、〕都市における平和の確立、すなわち安全を保障するであろう刑法の確立である。〔次に、〕商工業の営業および土地の所有並びに取得と極めて両立し難い貢租の廃止である。彼等の要求事項は、最後に、その範囲に広狭の差こそあれ、政治的自主性と地方自治 *self-*

government local である。

その上、これらの要求事項はすべて、首尾一貫した全体を形づくることや、理論的原則によって正当化されることからは、極めて遠いものである。初期の市民の精神にとって、およそ人権とか市民権とかの概念よりも縁遠いものはない。人格の自由でさえも自然権として要求されるのではない。ひとえにそれが与える利益の故に求められるのである。このことは、例えばアラスで、サン－ヴァースト修道院の農奴達に与えられている通過税の免除〔特権〕を享受するために、商人達が同修道院の農奴だと自称しようとするほどに真実である(1)。

市民がそれによって苦しめられている秩序に反抗する最初の企てが認められるのは、一一世紀の幕が開いてからのことである。彼等の努力は、その後は、もはや足踏みすることがないであろう。さまざまな紆余曲折の間を縫って、改革運動は、とどめ難くその目標に向かって歩みを進め、立ちはだかる諸々の抵抗は必要とあれば力ずくでこれを粉砕し、そして遂に、一二世紀の経過中に、都市制度の根柢となるであろう本質的に自治都市的な諸制度を、都市に与えるに至る。

商人が率先して事に当たり事件を指導しているのが至るところで観察される。これほど自然なことはない。彼等は、都市住民の中で最も活動的な、最も富裕な、最も勢力のある分子ではなかったか。そしてそれだけに一層、彼等の利益とともに彼等の自信を傷つけていた状況に我慢がならなかったのではあるまいか。[2] このとき彼等の演じた役割は、時代と環境に大きな相違があるにも拘らず、一八世紀末葉以降に旧政体に終止符をうった政治革命の中で資本家的市民が担当した役割に、充分の根拠をもって比することができるであろう。一方の場合と同じく他方の場合にも、変革に最も直接的な利害関係のある社会集団が反抗の先頭に立ち、その後に大衆が続いたのである。民主主義は、中世においても、近代におけると同じく、エリートの煽動をうけることによって、そしてそのエリートの綱領が錯綜した民衆の諸渇望に上から与えられることによって、登場した。

司教座聖堂シテがまず最初に闘争の舞台になった。しかしこの事実の原因を司教の人柄に求めるのは、明らかに誤っているであろう。司教の中の極めて多くの者は、むしろ逆に、公益に対する明哲な心づかいをその特徴としている。彼等の間にすぐれた行政者を見出すことも稀ではなく、その思い出は幾世紀もの間、民衆の心の中に生き続けていた。例えば、リエージュでは、ノトジェール（九七二―一〇〇八年）[1] は、近隣を荒らす掠奪慾の旺盛な何人かの領主の城を攻撃し、同市の衛生環境をよくするためにメウーズ河の一支流の水路を変え、また同市の隊備施設を増強する。[3] 類似の事実は、カンブレについても、ユトレヒトについても、ケルンについても、ヴォルムスについても、マインツについても、また叙任権闘争[三]の勃発するまで歴代の皇帝が知力的にも気力的にも卓越した高位聖職者を任命することに努めた多数のドイツの諸シテについても、容易に挙げることができるであろう。

けれども、司教が自己の義務を意識すればするほど、彼等はその臣民の諸要求を抑えつけて彼等の支配を防衛し、彼等の独裁的で家父長的な制度の下に臣民を掌握しようとした。その上、精神的権威と世俗的権力とが司教の掌中に混じりあって存在していたことが、あらゆる譲歩を、教会にとって危険なものであると思わしめた。司教はその職務上自分のシテに常住しなければならなかったこと、そして市民の間で生活していた司教に対して市民の自治がもたらすかもしれない諸困難を当然のことながら司教が惧れたことも、忘れてはならない。最後に、教会が商業に対してほとんど同情を示していなかったことは既に見ておいた。教会は商業に対して不信の念を示していた。このことが必然的に、商人およびその背後に結集していた民衆の諸欲望を聞く耳を教会から奪うことになり、教会が彼等の諸欲求を理解するのを妨げ、彼等の実力について誤った判断を教会にさせることになった。そこから誤解、不快、やがては相互の反感が生ずるようになり、この反感は、一一世紀に入ると早々に、避けることのできない宿命になってしまった。[4]

この動きはイタリア北部から始まった。ここでは商業生活が他の地方よりも古く、その政治的諸結果も他の地方よりも早く現れたのである。不幸なことに諸事件の詳細は極めてわずかしか知られていない。当時、教会がその渦中に捲き込まれていた擾乱(じょうらん)が、そうした諸事件の発生を早めずにはいなかったことは確かである。聖職者の弊風に反対する運動を展開し、聖職売買と司祭の結婚を攻撃し、かつはまた教会行政に世俗権力が干渉することを非難していた修道士や司祭を、都市の民衆は熱烈に支持した。このようにして、皇帝によって任命され、その事実だけでも評判の悪かった司教は、神秘主義と、商人の諸要求と、貧窮のために手工業者の間に生じていた不満とが結び合わされ相互に力を強めあったところの反抗に直面することになった。貴族が、司教の封主権をゆさぶる機会を貴族に与えたこの擾乱に参加し、市民とパタリア[三]――というのは保守派がその反対派を軽蔑して呼んでいた名称である――の側に立ったことは確実である。

一〇五七年、ミラノは当時既にロンバルディアの諸シテの女王であったが、大司教に反対する運動でわきたっていた。[5][四] 叙任権闘争の紆余曲折は、当然に諸紛争を拡大し、かつ教皇の主張が皇帝の主張を圧倒するにつれて、ますます叛乱者の側に有利な局面を展開していった。ある場合には司教の同意のもとに、ある場合には暴力によって、「コンソレ」(五)という名前のもとに、諸都市の行政を担当する行政官が設けられた。(6)記録にでてくる限りでのこのコンソレの最初のものは、ルッカで一〇八〇年に出現するが、しかしそれは疑いもなく、実在した最初のものではなかった。既に一〇六八年には、この都市に「コミューン政庁」(*curtis communalis*)の存在したことが報告されている。これは、同じ時期に他の多くの諸都市にも存在していたに相違ない都市自治の特徴的なきざしである。(7)ミラノのコンソレは一一〇七年までは記録に現れないが、しかしそれは、議論の余地なく、はるか以前から存在している。この初出の時からすでに、ミラノのコンソレは、明瞭に、コミューン行政官の相貌を呈している。彼等はさまざまな社会層、すなわちカピタネイ *capitanei*、ヴァルヴァッソーレス *valvassores*、キーヴェス *cives*(六)の間から出ていい、都市コミューン *commune civitatis* を代表するものである。この行政官職の最も特徴的なことはそれが一年任期だということであり、その点で、それは、封建制度が知っていた唯一の官職である終身任期の官職とは明瞭に対立する。官職のこの一年任期制はその官職が選挙によることの結果である。権力を奪取すると、都市住民は自分達の選出した代表者にその権力を委託する。このようにして、選挙の原則と監視の原則が同時に確立される。都市コミューンは、その組織づくりの最初の企ての時から、その運営に不可欠な手段を創出し、それ以後たどることを決して止めなかった道に躊躇することなく歩み入るのである。

イタリアから、やがてコンソレ制はプロヴァンスの諸都市に広まった。これは、市民にとって絶対的な諸必要に、コンソレ制が完全に適合したことの明瞭な証拠である。マルセイユは一二世紀に入るとすぐに、遅くとも一一二八年には、コンソレをもってい(8)、次いでそれはアルルとニームに見られる。やがて商業が次第にフランス南部に入り込み、そして商業とともに商業が必然的にもたらす政治的変化が同地方に入り込んでいくのに伴って、コンソレも少しずつ同地方に広まっていく。

イタリアにおけるとほぼ同じ頃に、フランドル地方とフランス北部が都市諸制度の創出されるのを見る。この地方は、ロンバルディアと同じく、強力な商業の中心の所在地であったのだから、どうしてこの事実に驚くことがあろうか。この地方では、幸いなことに、史料はより豊富であり、またより正確である。これらの史料が、出来事の進行を充分明瞭にあとづけることを私達に可能ならしめる。ここでは、司教座聖堂シテだけが注意をひきつけるのではない。司教座聖堂シテと並んで、別種の活動中心地の存在が認められる。しかし、まず最初にその性格を明らかにしなければならない「コミューン」が形成されたのは、シテの周壁の中においてである。年代的に最も早ある。

く、そして幸いなことに最もよく事情の知られているのは、カンブレのコミューンで

一一世紀の間に、この都市の繁栄は大いに進んでいた。もとからあるシテの根もとのところに商業的フォブールが形成され、一〇七〇年には、周壁がめぐらされていた。このフォブールの住民は司教ならびにその城代の権力を辛抱することができないでいた。住民は、一〇七七年、皇帝の手から司教叙任を受けるためにドイツへ赴く目的で司教ジェラール二世が同市を留守にしなければならなかった時に、ひそかに叛乱の準備を整えていた。司教が旅に出るや否や、民衆は同市の最も富裕な商人達の指導の下に蜂起し、市門を占拠して、「コミューン」(*communio*)を宣言した。貧民、手工業者、特に織布工は、ラミールドゥス[七]と呼ばれる改革派の一司祭が彼等に向かって、ジェラール二世は聖職売買者であると弾劾し、同じ頃ロンバルディアのパタリアの心をかきたてていた神秘主義を彼等の心の奥底に吹きこんだだけに、一層激しく闘争の中に身を投じた。イタリアの場合と同じく、宗教的情熱が政治的要求にその力を分かち与えたのであり、コミューンは、民衆全体の熱狂のただ中で誓約された[9]。

このカンブレのコミューンは、現在知られている限りのアルプス以北のコミューンすべての中で最も古いものである。このコミューンは、戦闘の組織、また公共の安全

の手段として、姿を現す。というのは、司教の帰還を予期して、司教に抵抗する準備を整える必要があったからである。全員一致の行動をとる必要は絶対的なものであった。宣誓が全員に要求され、その宣誓が不可欠の連帯を全員の間にうちたてる。だからこの最初のコミューンの本質的な特徴をなすものは、戦闘の直前に市民の宣誓によって生まれた、この仲間組織である。

カンブレのコミューンの成功は、しかしながら、束の間のものでしかなかった。司教は、事件の報せをうけると急いでとってかえし、当座はその権威を恢復するのに成功した。(八) しかしカンブレ市民の進取の気性は、すぐに彼等の模倣者を続出させた。その後の年々は、フランス北部の大部分のシテにおけるコミューンの設立によって特色づけられる。サン゠カンタンでは一〇八〇年頃、ボーヴェでは一〇九九年頃、ノワヨンでは一一〇八―〇九年、ランでは一一一五年に、コミューンが設立された。最初の頃は、市民と司教は絶え間のない対立状態の中で、いわば戦時体制の中で、生活した。等しく自己の正当な権利を確信している敵対者の間ではただ力だけが事の決着をつけることができた。シャルトルのイヴォーは、(九) 司教達に、譲歩をしないように、また彼等が暴力による圧迫の下で市民に与えることのある約束は無効だと考えるように、勧告する。(10) ノジャンのギベール(一〇) はギベールで、農奴達が、領主の権力から逃れる

ために、また最も合法的な諸権利を領主から奪取するために、領主に反抗して設立する「ペストのようなコミューン」について、憎悪のいりまじった侮蔑の念をもって語っている。[11]

しかしながら一切のことを押しきって、コミューンは勝利を収めた。コミューンは数が与える力をもっていただけではなく、フランスでルイ六世[一二]の治世以降失地を恢復し始める王権が、コミューンの立場に好意を寄せる。教皇がドイツ人皇帝との争いに際してロンバルディアのパタリアを頼りにしたように、一二世紀のカペー朝諸君主[一三]は市民の努力を支持したのである。

カペー朝諸君主に原理的な政策があったとするのは疑いもなく問題になり得ない。一見したところでは、彼等の統治は矛盾に満ちているように思われる。にも拘らず、彼等の統治に都市に味方しようとする一般的な傾向を指摘するのは正しい。王権の洞察力ある関心が、封建大諸侯に敵対する者には支援の手をさしのべることを否応なく王権に命じたので、王権は、自己を危険にさらすことなくそうすることのできた時にはいつでも、領主に対して叛乱を起こすことによって結局は国王大権のために戦っていた、市民に援助を与えたのである。争いの調停者として国王をうけ入れることは、争っている両派にとっては、国王の君主権を承認することを意味した。市民の政治の

舞台への登場は、このようにして、封建国家の契約の原理を弱める結果をもたらし、君主制国家の権威の原理が成立する上に有利な作用を及ぼした。王権が、このことを理解しないなどということ、また、それと意図することなく王権のためによく尽くしていたコミューンに対して、あらゆる機会をとらえては好意を示すことをしないなどということは、あり得なかった。

自治都市制度が暴動の所産であったフランス北部の司教都市が特にコミューンという名前で呼ばれるとしても、それらの都市の重要性をも、また独創性をも、誇張しないことが重要である。コミューンに基づく都市とそれ以外の都市との間に本質的な相違を設ける必要はない。この二つの種類の都市は相互に付随的な諸特徴によって区別されるにすぎない。基本的には、その性格は同一であるし、実際はすべての都市が等しくコミューンである。というのは、すべての都市において、市民は一つの団体、一つのウーニヴェルシタース *universitas*、一つのコムーニタース *communitas*、一つのコムーニオー *communio* を形成してい、そのメンバーはすべて、相互に連帯責任を負い、分かつことのできない部分を構成しているからである。その解放の起源が何であれ、中世の都市は単なる諸個人の集合体ではない。都市それ自体が個人である。但しこの個人は集団的個人であり、法人である。厳密な意味での *stricto sensu* コミ

ューンに独特だと主張できることは、諸制度の特別なる整然さ、司教の諸権利と市民の諸権利との間に明瞭に設けられた境界、強力な団体的組織によって市民の諸権利の状態を防衛しようとする明白なる配慮、だけである。しかし、こうしたことはすべて、これらのコミューンの誕生を支配した状況に由来するものである。これらのコミューンは、暴動の所産として成立した制度の痕跡を残していたが、しかしそのことを理由として、都市全体の中で、これらのコミューンに特権的な地位を与えることはできない。これらのコミューンの中には、コミューンが平和的発展の到達点にすぎない場所が享受した特権よりも範囲の狭い特権を享受し、そうした場所が享受した裁判権と自治権よりも不完全な裁判権と自治権を享受するものがあったのさえ、観察できる。時として見られるように、厳密な意味でのコミューンのために「集団的領主権」という名前をとっておくのは、明らかな誤りである。完全な発達を遂げた都市はすべてそうした領主権であったことを、あとで見るであろう。

暴力は、従って、都市の諸制度の形成にとって不可欠なものであるには程遠い。俗界大諸侯の権力に従属していた都市の大部分では、都市の成長は結局は暴力に訴えることを必要としないで達成された。そしてこの状況の原因を、俗界大諸侯が政治的自由に対して抱いていたかもしれない特別の好意に求める必要はない。しかし、司教を

して市民に抵抗する態度をとらせた諸動機は、封建的有力者にとっては、重要な意味をもっていなかった。彼等は商業に対していささかの敵意をも公言しなかった。逆に商業が彼等の領内での流通をふやし、そしてまさにそのことによって彼等の通過税収入をふやし、また貨幣需要の増大を賄わなければならなかった貨幣鋳造所の活動を増大させたのにつれて、彼等は商業のもたらすよい結果を経験を通じて知った。首都というものをもたず、絶えず自分の荘園を巡回していたからして、封建的有力者は自分が領主である都市には時たましか住んでいなかったし、従ってまた都市の行政につい て市民と争う理由もなかった。一二世紀末以前に国家の真の主都と見なし得る唯一の都市であったパリが、自主的な自治都市制度の獲得に成功しなかったのが確認されることは、極めて特徴的である。ところが、フランス国王をしてその常住地に対する支配を保持せしめた利害関係は、国王が定住的であるのと同じ程度に巡回的であった公や伯には、全く無縁のものであった。最後に公や伯は、その地位が世襲化し、その勢力が彼等に不安を抱かせていた城代の権力を市民が攻撃するのを、不快の念をもって眺めることはできなかった。つまり、諸都市は公や伯の封臣達の地位を弱めていたのだから、フランス国王と同じように諸都市に対して好意的な態度を示す理由が、彼等にはあったのである。しかし彼等が組織的に諸都市に支援の手をさしのべたというこ

とは見られない。公や伯は、一般に、諸都市のなすがままに委せるにとどめ、彼等の態度はほとんど常に好意的中立のそれであった。

純粋に世俗的な環境における自治都市の起源を研究するのに、フランドルよりも好適な地域はない。北海の海岸およびゼーラントの諸島からノルマンディーの境界に至るまで広がっているこの大きな伯領では、司教座聖堂シテは、他の諸都市の発達よりも急速な発達を示してはいない。その司教区がイーゼル河の流域を包含していたテルーアンヌは、いつまでも変わることなく半農村的な小集落であった。この伯領の残余の地域にその教会裁判権をひろげていたアラスとトゥルネは大都市になったが、それにも拘らず、都市の諸制度の生成を特別な明瞭さをもって観察する手段を私達に提供してくれるのは、一〇世紀の経過する間に活気のある商人定住地が形成された、ガン、ブリュージュ、イプル、サン゠トメール、リール、そしてドゥエである。これらの諸都市は、そのすべてが同じような経過で形成され、同じような類型を提示しているので、各々の都市が私達にその一部分だけを提供してくれる諸情報を結びつけて、一つの全体像を、誤りを犯す惧れなく描き出すことが可能であるだけに、私達の観察の目的に一層よく適合している(12)。

これらの諸都市はすべて、まず第一に、言わばその核であるところの中央のブールの周辺に形成されるという性格を示している。このブールの根もとのところにポルトゥス *portus* 即ち新しいブールが形成されて商人が居住し、自由身分あるいは農奴身分の手工業者もそれに加わり、そしてそこに、一一世紀に入ると毛織物工業がどっと集中する。ブールに対しても、ポルトゥスに対しても、同じように城代の権力が及ぶ。移入者が居住した土地のうち多少とも広い土地は大修道院の所有するものであり、その他の土地はフランドル伯あるいは諸土地領主の所有に属する。エシュヴァンの裁判所が城代の主宰の下にブールに置かれている。しかしこの裁判所は都市に特有な権能は何ももっていない。その裁判権は、ブールをその中心とするシャテルニー全域に及び、そしてこの裁判を構成するエシュヴァンはこの同じシャテルニーに居住していて、裁判開廷日の他はブールに来ることはない。多数の事項がその権能に属している教会裁判権については、司教区の司教裁判所に出頭しなければならない。各種の租税が、ブールの土地と住民にも、またポルトゥスの土地と住民にも、のしかかっている。すなわち、貨幣地代、ブールの防衛に当たる騎士の維持に充当される貨幣による又は現物による貢租、陸路および水路によって輸送されるあらゆる商品から徴収される通過税、である。これらのものはすべて、古くからあるものであり、荘園制度および封建制度の全盛期に形成されたものであって、商人的住民の新しい諸欲求には全く適合しない。商人的住民のためにつくられたものではないからして、ブールにその本拠を有する組織は、彼等の役に立たないばかりではなく、却って彼等の活動の桎梏となる。過去の遺物が、その全重量をもって現在の必要の上にのしかかっている。明らかに、前に説明しておいたので繰り返しここでそれを論ずることの無益な諸理由によって、市民は居心地の悪さを感じ、自分達の自由なる伸展に不可欠な諸改革を強く要求する。

これらの諸改革には、市民が率先して事に当たらなければならない。何故なら、市民は、これらの諸改革を達成するのに、城代をも、また自分達が居住している土地の所有者である修道院や領主をも、頼るわけにはいかないからである。しかし、非常に異質的な構成をもっていたポルトゥスの住民の中では、一群の人々が大衆を支配し、大衆の指導権を掌握するのに充分な実力と威信とをもっていることが、同時に必要である。商人が、一一世紀の前半に入ると、断固としてこの役割を引き受ける。商人は単に各都市で最も富裕で、最も活動的で、最も変革を切望する要素を構成するばかりではなく、仲間組織が与える逞しさをもっている。商業の諸必要は、既に見ておいたように、非常に早くから、一切の権力から独立した自治的な組合であり、そこでは彼等の意思だけが法律としての力をもっている、ギルド或いはハンザと呼ばれる団体に団結することを彼等に強要した。そこでは、長老あるいはハンザの伯（*dekenen, hansgraven*）と呼ばれる自由選挙による長が、自由に受け容れられた規律の維持に心を配る。定期的に、組合員は、酒を飲みかつ彼等の利害に関係あることを討議するために、会合する。彼等の分担金を財源とする基金が組合の必要とするものを供給し、共同の会館すなわちギルド会館 *gildhalle* が集会所の役割を果たす。既に一〇五〇年頃にサン－トメールのギルドは以上のようなものであったらしい。そして、同じような仲間組織が同じ時代にフランドルのすべての商人集落に存在していたものと推測してまず間違いない[13]。

商業の繁栄は都市の整然たる組織化と非常に直接的な関係があったから、おのずからギルドの組合員が都市の最も必要欠くべからざる諸欲求を充たす仕事を担当することになった。城代には、その切迫性がはっきりと現れてきた諸必要をギルドの組合員が彼等自身の資力でまかなうことを阻止する、いかなる理由もなかった。城代は、ギルドの組合員が、言わば非公式のコミューン行政を暫定的に行なうのを放任した。サン－トメールでは、城代ウルフリク・ラベル（一〇七二―八三年）とギルドの間に締結された取り決めによって、ギルドは市民に関する事柄を処理することを認められた。このように、商人の仲間組織は、そのための法律的な資格を一切もつことなく、

生成期の都市の設立と整備に自ら進んで全力を傾ける。商人組織の進取の精神が、公権力の無力を補うのである。商人の仲間組織がその収入の一部を防備施設の建造や道路の維持に充てているのが見られる。そして、サン-トメール商人の仲間組織の隣人である他のフランドル諸都市の商人組織が、サン-トメール商人の仲間組織と同じように行動したことは疑うことができない。リール市の収入役が中世全期を通じて失わなかった「ハンザの伯」という名称は、古い史料は存在しないが、この都市でも、商人ギルドの長がその同市公民のためにギルドの基金を自由に動かしたことを充分に証明している。オードゥナルドゥでは、ハンザの伯 *hansgraaf* という名称を一四世紀に至るまでコミューンの一行政官が帯びている。トゥルネでは、一三世紀にもなお、都市財政は聖クリストフ博愛団すなわち商人ギルドの規制の下におかれている。ブリュージュでは、一四世紀の民主主義革命の時にハンザが消滅するまで、ハンザの仲間の醵金(きょきん)が、自治都市の基金を絶やさなかった。これらすべてのことから出てくる明白な結論は、フランドル地方ではギルドが都市自治の先導者であったということである。自ら進んで、他の誰もが果たすことのできなかった仕事を、ギルドは引き受けたのである。公式には、ギルドが実際に振る舞ったように振る舞う権利は、ギルドには全くなかった。ギルドの〔都市行政への〕参加は、専ら、ギルドのメンバーの間に存

在した団結力、ギルドがもっていた勢力、ギルドが自由にし得た資力、最後に市民的住民の集団的諸必要についてギルドが有していた理解、によってである。一一世紀の経過する間は、各都市で、ギルドの長が、事実上、コミューンの行政官の諸機能を果たしていると、誇張を恐れずに断言することができる。

また歴代のフランドル伯に働きかけて、都市の発展と繁栄にフランドル伯が好意を抱くようにしむけたのも、明らかにギルドの長であった。一〇四三年になると、ボードワン五世[二四]がサン－トメールの修道士達から土地の譲渡をうけ、その土地に市民が彼等の教会を建立する。ロベール・ル・フリゾン[二五]の治世（一〇七一―九三年）以降、通過税の免除〔特権〕の授与、土地の譲渡、司教裁判権を制限する特権あるいは軍役を軽減する特権の授与が、形成期にあった諸都市に対してなされ、その数は既に甚だしく多かった。エルサレムのロベール[二六]はエール市に「諸自由」を与え、一一一一年にはイプルの市民達を裁判上の決闘から免除する。

これらすべてのことの結果は、市民が、次第に、伯領の住民のただ中に、他と区別された、特権的な階級として立ち現れる、ということである。商工業に従事する単なる社会的集団から、大諸侯権力によってそれとして承認された法的集団へと、市民は転化する。そして、この固有の法的地位からして、独立の裁判組織の許可が、今や必

然的に与えられようとする。

新しい法には、機関として、新しい裁判所が必要であった。ブールで開かれ、古風な慣習法に従って裁判する、古い領域的エシュヴァン裁判は、その慣習法が、そのためにそれがつくられたのではない環境の諸必要に応じて、その窮屈な形式拘泥主義を和らげることができなかったので、市民の間から選ばれ、市民の欲求に適合した、市民の渇望に合致した裁判、要するに市民の裁判である裁判を市民に対して実施できるであろうメンバーから構成されるエシュヴァン裁判に、その地位を譲らなければならなかった。この本質的事実がいつ実現したかを正確に言うことは不可能である。フランドルで都市エシュヴァン裁判、すなわち都市に固有なエシュヴァン裁判に関して私達のもっている最古の記載は、一一一一年に遡り、アラスに関するものである。けれども、この種のエシュヴァン裁判は、ガン、ブリュージュ、あるいはイプルのような、より重要な場所には既に同じ時期に存在していたに違いない、と考えてよい。その他の地方ではどうであろうと、フランドルのすべての都市では、一二世紀の初め[一七]にこの本質的に新しい制度の設立を見たのである。一一二七年、シャルル善良伯の暗殺に続いて起こった混乱は、市民が彼等の政治綱領を完全に実現することを可能ならしめた。伯職の請求者ノルマンディーのギヨーム[一八]、次いでアルザスのティエリ[一九]が、市民

を自分の味方に引き入れるために、市民が彼等に提出した諸要求に屈したのである。

一二二七年にサン＝トメールに与えられた特許状は、フランドル市民の政治綱領の到達点と見なすことができる。[14]この特許状は、住民全体に共通に適用される特別法、特別のエシュヴァン裁判、完全なコミューン自治権を具えた、他から区別された法域として、都市を承認する。他の諸特許状が、一二世紀の経過する間に、この伯領のすべての主要都市に対して同様の自主権を承認した。諸都市の地位は、この時以降、文書によって保証され、承認されたのである。

けれども、都市特許状に過大な重要性を賦与することは慎まなければならない。フランドルでも、またヨーロッパの他のいかなる地方でも、特許状は都市法の全体を残らず包含するものではない。[15]特許状は、都市法の大綱を確定し、都市法の若干の基本原則を書式に従ってしたため、特に重要な若干の争いに決着を与えるだけのものである。概して、特許状は特殊な状況の所産であり、それが作成された時に争いの対象となっていた諸問題だけを考慮に入れたものであった。特許状を、例えば近代諸憲法がつくられた時の組織的作業や立法的熟慮に類似した作業や熟慮の結果であると、考えることはできない。市民が、幾世紀にもわたって異常な気づかいをもって特許状に心を配り、それを鉄製の大箱に入れて三重錠をかけ、ほとんど迷信的な尊崇の念をそれ

に対して抱いたのは、それが彼等の自由の守護神だったからであり、その自由が侵害された場合に彼等が暴動の挙に出るのを正当化したからであって、特許状が市民の権利の全体を包含していたためではない。特許状は、言わば市民の権利の骨組みにすぎなかった。その条項の周囲には、文書には書かれていないけれども、同じように必要不可欠な諸慣習、諸慣行、諸特権の草木が密生していて、それが絶え間なく生長していた。

　このことは、多数の諸特許状自体が、予め都市法の発展を見越し、それを承認しているほどに真実である。ガルベール[二〇]は、一一二七年にフランドル伯がブリュージュの市民に、「日々ソノ慣習法ヲ改メルコトヲ」[16]《ut de die in diem consuetudinarias leges suas corrigerent》すなわちブリュージュ市民の都市慣習法を日々完全なものにする権能を、認めたという報告を私達にのこしている。それ故、都市法には、特許状の文面に含まれているよりもはるかに多くの内容が存在している。特許状は、都市法の諸断片を正確に記述しているだけである。それは隙間だらけであり、順序も体系も考慮に入れられていない。特許状の中に、例えばローマ法が十二表法[二一]から出てきたように、その後の発展がそこから出てきた基本原則を発見することを期待するわけにはいかない。

しかしながら、一二世紀の経過する間に西ヨーロッパの種々の地方で発達した中世の都市法を、その本質的諸特徴において、データを批判しながら、また一つの都市法の諸特徴を他のそれで補完しながら、あるがままに描き出すことは可能である。単にその大綱を叙述しようとするだけであるから、国家の相違も、国民の相違さえも、考慮に入れる必要はない。都市法は、例えば、封建法と同じ性質の現象である。それは、あらゆる国民に共通する社会的、経済的状況の所産である。国を異にするに従って、当然のことながら、細部にわたっては数多くの相違が指摘される。その進歩は、若干の場所では、他の若干の場所におけるよりもはるかに急速であった。しかし根本においては、その発展は至るところで同じであり、以下の諸行で問題になるのは専らこの共通の根本についてである。

最初に、都市法がその完成した姿を現した時の人格の状態をあるがままに考察しよう。その状態は自由である。自由は、市民身分に必要な、そして普遍的な属性である。各都市は、この点で一つの「インミュニテ」を構成している。農村的な隷属のあらゆる痕跡は、都市の周壁の内部からは姿を消した。富が都市の住民の間にいかなる相違、否いかなる対照をさえつくり出そうとも、身分に関してはすべての市民が平等である。「都市の空気は自由にする」とドイツの諺は言っている (*Die Stadtluft*

売する特権の享受を領主に許していたあらゆる種類の独占権、曰く、領主が都市に滞在した時に宿舎と食糧を領主に提供する義務を市民に課していた宿泊権、曰く、領主がそれによって住民の船舶や馬匹(ばひつ)を徴発していた徴発権、曰く、領主に従って従軍する義務を住民に課する軍隊徴用布告権、曰く、例えば河川に橋を架けることを禁じたり或いは旧いブールの守備隊を構成する騎士達を扶養するのに住民の援助を強制したりする慣習のように、その後無用となり、従って圧制的でわずらわしいと見なされていたあらゆる種類、あらゆる起源の諸慣習。これらすべてのものは、一二世紀も末になると、その思い出の他にはほとんど何も残っていない。領主達は、抵抗を試みた後に遂に屈服した。領主達は、時の経過とともに、彼等の洞察力ある関心が、若干の乏しい収入を維持していくために、都市の発達を阻害するのではなく、都市の前面に横たわっている障害物を除去することによって都市の発達を助長するのを命じていることを、理解した。ようやくにして彼等は、これらの古い諸貢租と新しい事態との矛盾を悟ることができ、遂にこれらの諸貢租を「掠奪」であり、「不当徴税」であると彼等自らが呼ぶに至る。

　人格の状態、土地の制度、租税の制度と同じく、法の根本そのものにも変化が生ずる。錯雑した形式拘泥的な訴訟手続、宣誓補助者(二三)、神判、裁判上の決闘、あまりにもしばしば訴訟の結果の決定を偶然や悪意に委ねていたこうした原始的な立証諸手段もすべて、程なく都市的環境の新しい状態に適応していく番になる。慣習によって導入された旧来の厳格な契約書は、経済生活がますます複雑になり活発になっていくのに伴って、姿を消す。裁判上の決闘は、商人および手工業者によって構成される住民の間では、無論、長い間存続することができない。同様に、都市司法官の前では、証人による証明が早くから宣誓補助者による証明にとって代わるのが認められる。最後に、*wergeld* 即ち旧来の人命金(二四)は罰金と体刑の制度に席をゆずる。初めは非常に長かった裁判の期間が著しく短縮される。そして変化するのは訴訟手続だけではない。法の内容そのものが平行して変化する。結婚、相続、担保、負債、抵当について、とりわけ商法について、新しい法律の全体が諸都市で形成されつつあり、また次第にその数を増しかつ的確になっていった都市裁判所の判決例が民事上の慣習法をつくり出していく。

都市法は、刑事法の観点から見ても、民事法の観点から見る場合に劣らぬ特色をもっている。都市という多種多様な出身の人間が集まっているこの集落では、すなわち故郷を捨てた者、放浪者、冒険者の溢れているこの環境では、治安の維持には厳格な懲罰が不可欠である。厳格な懲罰は、あらゆる文明において商業中心地に惹き寄せられる盗賊や匪賊に恐怖の念を抱かせるためにも、等しく不可欠である。このことは、既にカーロリンガ［カロリング］王朝時代に、最も富裕な者達がその周壁内に避難所を求めていたシテが特別の平和を享受するものとして姿を現しているほどに、真実である。[17] 一二世紀に都市の刑法を指称するものとして再び現れるのが、平和という、この同じ言葉である。

この都市の平和は、特別法であり、農村のそれよりも厳酷かつ冷酷である。都市の平和は、容赦なく体刑、すなわち、絞首刑、斬首刑、去勢、四肢の切断を科する。都市の平和は、厳重に反坐法を、すなわち、眼には眼、歯には歯を、適用する。それは、明らかに恐怖によって違犯を抑止することを狙っている。都市の門をくぐる者は、貴族たると、自由民たると、市民たるとを問わず、すべて等しく都市の平和に服する。この平和によって、都市は、言わば恒久的な戒厳令のもとにおかれる。しかし、都市は、この平和に、一体化のための強力な手段をも見出す。何故ならば、都市の平和は、都市の土地を分有している諸裁判権や諸領主権の上に蔽いかぶさり、そのすべてに対して、都市の平和の峻厳な規制を課するからである。利害関係の共通性およ び居住地の共通性よりもなお一層、都市の平和が、市壁内に定着した全住民の状態を均質化する上で貢献した。市民は本質的にホミネス・パーキス *homines pacis*、平和の人々の集団である。都市の平和（*pax ville*）は同時に都市の法（*lex ville*）である。都市の裁判権と自治権を象徴するものは、何よりも平和の象徴物である。例えば、市場に立てられている十字架や聖段[二五]、その塔が低地諸邦やフランス北部の諸都市の真中に建てられている鐘楼（*bergfried*）、ドイツ北部に非常に数多く見られるロランの像[二六]（*Rolands*）がそうである。

与えられたその平和のおかげで、都市は、他と区別された法域を形成する。法の属地主義の原理が、都市の平和によって、属人主義[二七]の原理を圧倒する。そのすべてが等しく同一の刑法に服することによって、市民は、おそかれ早かれ、不可避的に、同一の民法をもつであろう。都市の慣習法は、平和の境界まで溢れひろがり、都市はその塁壁内に一つの法共同体を形成する。

平和は、他方では、都市を一つのコミューンにする上で大いに貢献した。というのは、平和は、法の施行を保証するものとして、宣誓をもっているからである。平和は、都市住民全体の共同誓約 *conjuratio* を前提とする。そして市民によってなされたこの宣誓は、単に、都市の自治当局に対する服従の約束に止まるものではない。それは、厳しい諸責務を伴い、平和を維持し尊重せしめる厳格な義務を課するものである。誓約員 *juratus* 全体、すなわち誓約をした市民全体が、援助を求める市民に、強力な救いの手をさし伸べる義務を負う。このようにして、平和は、そのメンバー全体の間に、恒常的な連帯性を確立する。時として彼等を指称するのに兄弟達という言葉が用いられ、或いは、例えばリールで、平和 *pax* の同義語として友愛 *amicitia* という語が用いられたのは、このためである。そして、平和が都市住民全体を包みこんでいるが故に、それ故に、都市住民全体が一つのコミューンを構成するのである。多くの場所で自治都市の行政官が帯びていた名称自体が、すなわち、ヴェルダンの「平和の監視者」、リールの「友愛の監督者」、ヴァランシエヌ、カンブレ、その他多くの諸都市の「平和の宣誓者」という名称自体が、平和とコミューンがどれほどに密接な関係にあるかを理解することを、私達に可能にしている。

その他の諸原因も、無論、都市コミューンの誕生に貢献した。その中で最も強力なものは、租税の制度をもちたいという、非常に早くから市民が抱いていた欲求である。最も欠くべからざる公共土木事業、なかんずく市壁の建造に必要な金額を、どのようにして調達したらよいであろうか。どこにおいても、この防壁を建造する必要が都市財政の出発点となった。リエージュ地方の諸都市では、コミューン租税は旧政体の終末まで「防禦施設」(*firmitas*) という特徴的な名称を帯びていた。アンジェでは、自治都市の最古の会計報告は、都市の「城壁、防禦工事、防備施設」の会計報告である。他の場所では、罰金の一部分が *ad opus castri* すなわち防備施設のために充てられている。しかし、もちろん、租税が公共収入の主要部分の源泉であった。納税義務者に租税を納付させるためには、強制手段に訴えなければならなかった。各人は、その資力に応じて、全体のためになされた支出を分担する義務を負わされた。その支出に伴う費用の負担を拒否する者は、都市から追放される。それ故、都市は、強制力をもった仲間組織であり、法人である。ボマノワール[二八]の表現に従えば、都市は、《compaignie, laquelle ne pot partir ne desseurer, ançois convient qu'elle tiègne, voillent les parties ou non qui en le compaignie sont》[18]を形成する、すなわち、解散することができず、そのメンバーの意思とはかかわりなく存続しなければならない団体を形成する。ということは、結局、都市は、一つの法域を構成するのと同じように、一つのコミューンを構成するということである。

都市がその性格から生じた諸要求をそれによって充たした諸機関を検討する仕事が、まだ残っている。

第一に、独立の法域として、都市はどうしても都市固有の裁判権をもたなければならない。周壁の内部に局限された都市法は、地方法とは、外部の法とは、対立するものであるから、特別の裁判所がそれを適用する仕事に当たらなければならず、コミューンは、この特別裁判所によって、その特権的地位の保障を得なければならない。市民は市民の司法官以外の者がこれを裁判することができないというのは、ほとんどの都市特許状にも見られる条項である。市民の司法官は、必然的帰結として、市民の間から出る。市民の司法官がコミューンのメンバーであることは必要欠くべからざる条件であり、またコミューンは、程度の差こそあれ、市民の司法官の指名に参加する。或るところでは、コミューンは、領主に対して市民の司法官を指名する権利をもち、別のところでは、より自由な選挙の制度を用いている。さらに別のところでは、複雑な諸形式、すなわち幾つかの段階の選挙、抽籤等に頼っているが、明らかにこれは策略や腐敗を近づけないことを目的としている。たいていの場合、裁判所の主宰者(エクテート、メール、バイイ等)[二九]は領主の役人である。しかしながらその選任は都市が決定する場合がある。いずれにしても都市は、裁判所の主宰者が行なわなければならない、都市の諸特権を尊重し擁護するという宣誓の中に、保障をもっているのである。

一二世紀の幕が開くと、時とすると一一世紀の末頃には既に、若干の都市が特権的な都市裁判所を具えた姿を現す。イタリア、フランス南部、ドイツの若干の地方では、そのメンバーはコンソレの名称を帯びている。低地諸邦、フランス北部ではエシュヴァンの名前で呼ばれている。さらに別の地方ではジュレと呼ばれている。地方の相違に応じて、彼等の行使する裁判権にもかなりの相違がある。彼等はどこでも無制限に裁判権をもっているわけではない。領主が若干の特別訴訟事件を留保している場合もある。しかし、こういった地方的な差異はたいして重要なことではない。肝腎なことは、各都市が、法域として認められているというまさにそのことによって、都市に固有な裁判官をもっていることである。この裁判官の権能は都市法によって決められ、都市法の支配する地域内に限定されている。時としては、一つの裁判官団ではなくして、特殊な諸権限を賦与された若干数の裁判官団の存在するのが観察される。多数の都市、特に都市諸制度が暴動の所産である司教都市において、程度の差こそあれなお大きな影響力を領主がそれに対して保持しているエシュヴァンと並んで、平和に関する裁判を行ない、特にコミューンの規約に属する諸事件に関する権限を有するジュレの一団の存在が認められる。しかし、ここでは細部に立ち入ることはできない。以上で、数えきれないほどに多数の付随的な事情は別として、一般的発展を示しただけで充分である。

コミューンとして、都市は参事会（*Consilium, curia* 等）によって統治される。この参事会はしばしば裁判所と重なりあってい、同じ人間が、同時に市民の裁判官でもあり行政官でもある。同じ程度にしばしば、参事会はそれ自身の個体性をもっている。参事会のメンバーは、彼等の保持する権威をコミューンからうけとる。参事会のメンバーはコミューンの代表委員であるが、しかしコミューンは彼等に権力を譲ってしまうわけではない。極めて短い期間を任期として任命されるからして、参事会のメンバーは、彼等に委任される権力を横奪することができない。彼等が、民衆の影響力がもはやわずかにしか感じられない真の封鎖的団体をつくるのは、かなり後になって、都市制度が発達し、行政が複雑になってからのことである。最初のうちは事情は全く違っていた。公益のために配慮する仕事を委任された初期のジュレは、今日のアメリカの都市の行政委員 *select men* に非常に性格の似た代理人であり、集団的意思の単なる執行者にすぎなかった。このことを立証するのは、初めジュレには、あらゆる法人に見られる本質的な諸特徴の一つ、すなわち中心となる権威、長が欠けていることである。というのは、市長は比較的後の時期に創設されたものだからである。一三世紀以前にはほとんど見られない。市長は、制度の精神が変化の兆を見せ、より高度の中央集権化と、より独立的な権力の必要が感じられる時代のものである。

参事会はあらゆる分野の日常行政に当たる。参事会は、財政の、商業の、工業の警察権を掌握し、公共土木事業を命令かつ監督し、都市の食糧供給の組織をつくり、コミューン軍の装備と軍紀を規制し、子供のために学校をつくり、貧者と老人のための救済院の維持に費用を投ずる。参事会の発布する諸条令は、真正の自治都市立法を構成する。アルプス以北の地では、この種の条令で一三世紀以前のものはほとんど残っていない。けれども、それらの条令が、より古い制度を発展させ、明確にするものにすぎないことを確信するには、それらを注意深く研究するだけで充分である。

恐らく行政の分野ほど、市民の革新的な精神と実際的な感覚とがはっきりと現れる分野は、他にはないであろう。この分野で彼等のなしとげた事業は、それが独創的な創造物であるだけに、一層感嘆すべきものだと思われる。充たさなければならなかった諸欲求はすべて新しい諸欲求であったから、この事業に祖型として役立つことのできるものは、それまでの状態の中には何もなかった。例えば、封建時代の財政制度と都市コミューンがつくり出したそれとを比較してみよ。前者においては、租税は財庫的な貢租にすぎない。納税義務者の担税能力を些かも考慮に入れない固定した永久的な租税であり、賦課の対象は民衆だけであり、そしてその収入はそれを収納する大諸侯や領主の荘園収入と区別されず、そのうちのわずかでも直接に公益のための支出に充当されるということはない。後者は、反対に、例外も特権も知らない。等しくコミューンの利益を享受する市民全体が、等しくその費用を出すことを強制される。市民各自の分担額はそれぞれの財産に比例している。最初は、市民各自の分担額は、一般にその収入に応じて算定される。多くの都市は、中世の末に至るまでその慣行をまもり続けた。他の諸都市は、この種の租税の代わりに、消費税すなわち消費財特に食料品に賦課される間接税を採用したので、その結果、富者と貧者はそれぞれの支出に応じて課税される。しかし、この都市消費税はかつての通過税とはなんらの関係もない。都市消費税は、通過税が硬直的であるのと同程度に弾力的であり、通過税が一定不変であるのと同程度に状況および大衆の欲求に応じて変化する。その上、それがとる形態がいかようのものであれ、租税収入はそのすべてがコミューンの必要に充てられる。一二世紀の末以降、会計検査が実施され、この時代になると自治都市会計の最初の形跡が観察される。

都市への食糧供給および商工業の規制は、市民に対してその生活諸条件が投げかけていた社会的、経済的諸問題を解決する能力を、一層はっきりと立証している。市民は、その食糧を外部から取り寄せなければならない夥しい数の住民の生活を支え、また、手工業者を余所者の競争から保護し、手工業者への原料供給を組織化し、その製品の輸出先を確保しなければならなかった。彼等は、その分野での傑作と見なすことができるほど見事にその目的に適合した規制によって、これらのことに成功した。都市経済には、それと時代を同じくするゴシック建築がよく似あう。それは、現代を含めた歴史上の他のどの時代のそれよりも完璧な社会立法を、徹底した形でつくり出した。しかもそれを、無から *ex nihilo* つくり出したと私は言いたい。買い手と売り手の間に介在する仲介者を排除することによって、この立法は、生活費の廉(やす)い暮らしの恩恵を市民に保証した。この立法は、不正行為を仮借なく追及し、働く者を競争と搾取から保護し、その労働と賃銀を規制し、その衛生に心を配り、徒弟生活に配慮し、婦人労働および児童労働を防止した。同時にまた周辺農村に都市の生産物を供給する独占権を都市に留保すること、および遠隔の地に都市の商業に対する販路を見出すことにも成功した(19)。

これらすべてのことは、市民の公民精神が、彼等に課せられた仕事によく耐え得るものでなかったならば、不可能なことだったであろう。事実、公共の事柄に対して彼等が示した献身的精神に匹敵するそれを見出すためには、古代まで遡らなければならない。*Unus subveniet alteri tamquam fratri suo* すなわち各人は他人をあたかも兄弟のごとく援助せよ、と一二世紀のフランドルの或る特許状は述べている(20)。そしてこの言葉は真に現実性をもっていたのである。一二世紀になると、商人達は、彼等の利潤のうちの大きな部分を同市公民のために投じ、施療院を設立し、通過税を買いとる。儲けを愛する気持が、彼等にあっては愛郷心と結びついている。各人が自分の都市を誇りとし、その繁栄のために自発的に献身する。それは、実際には、それぞれの個別的生活が自治都市的仲間組織の集団的生活に密接に依存しているからである。事実、中世のコミューンは、今日では国家が行使する諸権限をもっている。コミューンは、そのメンバーの各々に、身体と財産との安全の保障を与える。コミューンの外では、そのメンバーは、敵意を含んだ世界、種々の危険に取り巻かれ、あらゆる危難にさらされた世界の中にいる。コミューンの中でのみ、彼は保護の下にあり、従って彼はコミューンに対しては愛情にも等しい感謝の念を抱く。彼は、常にコミューンを飾り、近隣のコミューンよりも美しくする心構えでいるのと同じように、コミューンの防衛には一身を投げ出す覚悟でいる。一三世紀にコミューンに建立された素晴らしい司教座聖堂は、市民がその建立に寄与した際の喜びに溢れた熱心さをぬきにしては、考えることができないであろう。それは単に神の館ではない。それは、司教座聖堂をその最も美しい装飾とし、そして司教座聖堂の荘厳な塔が遠くの方にその存在を告知しているところの都市をほめたたえるものでもある。中世の都市にとってそれは、古代の都市にとって神殿がそうであったところのものであった。

愛郷心の熱烈さには、その排他主義が照応する。その発達の極限に達した都市はそれぞれに一つの共和国あるいは――そう呼びたいのであれば――一つの集団的領主権を形成しているというまさにそのことによって、各都市は、他の諸都市に好敵手あるいは敵だけを見る。各都市は、自分の都市の利害関係の埒外に出ることができない。各都市は自分の都市にだけ関心を集中し、各都市が近隣の諸都市に対して抱いている感情は、より限られた範囲においてではあるが、かなりよく現代のナショナリズムに似ている。各都市を活気づけている公民精神は著しく利己主義的なものである。各都市は、自分の周壁の中で享受している諸自由を自分のものだけにしておくのに汲々とする。都市の周囲にいる農民は、都市の眼には同国人であるとは少しも映らない。都市はただ、自分の利益のために農民を搾取することだけを考える。都市は、その独占権を留保してある工業に農民が従事するのを阻止しようと、全力を尽くして警戒する。都市は、都市に食糧を供給する義務を農民に課し、そしてもしそうするだけの力があるならば、農民を圧制的な保護権の下におくであろう。その上、この農村支配が可能であったところでは、都市はどこにおいても現実にそれを行なった。例えばトスカーナではそうであった。ここでは、フィレンツェが近隣の農村を自己の支配下においた。

なお、ここで私達は、一三世紀の幕が開いて初めてそのあらゆる諸結果を伴って展開されるであろう諸事件に触れているのである。起源の時期にはまだようやく姿を見せるだけの傾向を、手短かに素描しただけで、私達には充分である。私達の意図は、中世の都市の形成を叙述したあとで、その特色を示すことだけであった。重ねてお断りしておくが、私達に可能であったのは、中世都市の主要な諸特徴を示すことだけであり、私達の素描した中世都市の相貌は、何枚かの肖像を重ねあわせて、それを写真に撮って得られた像に似ている。その輪郭は、すべてに共通してはいるが、正確にはそのうちのどれのものでもない相を呈している。

長きに過ぎたこの章を終わるに当たって、その主要な諸点を一つの定義に要約しようとするならば、恐らく次のように言うことができるであろう。中世の都市は、一二世紀に入って現れてくるところでは、防備施設のある囲いの保護の下に、商工業によって生活を営み、都市を特権的な集団的人格とするところの特別の法、行政、裁判を享受する、コミューンである、と。

第八章　ヨーロッパ文明に対する都市の影響

都市の誕生は、西ヨーロッパの内面史における一つの新しい時代の発端を示している。社会は、それまでは、二つの能動的な階級を包含するだけであった。すなわち聖職者と貴族である。この二つの階層と並んで地位を占めることによって、市民が社会を完成する。或いはむしろ、社会を完結させる。社会の構成は、この時から後、旧政体の終焉に至るまで、もはや変わらないであろう。すなわち、社会はその構成要素のすべてを備えてい、その後の幾世紀かの間に社会が蒙るであろう変容は、実は、それら諸要素を混ぜあわせて合金をつくる上での多様なる組み合わせ方にすぎないのである。

聖職者と同じく、また貴族と同じく、市民は、それ自体ひとつの特権階層である。市民は、他とは区別された一つの法的階級を形成してい、その享受する特別法が、依然として人口の大半を構成している農村の民衆から市民を分け隔てている。それだけではなく、既に述べたように、市民は、その例外的な地位を無疵（むきず）のままで保持し、その地位のもたらす利益を独り占めの状態で確保しようと努力する。市民の考えている自由というのは、ひとつの独占物である。中世の末期になって、市民にとって衰えの一つの原因に転化するまでは市民を支える力であるところのこの特権階層意識ほどに、自由でないものはない。それにも拘らず、このように排他的なこの市民に、自己の周囲に自由を広め、それと意図することなくして農村諸階級の漸次的な解放のきっかけとなる使命が、振り当てられていたのである。というのは、市民の存在というただそれだけの事実が、農村諸階級にただちに影響を及ぼし、当初、市民そのものから農村諸階級を隔てていたあの対照を、徐々に弱めることになったからである。市民は、農村諸階級を自己の影響の下にとどめ、自己の諸特権に農村諸階級が参加することを拒否し、農村諸階級を商工業の営業から排除しようと工夫をめぐらすが、効果はなかった。市民は、自らがその原因となった、そして自らが姿を消さなければ抑えつけることができなかったであろう歴史の動向を、阻止する力をもっていなかった。

都市集落の形成は、ただちに農村の経済組織をゆり動かした。農村の経済組織で営まれていた生産は、それまでのところ、農民の生活とその領主に納めるべき貢租とをまかなう役目を果たすだけであった。商業の断絶から後、農民の自由になる販路はもはや存在しなかったから、彼等が売り捌くことのできなかったであろう余剰農産物を、農民が土地に要求する動機となるものは何もなかった。農民は、明日のことには確信があったし、自己の境遇を少しでも改善しようとは、その可能性を心に考えることができなかったので望まなかったからして、日々の生活の備えをするだけで満足していた。農民がその習慣的日常から脱出して自己の耕作地を拡大する気持になるには、シテやブールの小市場はあまりにも取るに足りないものであり、余剰農産物に対するそれら小市場の需要はあまりにも一定していた。然るに、これらの小市場がたちまちにして活気を呈し、そこに現れる買い手の数は増加し、そしてそこに運搬する物資をそこで売り捌くことのできる確実な見通しが突如として農民に開ける。農民が、これほどの好機を逃がすようなことがどうしてあったろうか。農民が充分に生産すれば売るのは全く農民の意思次第であり、農民はすぐさま、それまで耕さないで放置してあった土地を耕作する。農民の労働は新しい意味をおびる。農民の労働は、利潤を、経済を、そして勤勉であればあるほどますます快適になっていく生活を、農民に可能にする。農民の地位は、土地からの収入の増加がすべて自己の所有物として農民に帰属するだけに、一層有利である。というのは、領主の徴収する諸租税は荘園の慣行によって一定の額に固定されているので、土地収益の増加は土地保有農民だけの利益となるからである。

しかし、領主の方もまた、都市の形成によって農村がおかれるようになる新しい状況から利益をひき出す諸手段を活用する。領主は、未耕地、森林、原野、沼地あるいはヒース野から成る莫大な保留地を所有している。これらの土地を耕地に転換すること、そして、都市が成長し又その数が増加するのにつれてますます利潤をもたらすようになるあの新しい販路に、このようにして、この新耕地のおかげで参加すること、これ以上にうってつけの方法は他にはない。人口の増加が、開墾と干拓の仕事に必要な人手を供給するであろう。呼びかけさえすればよい。人々は必ず現れるであろう。一一世紀の末になると、この運動は既に最高潮に達する。修道院や大諸侯は、この頃になると、その荘園の不毛の部分を収穫のあがる土地に転換する。ローマ帝国の末期以降もはや増加することのなかった耕地面積が、間断なく拡大していく。森林は間伐される。シトー会は、その創立時から、新しい道を歩む。その土地の経営に旧来の荘園組織を保持する代わりに、シトー会は、賢明にも、新しい事態に順応する。シトー会は、大規模耕作の原理を採用し、地方ごとに、最も利益になる生産に専心する。都市が富裕であればあるほど都市の需要もますます多様であるフランドルでは、シトー会は大家畜の飼育を営む。(二)イングランドでは羊の飼育に専念するが、その羊毛はこのフランドルの諸都市がますます大量に消費する。

その間に、至るところで、聖俗両界領主は「新しい町」を建設する。処女地に建設される村落で、その居住者が年決め定期金の納付を条件として分配地を受けとるであろう村落が、「新しい町」と呼ばれるのである。ところが、一二世紀の経過する間にその数が増加し続けるこの新しい町は、同時に、「自由な町」である。というのは、耕作者を誘致するために、領主は、農奴を圧迫している諸負担の免除を耕作者に約束するからである。領主は一般に耕作者に対して裁判権だけを保留する。領主は、耕作者のために、荘園組織の中に未だ存続している旧来の諸租税を廃止する。ガティネにあるロリスの特許状（一一五五年）、シャンパーニュにあるボーモンの特許状（一一八二年）、エーノーにあるプリシュの特許状（一一五八年）は、新しい町の特許状の中でも特に興味深い型を私達に提示してい、また近隣の諸地方にも広く普及した。一二世紀の経過する間に、イングランドの、ウェールズの、そして遠くアイルランドの、多数の場所に移植された、ノルマンディーにあるブルトゥイユの特許状についても同じことが言える。[二]

このようにして、古い型の農民とは非常に異なった、新しい型の農民が登場する。前者は隷属を特徴としていたが、後者は自由を与えられている。そして、都市によって農村の組織に伝えられた経済的衝撃がその原因であるこの自由は、それ自体、都市の自由を模したものである。新しい町の住民は、実を言うと、農村的市民なのである。彼等は、多くの特許状の中で、市民 *burgenses* の名で呼ばれてさえいる。彼等は、明らかに都市諸制度から借用したものである裁判制度と地方自治とを、受けとる。従って、都市諸制度は、言ってみれば、城壁の囲いの外に溢れ出、農村に広まり、農村に自由を伝えるのである。

そして、この自由は、新しい発展を遂げながら、やがて、その古くさい制度が一新された社会の環境の中ではもはや維持され得ない旧来の荘園にまで滲透する。あるいは自発的な解放によって、あるいは時効または侵害によって、領主は、極めて長い間その土地保有農民の通例の状態であった隷属に、自由が、次第々々にとって代わるのを許容する。人間に関する法規も、土地の制度が変化するのと同時に、そのいずれもが消滅途上にある経済状態の結果にすぎなかったからして、変化する。今や商業が、極めて長いあいだ荘園が自分で補給するよう努めてきたあらゆる必要物を供給する。各荘園がその使用に充てられる物資をすべて生産することは、もはや必要不可欠のことではない。それらを入手するには、近隣の諸都市に赴けば事が足りる。低地諸邦の大修道院は、或いはフランスに、或いはライン河、モーゼル河の河岸に位置する葡萄栽培地をその後援者から寄進され、自分で消費するのに必要な葡萄酒をそこから取り寄せていたが、一三世紀の初め以降、不必要になり、そしてその経営と維持とに、それ以後、もたらす収穫よりも多くの費用がかかるところの、これらの所領を売り払う(1)。

商業と都市の経済とによって変化がもたらされた時代に見られる旧来の荘園制度の宿命的消滅に、これほどによく光を投ずる実例は、他にはない。ますます活発になる流通は、必然的に農業生産を助長し、それまでそれを閉じ込めていた枠を解体し、農業生産を都市の方にひき寄せ、それを近代化し、同時にそれを自由にする。流通は、それまで非常に長いあいだ人間がそこに緊縛されていた土地から、人間を解放する。流通は、ますます広汎に、自由労働を隷属労働に代置する。旧来の人格の隷属がその原初的厳格さで存続し、それとともに荘園的所領の旧来の諸形態が存続するのは、もはや、大商業路から遠く離れた諸地方に限られる。それ以外のところではどこでも、人格の隷属は、都市の数が多ければ多いほど、迅速にそして急速に消滅する。例えばフランドルでは、一三世紀の初頭には、人格の隷属はほとんど残っていない。確かに、その若干の痕跡は残っている。旧政体の終焉に至るまで、そこここに、モルトマンの権利(三)の下におかれたり或いは賦役労働を強制されたりしている人間や、諸種の領主制的諸租税を課せられている土地が見られる。しかし、これらの過去の残存物は、もはや純粋に財政的な重要性しかもっていない。それはほとんど常に単なる租税であり、この租税を納付する者も、それを納付してもなお、完全な人格の自由をもっている。

農村諸階級の解放は、都市がその結果でもあり同時に媒介者でもあったところの、経済ルネサンスによって惹起された諸結果の中の一つにすぎない。この解放は、動産資本の重要性の増加と同時に生ずる。中世の荘園時代を通じて、不動産に基礎をおく富以外の富は存在しなかった。不動産は、人格の自由と社会的支配力とを同時に、その所有者に保証していた。不動産は、聖職者と貴族の特権的地位の保障であった。土地の独占的所有者は、彼等が保護し支配していた土地保有農民の労働に依存して生活していた。民衆の隷属は、土地を所有して領主となるか、土地を耕作して農奴となるか、この二者択一の他には択ぶべき途のなかった社会組織の必然的な結果であった。

然るに、市民の台頭とともに、その生活がこうした社会秩序とは明白に矛盾するところの一階級の人間が、公然たる地位を確保する。というのは、市民は、言葉の完全な意味において故郷を捨てた者の階級であり、そしてそれにも拘らず自由民の階級だからである。市民は、自分がそこに定着する土地を耕作しないばかりではなく、その土地の所有者でもない。市民によって、交換価値を売ったり或いは生産したりする行為だけによって生活を営み富裕になる可能性が出現し、ますますはっきりと確立される。

かつては不動産資本がすべてであった。今やたちまちにして、不動産資本と並んで、動産資本の力が確立される。それまで鋳貨は収益をもたらさなかった。或いはその土地保有農民から徴収していた貨幣地代によって、或いは信者が教会に行なっていた寄進によって、流通している通貨の極めてわずかな現在量をその掌中に独占していた聖俗両界の大土地所有者は、その通貨に収益を生ませる手段を普通は全くもっていなかった。確かに、修道院が、飢饉の際に、土地を抵当に提供する困窮貴族に対して高利の金を貸すのに同意したことはあった[2]。けれどもこの取引は、教会法によって禁止されていたばかりではなく、その時々の便法にすぎなかった。一般に、貨幣は、その所有者によって蓄蔵され、多くの場合に食器類あるいは教会装飾品に姿を変えていて、必要が生ずると熔解された。商業は、この囚われた貨幣を解放し、その本来の任務に立ち返らせた。商業のおかげで、貨幣は再び交換の手段、価値の尺度となり、そして都市が商業の中心地であったからして、必然的に都市の方へと流れた。流通の過程で、貨幣は、それが使用された取引の数によって、その力を増大した。同時に貨幣の使用は一般化した。現物による支払いはますます貨幣による支払いに席をゆずった。

そして富の新しい観念が登場した。すなわち、もはや土地を内容とせず、貨幣または貨幣で評価することのできる商業品を内容とするところの、商人的富の観念である。(3)一一世紀に入ると、既に多数の都市に真正の資本家が存在していた。その事例は前に挙げておいたから、ここで繰り返してそれに言及することは無用である。しかし非常に早くから、これらの都市資本家は、その利益の一部分を土地に投資した。というのは、彼等の財産と信用を強固にする最もよい方法は、土地の買い占めだったからである。彼等は儲けの一部分を、まず自分が居住していた都市の内部の不動産、次いで後には農村の不動産の購入に充てた。しかし彼等は何よりも金貸し業者に転身した。社会生活の中に商業が侵入することによって惹き起こされた経済的危機は、それに適応することのできないでいた土地所有者の破滅あるいは困窮を惹起していた。というのは、貨幣流通を発達させることによって、この経済的危機は、その結果として貨幣の価値を減少させ、従ってあらゆる価格を騰貴させていたからである。都市の形成をみた時期は物価高の時期であり、その収入をふやすことに成功しなかった土地の所有者にとっては苦しい時期であったと同時に、市民である商人と手工業者にとっては有利な時期であった。一一世紀の末になると、土地の所有者の中の若干の者が、その門戸を従来通りにはるために、商人の資金に頼らざるを得ないのが見られる。一一二七年に、サン＝トメールの特許状は、同市の市民の許で近隣の騎士がつくった負債を、日常茶飯の習慣として挙げている。しかしもっと莫大な金額の取引が、既にこの時期には行なわれていた。巨額の借金申込みを承知することができるだけの富裕な商人に事欠くことはなかったのである。一〇八二年頃、リエージュの商人は、シュヴィニーの土地を購入するのに充分な金額をサン＝ユベールの大修道院長に貸し付け、数年後には、十字軍に出発しようとしている公ゴドフロワ(四)からブーイヨンにある公の城を入手するのに必要な金額を、司教オトベールに前貸しする(4)。国王でさえも、一二世紀の経過する間に、都市の金融業者の御用立てに頼るようになる。ウィリアム・ケイド(五)はイギリス王に御用立てする金貸し業者である(5)。フランドルでは、フィリップ＝オーギュスト(六)の治世の初めに、アラスが代表的な銀行業者の都市になった。ギヨーム・ル・ブルトン(七)は、富に満ち、利益に渇き、高利貸に満ち溢れていると、この都市を描写している。

　アラスよ……力強き町……富に
満ち、利益に渇き、高利を愛する町よ

Atrabatum……potens urbs……plena
Divitiis, inhians lucris et foenore gaudens(6)

ロンバルディアの諸都市、次いでそれを祖型とするトスカーナとプロヴァンスの諸都市が銀行業でアラスをはるかに凌駕し、教会がそれを妨げようとするが失敗に終わる。一三世紀の初頭から、イタリアの銀行業者は既にその取引をアルプス以北に拡大する。そこにおける彼等の発展はまことに急速であり、五〇年後には、その豊富な資金量と進歩した営業技術とによって、至るところで土着の金貸し業者にとって代わったほどである(7)。

都市に集中した動産資本の力は、単に都市に経済的支配力を与えたばかりではなく、都市を政治生活に参加させる上にも貢献した。社会が、土地の所有に由来する権力以外には権力を知らなかった間は、聖職者と貴族だけが政治に参加していた。封建的階層制は、全く、不動産の基礎の上に構築されたものであった。封土は、実際には、保有地にすぎず、封土が封臣と領主との間に設定する諸関係は、土地所有者と土地保有者との間に存在する諸関係の、一つの特殊形式にすぎない(八)。唯一の相違は、封臣が領主に対して義務として負っている諸奉仕が、経済的性格のものである代わりに、軍事的、政治的性格のものである、ということである。各大諸侯がその封臣達に助力と助言を要求するように、それと同じように、大諸侯自身が国王の封臣であるからして、大諸侯は国王に対して類似の諸義務を負わなければならない。このように、公事の方向づけには土地を持っている者のみが参加する。もっとも、彼等はただ自分の分を果たすことによってのみ、すなわち、慣用的表現を用いるならば、ただ *consilio et auxilio* 助言と助力とによって、公事の方向づけに参加する。封主の要求に対して金銭的な寄与をすることは、不動産資本がそれを持っている者を養うだけの働きしかしない時代には、問題になり得ない。封建国家の恐らくは最も顕著な性格はその財政の未発達な性格である。貨幣はそこではなんらの役割をも果たしていない。大諸侯の荘園の収入が彼の金箱のほとんど唯一の栄養源である。租税によって財源を増加させることは大諸侯には不可能であり、大諸侯の財政的貧窮は解任の可能な俸給制の役人を雇傭することを大諸侯に対して禁止する。官僚の代わりに、大諸侯は世襲制の封臣をもっているだけであり、封臣に対する大諸侯の権威には、封臣が大諸侯に対して行なった誠実の宣誓によって、限界が置かれている。

ところが、商業ルネサンスが大諸侯にその収入を増加させることを可能にし、そして、このルネサンスのおかげで、鋳貨が大諸侯の金庫に流れ込み始める日から、大諸侯がただちにこの状況を利用するのが見られる。一二世紀の経過中にバイイが登場したことは、今や大諸侯権力が真の公的行政の基礎をつくり、そして封主権を少しずつ君主権に転化させることを可能にしようとしているところの、政治的進歩の最初の徴候である。何故ならば、バイイは、言葉の完全な意味において、官僚だからである。解任したり転任させたりすることが可能な、そして土地の封与ではなく貨幣の俸給がその報酬でありかつまた年ごとに事務報告をする義務のあるこの人間の出現によって、新しい型の統治が確立される。バイイは、封建的階層制の外に位置している。バイイの性格は、その職務を世襲的な資格で遂行するかつての裁判主宰者、メール、エクテート、或いは城代の性格とは全く異なっている。(九) 彼らとバイイとの間には、旧来の農奴保有地と新しい自由保有地との間に存在するのと同じ相違が存在する。同一の経済的諸原因が、土地組織と人に対する行政とを、同時に変化させたのである。この経済的諸原因は、農民には自己を解放することを可能にし、土地所有者には貨幣地代を徴収する土地をもって荘園的マンス *mansus* に代置することを可能にしたように、大諸侯には、俸給制の役人を通じて、その領域に対する直接統治を掌握することを可能にしたのである。政治上の革新は、それと時代を同じくする社会上の諸革新と同様に、動産的富と貨幣流通との普及を前提とする。低地諸邦の他の諸地域よりも早くから商業生活と都市生活とが出現したフランドルが、それら他の諸地域よりもかなり前からバイイの制度を知っていたことを観察するならば、こうした見方の正確さが容易に納得されるであろう。

君侯と市民との間に確立された諸関係もまた、最も影響範囲の大きい政治的諸結果をもたらした。増大していくその富によってますます強大になっていく力を与えられていたところの、そして必要とあれば立派な装備を施した多数の人員を戦闘に動員することができたところの、これらの諸都市を無視することは不可能であった。封建的保守主義者達は、初めのうちは、都市軍の自負に対して軽蔑の気持をもつだけであった。フライジングのオットー(一〇)は、ロンバルディアの自治都市の市民達が甲冑に身を固め、敢えてフリードリヒ・バルバロッサ(一一)の高貴な騎士軍に抵抗するのを見て、憤慨している。しかし、この平民達が皇帝の軍隊に対して収めたレニャーノの輝かしい戦勝(一一七六年)(一二)が、やがて、いかに平民が有能であるかということを示した。フランスでは、国王はぬかりなく都市の提供する奉仕を利用した。フランス王は、コミューンの保護者、コミューンの自由の擁護者であると自称し、王権の利益が都市の自主権と固く結びついていると思わせた。フィリップ＝オーギュストはこのように巧妙な政策の諸果実をとり入れる立場にあった。フランス国内における王権の優越的地位を決定的に確立し、またフランス王権の威信を全ヨーロッパに輝かしたブーヴィーヌの戦い（一二一四年）[一三]は、その徴募が都市に割り当てられた兵員に、大部分、負うものであった。

同じ時代における都市の影響は、非常に違った現れ方こそしたけれども、イングランドでも同じように著しかった。ここでは、王権を支持する代わりに、諸都市は貴族の側に立って王権に反抗し、そしてそのようにして、その遠い起源を『マグナ・カルタ』（一二一二年）[一四]にまで遡らせることのできる、議会政治の準備をすることに貢献した。

しかも、範囲に広狭の差こそあれ、都市が政治への参加を要求しそれを獲得したのは、ひとりイングランドだけではない。諸都市のもっていた自然的傾向は、都市共和国に転化するところまで、諸都市をもっていった。もし諸都市にそれだけの力があったならば、至るところで、諸都市が国家の中の諸国家になったであろうことは、ほとんど疑いを容れない。けれども、国家の力がこの諸都市の努力に拮抗することのできなかったところを除いては、都市は、この理想を実現することに成功しなかった。

この理想は一二世紀に入ってからのイタリアで実現され、後には、皇帝権が決定的に衰微したあとのドイツで実現された。他のところではどこにおいても、イングランドやフランスにおけるように、低地諸邦におけるように、王権が強力で諸都市に降伏する必要がなかった場合にしても、諸都市の分立主義が独立——諸都市の間にすぐさま争いを惹き起こしたであろう独立——を獲得するための努力を一本にまとめることを妨げた場合にしても、都市が君侯の権威を震撼させるまでには至らなかった。諸都市は従って一般に君侯の統治に服したままであった。けれども、君侯の統治も都市を単なる臣民としては扱わなかった。君侯の統治は、都市の利害を無視するには、あまりにも都市を必要としていたのである。その財政は、大部分、都市に基礎をおいてい、そして国家の権限が増加し、従ってまたその支出が増大するのにつれて、君侯の統治は、市民の財布に頼らなければならない必要をますますしばしば体験を通じて知っていった。私達は君侯の統治が一二世紀に市民から金を借りていることを既に見ておいた。そしてこの金を、都市は担保なしで貸すことはない。貸した金が決して返済されないという大きな危険を冒していることを都市はよく知ってい、貸し付けに同意する金額の見返りとして、新しい諸自主権を強要する。封建法は、常に一定の若干の場合に、一定の、制限された、賦課租を課する以外は、封主が臣下に賦課租を課することを認めていなかった。(二五) 封主が臣下に恣意的に人頭税をかけたり、なくては済まされない御用金も臣下からこれを絞りとることは、それ故に、不可能であった。都市の特許状は、この点に関して最も正式な保証を諸都市に与えていた。従って諸都市と友好関係を保つことがどうしても必要であった。次第に、君侯は、高位聖職者および貴族の会議に市民をも招集するのが習慣となり、市民は前二者とともに議事に参加するようになった。この招集の事例は一二世紀には未だ稀である。一三世紀に入るとその数が増加し、そして一四世紀には、この慣習は三部会の制度によって最終的に法制化される。この三部会の中に、諸都市は、聖職者身分および貴族身分に後れて、格においてこそ第三位であるが重要さにおいてはやがて第一位になる地位を取得する。

都市が、以上見てきたように、一二世紀の経過する間に西ヨーロッパで発生した社会的、経済的、政治的諸変化に対して非常に広汎な影響力をもっていたにしても、一見したところでは都市は、知的運動においてはいかなる役割をも果たさなかったように思われるかもしれない。少なくとも、市民の間で創り出され、市民の精神がその底を流れている文芸作品および美術作品を見出すには、一三世紀の末まで待たなければならない。それまでは、学問は、依然として聖職者の完全な独占物であり、ラテン語以外の言葉を使用しない。俗用語で書かれた文学も貴族だけを対象とするか、或いは少なくとも貴族の思想や感情であるところの思想や感情を表現している。建築と彫刻は教会建築と教会装飾の分野を除いては傑作を生まない。集会所や鐘楼は、その最古の見本が、例えば〔第一次〕世界大戦で灰燼に帰したイプルの素晴らしい諸集会所のように、一三世紀の初めに遡るが、なお宗教的建築物の建築様式に忠実に従っている。

　けれども、さらに仔細に観察するならば、都市生活が都市生活の立場から中世の精神的資本を豊かにする上でとにかく貢献したことが、すぐに発見されるであろう。確かに、都市では、知的文化は、ルネサンスの時代を迎えるまでは、実際的な思慮によって支配されてい、それが都市における知的文化の飛躍的に発展することを妨げた。しかし都市の知的文化は、何よりもまず、すぐれて世俗的な文化であるというあの性格を示している。一二世紀の半ばになると、市参事会は、古代の終焉以降におけるヨーロッパ最初の世俗学校である学校を、市民の子弟のためにつくることに熱心であった。この学校の出現によって、教育は、修道院の修練士[二六]や未来の聖堂区司祭だけにその恩沢を頒ち与えるものではなくなる。読み書きの知識は、商業を営む上に必要不可欠であるからして、もはや聖職者身分に属する者だけが独占するものではなくなる。市民は、貴族にとっては知的贅沢にすぎなかったものが市民にとっては日常欠くことのできないものであったが故に、貴族よりも先に読み書きの知識を身につけた。教会はただちに都市の設けた学校に対する監督権を要求することを忘れなかったが、この監督権が教会と都市当局の間における数多くの紛争のたねとなった。宗教上の問題は無論これらの紛争とは無関係である。これらの紛争の原因は、自分達のつくった、そして自分達にその管理を保留しておくことを欲していた学校、その学校に対する支配権を自分達の手に保留したいという都市の欲求に尽きていた。

けれども、これらの学校の教育は、ルネサンス時代までは、初等教育に限られていた。それ以上に深く知りたいと思う者はすべて、聖職者の施設に赴かなければならなかった。一二世紀末以降に都市の通信および会計とコミューン生活に必要な多種の法令の作成とを委託された書記が出たのは、後者の教育を受けた者達からである。しかしながらこれらの書記は、都市が、君侯とは違って、その享受していた諸特権によって君侯の裁判権を免れていた聖職者身分に属する者を決して雇わなかったからして、すべて俗人であった。都市の書記が使用した言葉は最初は無論ラテン語であった。しかし一三世紀の最初の年々になると、彼等がますます一般的に国民語を使用するようになるのが見られる。国民語が初めて行政実務に導入されたのは都市によってであり、この進取の気性は、中世文明の中にあって取りわけ都市がそれを代表した世俗的精神に、完全に一致する。

この世俗的精神は、しかしながら最も強烈な宗教的熱情と結びつけられていた。市民が非常にしばしば教会当局と争ったにしても、司教が非常に数多く市民に破門を宣言したにしても、さらにまたその反動として、市民が時としてかなりはっきりとした反教会的傾向に身を委ねたにしても、それでもなおかつ市民は、深い、そして熱烈な、信仰に心をひたされていた。その証拠としては、都市に無数にある寄金による宗教建築物、また都市に非常に数多くある信仰団体あるいは慈善団体だけで充分である。彼等の信仰心は、彼等の信仰心を厳密なカトリック公認の教義の枠の彼方へと容易に押しやる素直さ、真摯さ、大胆さをもって現れる。全時期を通じて、市民はその神秘主義の充溢によって際立っている。一一世紀に、市民をして聖職売買および司祭の結婚と戦う宗教改革者に情熱的に味方させるのも、一二世紀に、ベギン会(一七)およびベガルド会(一八)の瞑想的な禁欲主義を市民の間に広めるのも、一三世紀に、フランシスコ会およびドミニコ会が市民の間でうける熱狂的な歓迎を説明するのも、彼等の神秘主義である。しかしまた、宗教感情のあらゆる新奇、あらゆる誇張、あらゆる変形の市民の間における成功を確実にするのも、神秘主義である。一二世紀以降、すぐさま市民の間に信奉者を見出さなかった異端は一つも出現しなかった。ここではアルビ派(一九)が市民の間に広まった際の速やかさと力強さとを想起すれば充分である。

同時に世俗的でもありまた神秘主義的でもある中世の市民は、このようにして、将来の二つの大きな精神運動の中で市民が演ずるであろう役割に対して、極めてよく準備されている。すなわち、世俗的精神の娘ルネサンスと宗教的神秘主義がそれへと到達した宗教改革に対してである。

原　註

第Ⅰ章

（1）P. Scheffer-Boichorst, Zur Geschichte der Syrer im Abendlande (Mitteilungen des Instituts für Oesterreichische Geschichtsforschung, t. VI〔1885〕, p.521); L. Bréhier, Les colonies d'Orientaux en Occident au commencement du Moyen Age (Byzantinische Zeitschrift, t. XII〔1903〕). Cf. F. Cumont, Les religions orientales dans le paganisme romain, p.132 (Paris, 1907).

（2）H. Pirenne, Mahomet et Charlemagne (Revue belge de philologie et d'histoire, t. I〔1922〕, p.77).

（3）A. Dopsch, Wirtschaftliche und Soziale Grundlagen der Europäischen Kulturentwicklung, t. II, p.527 (Vienne, 1920) は、ゲルマン人がローマ文明を消滅させてしまったとする考えに、強く反駁している。

（4）Fustel de Coulanges, La Monarchie franque, p.236; A. Dopsch, Wirtschaftliche und Soziale Grundlagen der Europäischen Kulturentwicklung, t. II, p.342; E. Mayer, Deutsche und französische Verfassungsgeschichte, t. I, p.296 (Leipzig, 1899).

（5）Historia Francorum, éd. Krusch 特にその l. IV, § 43, l. VI, § 45, l. VIII, § 1, 33, l. III, § 34 を見よ。

（6）M. Prou, Catalogue des monnaies mérovingiennes de la Bibliothèque Nationale de Paris. Introduction.; H. Pirenne, Un contraste économique. Mérovingiens et Carolingiens (Revue belge de philologie et d'histoire, t. II〔1923〕, p.225).

（7）Historia Francorum, édit. Krusch, l. IV, § 43, l. V, § 5, l. VI, § 17, 24, l. IX, § 22. Cf. Grégoire le Grand, Epistolae, I, 45.――マルセイユには王領財庫 (cellarium fisci, catabolus) があり、そこには、明

らかに輸入税を栄養源とする金庫があった。しかもこの金庫は、七世紀の末にはまだ、国王が、この金庫をあてにして、総額が金貨一〇〇ソリドゥスにのぼる定期金を設定することができるほどに豊かであった。サン－ドゥニ大修道院に関する例については、Mon. Germ. Hist. Diplomata, t. I, n°s 61 et 82 を見られたい。Mon. Germ. Hist. Script. Rerum Merovingicarum, t. II, p.406 参照のこと。

(8) M. Prou, Catalogue des monnaies mérovingiennes de la Bibliothèque Nationale de Paris, p.300.

(9) というのは、六世紀の半ばになおアルルに存在していた手工業者階級と少なくとも同程度の数の手工業者階級が、マルセイユに存在したと想定しないわけにはいかないからである。F. Kiener, Verfassungsgeschichte der Provence, p.29 (Leipzig, 1900).

(10) Marculfi Formulae, éd. Zeumer, p.102, n° 1.

(11) L. Levillain, Examen critique des chartes mérovingiennes et carolingiennes de l'abbaye de Corbie, p.220, 231, 235 (Paris, 1902). 問題になっているのは、エクス－アン－プロヴァンスに近いフォスの通過税である。マルクルフの或る文書範例（éd. Zeumer, p.11）は、ガルム〔スープ状の調味料〕、棗椰子の実、胡椒、その他多くの東方諸産物が、ガリア北部の日常食生活の一部分をなしていたことを証明している。パピルスはどうであったかというと、コルビーのアダラールの規約の付録の中に残っている一史料(Guérard, Polyptique d'Irminon, t. II, p.336) が、パピルスは広汎に広まり、日常の使用に供されていたに違いないことを証明している。この史料で、パピルスを獣脂とともに cum seburo と記しているところからみて、それが、今日の油紙のように、角灯の内壁をつくるのに役立っていたと考えてよい。問題になっているこの史料が、一般にはカーロリンガ〔カロリング〕王朝時代のものであるとされていることは、私もよく承知している。しかし、この史料がアダラールの規約のあとに収録されているという事実以外に、そうした見解に与するために挙げることのできる証拠はない。右の事実も、証拠としては通用しない偶然の事情である。九世紀の初頭以降になるとパピルスが消滅したことからして、探究心をそそるこの記録の成立は、どうしても〔通説より〕一〇〇年遡らせなければならない。

(12) 六二九年にこの大市に対するサン－ドゥニの諸権利を裁可したダゴベールの特許状（MG. Dipl. I, 140）は、一般に疑わしいものとされている。けれども、この文書の真正さを否定する有効な証拠は、何一つ与えられていない。その上、たとえこの文書がダゴベールの官房から出されたものではないにしても、その成立は明らかにカーロリンガ王朝時代よりも前であり、この大市がしばしば開かれたことについてこの文書が私達に提示している詳細な報告に疑いをさしはさむべき理由は何もない。

(13) Monumenta Germaniae Historica. Epistolae, t. V, p.184およびそれ以降に収められているアゴバールの書簡を見よ。

(14) Historia Francorum, éd. Krusch, l. Ⅶ, § 46.

(15) J. Goll, Samo und die Karantinischen Slaven（Mitteilungen des Instituts für Oesterreichische Geschichtsforschung, t. XI, p.443）.

(16) Historia Francorum, éd. Krusch, l. Ⅲ, § 34.

(17) Ibid., l, Ⅷ, § 33.

(18) Ibid., l. Ⅵ, § 45.――六二七年に、商人ヨハネス Johannes Mercator なる者がサン－ドゥニに寄進を行なっている。Mon. Germ. Hist. Script. Rer. Merov., t. I, p.13. Gesta Dagoberti（Ibid. Script. Rer. Merov., t. II, p.413）は、商人サロモン Salomon Negociator なる者のことを物語っている。このサロモンは、実は、疑いもなく、ユダヤ人である。

(19) A. Dopsch, Wirtschaftliche und Soziale Grundlagen der Europäischen Kulturentwicklung, t. II, p.432; F. Dahn, Über Handel und Handelsrecht der Westgothen. Bausteine, II, 301（Berlin, 1880）.

第二章

（1） H. Pirenne, Mahomet et Charlemagne (Revue belge de philologie et d'histoire, t. I, p.86).

（2） シャルルマーニュは、イタリアではランゴバルド王国を、そしてイスパニアではピレネー山脈とエブロ河とに挟まれた地域を征服したではないか、との反論も可能であるかもしれない。けれども、これらの南進は、地中海の諸海岸を支配しようとする欲望によって説明されるものでは、些かもない。ランゴバルド族に対する諸遠征は、政治的な諸原因、なかんずく教皇との同盟によって惹き起こされたものである。イスパニア北部の占領は、イスラームに対して備える強固な国境を設定する以外の目的をもつものではなかった。

（3） H. Pirenne, Un contraste économique. Mérovingiens et Carolingiens (Revue belge de philologie et d'histoire, t. II, p.223).

（4） けれども、パピルスの輸入は、この時点では未だ完全に停止してしまったわけではない。ガリアにおけるパピルスの使用に関して知られている最後の記載は、七八七年のものである。M. Prou, Manuel de paléograhie, 4e édit., p.9. イタリアでは、パピルスの使用は一一世紀まで続いた。Giry, Manuel de diplomatique, p.494. パピルスは、エジプトからか、或いはそれよりも考えられることであるが、シチリア島から、イタリアに輸入されていた。シチリア島へは、イタリア半島南部のビザンツ諸都市の商業を通じて、或いはヴェネツィアの商業——ヴェネツィアの商業については第四章で取りあげるであろう——を通じて、アラブ人がパピルスの製法を伝えてあったのである。——カーロリンガ［カロリング］王朝時代以降、メーロヴィンガ［メロヴィング］王朝時代の食生活には未だ広く姿を見せていた東方の諸果実（本訳書第一章註（11）を見よ）が完全に姿を消すのが確認されるのも、この間の事情をよく示している。官僚に対する食料の提供を規定する指令書 tractoriae を参看するならば、カーロリンガ王朝の巡察使 missi にふるまわれる食事が、農民の献立に切り下げられているのがわかる。すなわち、肉、卵、バターである。Waitz, Verfassungsgeschichte, t. II 2, p.296 を見よ。

(5) 本訳書二五頁を見よ。同様の現象はスタヴロでも見られる。ここでは、修道士達は、シジュベール三世が彼等に対して認めた、ロワール河通過の際の、すなわちマルセイユ街道での、通過税免除〔特権〕をもはや確認して貰っていない。Halkin et Roland, Cartulaire de l'Abbaye de Stavelot-Malmédy, t. I, p.10.

(6) F. Kiener, Verfassungsgeschichte der Provence, p.31. ——アルプスを越えてマルセイユ方面に通じていた諸街道の往来が、九世紀にはもはやあまり見られなくなるのが観察されるのは、この間の事情をよく示している。モン・ジュネヴルの街道は放棄される。北の方へ通じている諸峠、すなわちモン・スニ、小サン＝ベルナール、大サン＝ベルナール、セプティメールの諸峠による以外には、もはや交通は存在しない。P. A. Scheffel, Verkehrsgeschichte der Alpen (Berlin, 1908-1914) を見よ。

(7) A. Schulte, Geschichte des Mittelalterlichen Handels und Verkehrs zwischen Westdeutschland und Italien, t. II, p.59 (Leipzig, 1900).

(8) W. Vogel, Die Normannen und das fränkische Reich (Heidelberg, 1906).

(9) Ch. de la Roncière, Charlemagne et la civilisation maritime au IXe siècle (Le Moyen âge, t. X〔1897〕, p.201).

(10) A. Dopsch, Die Wirtschaftsentwicklung der Karolingerzeit, t. II, p.180 et suiv は、極めて該博な考証学的知識を以て、非常に数多くのこういった記載を挙げている。けれども、そのうちの多くのものは、メーロヴィンガ王朝時代に関するものであり、また他の多くのものは、ドプシュ氏によって与えられている意義など到底もっているものではないことに、注意しなければならない。なお次の文献をも見よ。J. W. Thompson, The Commerce of France in the ninth century (The Journal of political economy, t. XXIII〔1915〕, p.857).

(11) カントヴィクは八四二年と八四四年の侵入によって破壊され、ドレスタッドは、八三四年、八三五年に荒らされた。Vogel, op. cit., p.66, 88. Cf. J. De Vries, De Wikingen in de lage landen bij de zee

(Harlem, 1923).

(12) H. Pirenne, Draps de Frise ou draps de Flandre?（Vierteljahrschrift für Sozial-und Wirtschaftsgeschichte, t. Ⅶ〔1909〕, p.308).

(13) M. Prou, Catalogue des monnaies carolingiennes de la Bibliothèque Nationale, p.10.

(14) W. Vogel, Die Normannen und das Fränkische Reich, p.62.

(15) Capitularia regum Francorum, éd. Boretius, t. Ⅱ, p.250.

(16) 本訳書二三七頁註（13）に引用したアゴバールの書翰を見よ。史料の全文については、Aronius, Regesten zur Geschichte der Juden im fränkischen und deutschen Reiche bis zum Jahre 1273 (Berlin, 1902）を参照のこと。

(17) キリスト教徒とは違って、イスパニアのユダヤ人は、回教徒の海運によって、東方との交渉を保っていた。C. Sanchez-Albornoz, Estampas de la vida en Leon durante et siglo X, p.17 et suiv., dans Discursos leidos ante la real Academia de la Historia（Madrid, 1926）に収められた、ギリシア産および東方産織物を対象とする彼等の商業に光を投ずる史料を見よ。

(18) 先に本訳書二三九頁註（10）で引用しておいた論文の中でJ・W・トムソン氏が、これとは正反対のことを証明するために示した巧妙な論証は、その論証を承認することを妨げる言語学上の難点を提起している。氏の論証の基礎となっている、Cappiという語がギリシア語起源であるとする主張は、受け容れることができない。

(19) K. Rathgen, Die Entstehung der Märkte in Deutschland, p.9（Darmstadt, 1881).

(20) Imbart de la Tour, Des immunités commerciales accordées aux églises du Ⅶe au Ⅸe siècle (Études d'histoire du Moyen âge dédiées à Gabriel Monod〔Paris, 1896〕, p.71).

(21) ちょっと見ただけでは、八二八年の或る文書範例（Zeumer, Formulae, p.314）に記載されている宮廷商人を大商人だと考えたい気持になるかもしれない。しかし、それらの商人が宮廷に食料を納入する御用機関にすぎないことを知るには、それらの商人が皇帝に業務報告をする義務を負い、宮廷に居住する特別の長官 magistri の裁判権に服することを確証すれば、充分である。職業商人の数は寥々たるものになっていたから、彼等の地位は、ユダヤ人 judei のそれに匹敵する。その上、多くの大修道院が従僕を派遣して、大修道院の食生活に必要な食料品（葡萄酒、塩、それから凶作の年にはライ麦あるいは小麦）を生産地で購入する方法を進んでとる事実は、商業による正常の食料品供給が行なわれないことを立証している。この考えを反駁するためには、メーロヴィンガ王朝時代の都市にあった商人地区が九世紀にもなお都市に存在することを示さなくてはならないであろう。――さらに、メーロヴィンガ王朝時代の通過税とカーロリンガ王朝時代のそれとの比較研究が、別のところで指摘するつもりでいるように、九世紀における商業の深刻な衰頽を証明していることを付言しておこう。

(22)　M. Prou, Catalogue des monnaies carolingiennes de la Bibliothèque Nationale, p.XLV.

(23)　金貨の消滅がカーロリンガ王朝時代の経済的衰頽の結果であるという事実は、フリースラントとユゼで、すなわち帝国内で、一方はカントヴィクおよびドレスタッドの両港が、他方はイスパニアのユダヤ人が、なお若干の商業を営んでいたまさにその地域で、小量の金貨鋳造が引き続き行なわれていることによって、確証される。この金貨鋳造については、Prou, op. cit., p.XXXIを見よ。

(24)　G. Waitz, Deutsche Verfassungsgeschichte, 2e édit., t. IV (1885), p.112; F. Lot, Un grand domaine à l'époque franque. Ardin en Poitou, contribution à l'étude de l'impôt dans Cinquantenaire de l'École des Hautes Études. Mélanges publiés par la Section des Sciences historiques et philologiques, p.109 (Paris, 1921).

(25)　Waitz, loc. cit., p.54. 前述本訳書二五頁を参照のこと。八二八年と八三一年には、皇帝と直接に関係のある通過税は、もはや、カントヴィク、ドレスタッド、モン・スニ（アルプスの峠）のそれだけである。

(26) W. Wittich, Die Grundherrschaft in Nordwestdeutschland (Leipzig, 1896); H. Pirenne, Liberté et propriété en Flandre du IXe au XIIe siècle. (Bulletin de l'Académie de Belgique, Classe des Lettres, 1906); H. Van Werveke, Grands propriétaires en Flandre au VIIe et au VIIIe siècle (Revue belge de philologie et d'histoire, t. II〔1923〕, p.321).

(27) Capitularia regum Francorum, éd., Boretius, t. I, p.125.

(28) 大修道院長イルミノンの土地台帳が、この組織に関する知識の主要な源泉である。一八四四年にゲラールが刊行した版に付した彼の序論は、今なお読まるべきである。この問題については、有名なCapitulare de Villisをも参照されたい。K・ガーライスが御料地令に関するよい註釈を出している。Die Landgüterordnung Karls des Grossen (Berlin, 1895). 御料地令の適用範囲と成立時期とに関する最近の論争については、M. Bloch, L'origine et la date du Capitulare de Villis (Revue Historique, t. CXLIII〔1923〕, p.40) を見よ。

(29) 若干の著者は、荘園の生産物は販売を予定されていたと認めることができる、と考えた。例えば、F. Keutgen, Aemter und Zünfte, p.58 (Jena, 1903) を見よ。例外的な場合、例えば饑饉の際に、販売が行なわれたことには議論の余地がない。しかし、原則としては、明らかに販売は行なわれなかった。この考えに反対する主張を立証するために引用される史料は、あまりにその数が少なく、またあまりに曖昧であって、確信をひっくりかえすには足りない。中世初期の荘園制度の経済が、全体として、利潤の観念とはっきり対立するものであることは明らかである。販売は例外的にしかなかった。その例外というのは、例えば、非常な豊作が或る地方の荘園に余剰をもたらし、その余剰が、食糧の欠乏に悩んでいる地方の人々を引き寄せた場合である。これは、純然たるその時々の商業であって、正常な商業とは全く違うものである。

(30) 以下の叙述については、次の諸文献を参照されたい。M. Rostovtzev, Iranians and Greeks in South Russia (Oxford, 1922) および The origin of the Russian State on the Dnieper (Annual Report of the

American Historical Association for 1920, p.163 (Washington, 1925); W. Thomsen, The relations between ancient Russia and Scandinavia and the origin of the Russian State (Oxford, 1877; édit. allemande: Der Ursprung der Russischen Staates, Gotha, 1879); B. Kloutschevski, Curs Russkoi Istorii, t. I, p.180 (Moscou, 1916); J. M. Kulischer, Istoria Russkoi torgovli, p.5 (Petrograd, 1923).

（31）De administrando imperio（九五〇年頃に書かれた）。この史料については、W. Thomsen, op. cit. の素晴らしい註釈を参照しなければならない。

第三章

（1）第一章を見よ。

（2）この制度については、L. Huberti, Studien zur Rechtsgeschichte der Gottesfrieden und Landfrieden (Ansbach, 1892) を見よ。

（3）このことは、特にヨーロッパ北部について正しい。それに反して、ローマの自治都市組織がヨーロッパ北部ほどには完全に消滅しなかったフランス南部やイタリアでは、伯は、通例、シテに居住する。

（4）九世紀および一〇世紀のシテは、未だ充分に研究されていない。以上および以下で私の述べることは、勅令のさまざまな条文、ならびに年代記や聖人伝に散在している記述から採ったものである。当然のことながらガリアのシテよりもはるかに数が少なく、また重要性も乏しいドイツのシテについては、S・リーチェルの興味ある著作 Die civitas auf deutschem Boden bis zum Ausgange der Karolingerzeit (Leipzig, 1894) を参看しなくてはならない。

（5）もちろん私は、一般状態の特徴を示そうとするだけである。一般状態が数多くの例外を含んでいることを、私は無視するわけではない。しかし、例外には、事実の吟味から引き出される全体的印象を修正する力はない。

（6） Rietschel, Die civitas, p.93.

（7） A. Blanchet, Les enceintes romaines de la Gaule (Paris, 1907).

（8） L. Halphen, Paris sous les premiers Capétiens, p.5 (Paris, 1909).

（9） L. H. Labande, Histoire de Beauvais et de ses institutions communales, p.7 (Paris, 1892); W. Vogel, Die Normannen und das Fränkische Reich, p.135, 271.

（10） フランスではブールすなわち城の大部分が俗界大諸侯の手によってつくられた。しかし末期カーロリンガ［カロリング］王朝も若干は建設した。王権がフランスよりも強固な状態を保ったドイツでは、君主が城を築造したというだけではなく、理論的には、君主だけが城を築造する権利をもっている。ドイツでもイタリアでも、君主が大諸侯領の基礎に据える司教は、当然に、俗界大諸侯と同じく城を築く。

（11） ノルマン人の来寇までは、司教座聖堂シテの他には、防備施設のある場所は絶無か或いは絶無に近かった。Hariulf, Chronique de l'abbaye de Saint-Riquier, éd. F. Lot, p.118 (Paris, 1894). Cf. R. Parisot, Le royaume de Lorraine sous les Carolingiens, p.55 (Paris, 1899). イタリアでは、ブール (castra) の築造は、ハンガリア人の侵入がそのきっかけであった (F. Schneider, Die Entstehung von Burg und Landgemeinde in Italien, p.263 Berlin, 1924)。ドイツでは、ハンガリア人およびスラヴ人の侵入がきっかけであり、フランス南部では、サラセン人の侵入であった。Brutails, Histoire des classes rurales dans le Roussillon, p.35.

（12） これらの言葉の意味については、K. Hegel, Neues Archiv der Gesellschaft für ältere deutsche Geschichtskunde, t. XVIII (1892), et G. Des Marez, Le sens juridique du mot oppidum. Festschrift für H. Brunner (Berlin, 1910) を見よ。

（13） E. Dümmler, Geschichte des Ostfränkischen Reiches, 2e édit., t. III, p.156 (Leipzig, 1888).

（14） H. Pirenne, Les villes flamandes avant le XIIe siècle (Annales de l'Est et du Nord, t. I 〔1905〕, p.12). 私の校訂した版のガルベール・ドゥ・ブリュージュに収められている、一二世紀初頭の様子を伝えるブリュージュのブールの敷地図を見よ。

(15) W. Maitland, Township and Borough (Cambridge, 1898). 近く American historical Review に発表される C. Stephenson 氏の研究 The origin of the English towns 参照のこと。西方のブールと、一〇世紀にスラヴ人に対する防禦のためにハインリヒ捕鳥王によってエルベ河およびザーレ河に沿って設けられたブールとを比較することも、必要である。C. Koehne, Burgen, Burgmannen und Städte (Historische Zeitschrift, t. CXXXIII, 1925). ――ブールの社会的役割については、私には全く特徴的だと思われる次の史料を引用するにとどめる。問題になっているのは、九九六年のル・カトー-カンブレジの建築である。「掠奪者には障害物となり、周囲では、農村の居住者にとって自由の砦となるために」《ut esset obstaculum latronibus praesidiumque libertatis circum et circa rusticanis cultoribus》. Gesta episcoporum Cameracensium. Mon. Germ. Hist. Script., t. VII, p.450. Koehne, loc. cit., p.11, n. 5 の同様の例を見よ。そこで問題になっているのは、ヒルデスハイム司教区内の一ブールの築造である。「異教徒の襲撃と奴隷の劫掠から……身を守るために」《ad municionem…contra perfidorum incursionem et vastationem Sclavorum》.

(16) W. Blommaert, Les châtelains de Flandre (Gand, 1915).

(17) 八九一年にサン-ベルタン大修道院の周囲に設けられたブール castellum について Miracula Sancti Bertini. Mon. Germ. Hist. Script., t. XV, p.512 に非常に生き生きと述べられている詳細な報告を見よ。このブールは、濠と、その縁に高く盛られた土塁壁と、土塁壁を囲んでいる材木の柵とからできている。

第四章

(1) 一一世紀における人口の増加については、Lambert de Hersfeld, Annales, p.121, éd. O. Holder-

Egger (Hanovre, 1894); Suger, Recueil des Historiens de France, t. XII, p.54; Herman de Tournai, Mon. Germ. Hist. Script., t. XIV, p.344 を見よ。

（2） H. Pirenne, Histoire de Belgique, t. I, 4e éd., p.148, 300.

（3） L. M. Hartmann, Die wirtschaftlichen Anfänge Venedigs. Vierteljahrschrift für Social und Wirtschaftsgeschichte, t. II (1904).

（4） A. Andréadès, De la population de Constantinople sous les empereurs byzantins (Rovigo, 1920). コンスタンティノープルの経済史は未だ書かれていない。よりよいものがないので、L. Brentano, Die Byzantinische Volkswirtschaft (Leipzig, 1917) を参照するのもよい。

（5） R. Heynen, Zur Entstehung des Kapitalismus in Venedig, p.15 (Stuttgart, 1905).

（6） R. Heynen, op. cit., p.23.

（7） A. Schaube, Handelsgeschichte der Romanischen Völker, p.61 (Munich, 1906).

（8） Heyd, Histoire du commerce du Levant, t. I, p.98.

（9） Heyd, op. cit., p.121; A. Schaube, op. cit., p.49.

（10） E. Du Méril, Poésies populaires latines du Moyen Age, p.251 (Paris, 1847).

（11） A. Schaube, op. cit., p.125.

（12） A. Schulte, Geschichte der Handelsbeziehungen zwischen Westdeutschland und Italien, t. I, p.80.

（13） A. Schaube, op. cit., p.90.

（14） Galbert de Bruges, Histoire du meurtre de Charles le Bon, éd., H. Pirenne, p.28 (Paris, 1891).

（15） 本訳書三八頁を見よ。

（16） W. Vogel, Zur Nord-und Westeuropäischen Seeschiffahrt im frühen Mittelalter (Hansische

Geschichtsblätter, t. XIII〔1907〕, 170)；A. Bugge, Die Nordeuropäischen Verkehrswege im frühen Mittelalter.（Vierteljahrschrift für Social und Wirtschaftsgeschichte, t. IV〔1906〕, p.227).

(17) Engel et Serrure, Manuel de Numismatique du Moyen Age, t. II, p.505.

(18) Liebermann, Gesetze der Angelsachsen, t. I, p.233.

(19) H. Pirenne, Draps de Frise ou draps de Flandre?（Vierteljahrschrift für Social und Wirtschaftsgeschichte, t. VII〔1909〕, p.308).

(20) 一二世紀以降、ペチェネーグ人の侵入がロシア南部の商業諸都市を絶滅し、黒海をバルト海へと結びつけていた通路を閉鎖してしまうと、北ヨーロッパと東方との関係を支えたものは、もはやイタリアの海運だけになってしまう。この時から確立される状況、そして一部分はローマ帝国時代に存在していたそれへの回帰であるところの状況は、最も大きな射程をもつ経済的諸結果をもたらした。しかし、それをここで取り扱う必要はない。何故なら、それは、都市の形成の時代より後のことに属するからである。

第五章

(1) R. Heynen, Zur Entstehung des Kapitalismus in Venedig, p.81.

(2) R. Heynen, Ibid., p.65.

(3) Eugène-H. Byrne, Commercial contracts of the Genoese in the Syrian trade of the twelfth century (The Quarterly Journal of Economics, 1916, p.128); Genoese trade with Syria in the twelfth century（American Historical Review, 1920, p.191).

(4) R. Heynen, Zur Entstehung des Kapitalismus in Venedig, p.18; H. Sieveking, Die Kapitalistische Entwicklung in den italienischen Staaten des Mittelalters（Vierteljahrschrift für Social und Wirtschaftsgeschichte, 1909, p.15).

(5) ヴェネツィア法のローマ的性格については、L. Goldschmidt, Handbuch des Handelsrechts, t. I, p.150, n. 26 (Stuttgart, 1891) 参照のこと。

(6) H. Pirenne, Les périodes de l'histoire sociale du capitalisme (Bulletin de l'Académie Royale de Belgique. Classe des Lettres, 1914, p.258).

(7) Liber Miraculorum Sancte Fidis, éd. A. Bouillet, p.63 には、或る商人について、次のように記されている。「そして彼は、世界の種々の部分を往復する商人がそうであるように、陸上および海上の道、公道の枝わかれした道、小道、外国の法、風俗および言語によく通じていた」《et sicut negociatori diversas orbis partes discurrenti, erant ei terre marisque nota itinera ac vie publicae diverticula, semite, leges moresque gentium ac lingue》.

(8) F. Kurschmann, Hungersnöte im Mittelalter (Leipzig, 1900).

(9) Libellus de vita et miraculis S. Godrici, heremitae de Finchale, auctore Reginaldo monacho Dunelmensi, éd. Stevenson (London, 1845). 経済史に対してこの史料がもっている重要性は、次の文献によって極めてはっきりと明らかにされた。W. Vogel, Ein Seefahrender Kaufmann um 1100 (Hansische Geschichtsblätter, t. XII, 〔1912〕, p.239).

(10)「それ故、このように家にあってつつましく少年の日々を過ごした後、長ずるに及んで、彼は、一層慎重な生活の道を進み始め、心を入れて、繰り返し、人の世の用心の実例を徹底して学び始めた。そこで彼は、農業の仕事を選ばないで、むしろ機会をとらえては、鋭利な精神を鍛えようと試みた。彼が商人にひけをとらぬ熱心さで商品の取引を頻繁に行ない始めたのも、そうした理由からである。そして、最初は、無論、少量の、そして廉価な品物を扱いながら金儲けの仕事を学び始めた。しかし、やがて、次第に彼の若き日の才能を巨額な利益の方へと向け始めた」《Sic itaque puerilibus annis simpliciter domi transactis, coepit adolescentior prudentiores vitae vias excolere et documenta secularis providentiae sollicite et exercitate perdiscere. *Unde non agriculturae delegit exercitia colere, sed potius, quae sagacioris animi sunt, rudimenta studuit arripiendo exercere.* Hinc est quod mercatoris aemulatus studium, coepit mercimonii frequentare negotium, et primitus in minoribus quidem et rebus pretii inferioris, coepit lucrandi officia discere; postmodum vero paulatim ad majoris pretii emolumenta adolescentiae suae ingenia promovere》. Libellus de Vita S. Godrici, p.25.

(11)　「そのまま、傷をつけずに、また変えないで提供することにより利益を得る目的で物を供給する者は、神殿から追放される商人である」《Qui comparat rem ut illam ipsam integram et immutatam dando lucretur, ille est mercator qui de templo Dei ejicitur》. Decretum I, dist. 88, c. II. 商業に対する教会の見方については、F. Schaub, Der Kampf gegen den Zinswucher, ungerechten Preis und unlauteren Handel im Mittelalter（Freiburg im Breisgau, 1905）を見よ。

(12)　ダルマティアにおいてさえ類似の組織にぶつかる。C. Jirecek, Die Bedeutung von Raguza in der Handelsgeschichte des Mittelalters（Almanak der Akad. der Wissenschaften in Wien 1899, p.382）を見よ。

(13)　W. Stein, Hansa（Hansische Geschichtsblätter, t. XV〔1909〕, p.539）; H. Pirenne, La Hanse flamande de Londres（Bulletin de l'Académie Royale de Belgique. Classe des Lettres, 1899, p.80）.

(14)　Pigeonneau, Histoire du commerce de la France, t. I, p.104.

(15)　本訳書二四八頁註（7）に引用した史料を見よ。それに、Galbert de Bruges, éd. Pirenne, p.152 に見られる次の一節を付け加えよ。それは、伯ノルマンディーのギヨームに対するブリュージュ人の苦情の種を再現している箇所である。「私達は、この閉鎖された土地で、なりわいをもちません。確かに今までは多くのものをもっていたにしましても、儲けなく、商売なく、物の入手なく、私達は消費し尽くしてしまいました」《*Nos in terra hac clausit ne negociari possemus,* imo quicquid hactenus possedimus, sine lucro, sine negociatione, sine acquisitione rerum consumpsimus》.

(16) Ch. Gross, The court of piepowder (The Quarterly Journal of Economics, 1906, p.231). そこでは「ほこりまみれの足と呼ばれるところの、異邦人商人、あるいは王国内を歩きまわりヴィケコーメス管区内に一定の住居をもたない遍歴者」《extraneus mercator vel aliquis transiens per regnum non habens certam mansionem infra vicecomitatum sed vagans, qui vocatur piepowdrous》が問題になっている。

(17) アンデルレヒトの聖ギド伝（Acta Sanctorum, Sept., t. Ⅳ, p.42）は、賤しむべき商業 ignobilis mercatura について語り、商業に従事することを聖人に勧めた一商人を、悪魔の召使い diaboli minister と呼んでいる。

(18) ゴドリクのそれと全く類似した商人の回心の例は、同じ時代について Vita Theogeri. Mon. Germ. Hist. Script., t. Ⅻ, p.457 によって与えられる。また、Gestes des évêques de Cambrai, éd. Ch. De Smedt (Paris, 1880) の中に見えている商人ウェランボールの経歴をも見よ。彼は、莫大な富を築きあげた後、その財産を放棄し、苦行者として生涯を閉じる。

(19) H. Pirenne, L'origine des constitutions urbaines au Moyen Age (Revue historique, t. LVII〔1895〕, p.18).

(20) H. Pirenne, Ibid., p.30; Goldschmidt, Universalgeschichte des Handelsrecht, p.125. ——バルセロナのウサーティキー Usatici（一〇六四年）〔バルセロナ伯ライムンド－ベレンガールの制定した有名な法典〕は、余所者に適用さるべき即決裁判用の法について述べている。これらの余所者が商人であることには、一点の疑いもない。Schaube, op. cit., p.103 参照のこと。

(21) Alpert, De diversitate temporum. Mon. Germ. Hist. Script., t. Ⅳ. p.718 は、「法によらずして、自由意思によって、裁判を行なっている」《judicia non secundum legem sed secundum voluntatem decernentes》ティールの商人達のことを語っている。

第六章

（1）無論、このことは、正常な状態にある都市の場合にのみ正しい。国家は、しばしば、都市自身で生計をたてていくことのできないほどに膨大になった都市人口を、養わなければならなかった。例えば、共和政末期に入ってからのローマがそうであった。しかし、ローマの人口の増加は、政治的諸原因の結果であって、経済的諸原因のそれではなかった。

（2）確かに、中世も後になると、都市の名称をもち、都市の自主権を与えられてはいるが、しかし、その住民は商工業よりもはるかに多く農業に従事している場所が多数あった。けれどもこれらの場所は、後の時期に形成されたものである。私はここで、初めて形成された頃の市民、都市生活を生み出した中心地に存在し続けた市民、に言及しているのである。

（3）都市諸制度の起源の研究に最も重要な諸都市は明らかに最も古い諸都市である。市民が形成されたのはそこにおいてである。ライン彼岸のドイツ諸都市のような、後から形成され、発達の緩慢であった諸都市に依拠して市民を解明しようとするのは、方法上の誤りである。これらの諸都市に都市自治制度の起源を見つけ出すことは、エルサレム法典に封建制度の起源を求めることがまずできないのと同じように、不可能である。

（4）H. Pirenne, L'origine des constitutions urbaines au Moyen Age（Revue historique, t. LVII〔1895〕, p.68）.

（5）H. Pirenne, Villes, marchés et marchands au Moyen Age（Revue historique, t. LXVII〔1898〕, p.59）; F. Keutgen, Untersuchungen über den Ursprung der deutschen Stadtverfassung（Leipzig, 1895）; S. Rietschel, Markt und Stadt in ihrem rechtlichen Verhältnis（Leipzig, 1897）.

（6）H. Pirenne, L'origine des constitutions urbaines, loc. cit., p.66.

(7) 地理的環境のみでは充分ではない。フェーヴルが張本人となった諸誇張については、L. Febvre, La terre et l'évolution humaine, p.411 et suiv.（Paris, 1922）を見よ。

(8) 例えば、年代記作者オルヴァルのジルは、一〇六一年リエージュの司教によってユイ市に与えられた自主権を記述する際に、若干の点を指摘するだけで、あとは「読者を退屈させないために」、問題にしていない。明らかに彼は、彼がその立場にたって年代記を書いているところの教会世界を念頭においているのである。

(9) Richer, Historiae, lib. Ⅲ, § 103（c. 985）:「間を流れるメウーズ河によってウルプスと隔てられているが、間に設けられた二つの橋でウルプスに結びつけられているオッピドゥムのような周壁でつくられた商人の囲い地」《Negotiatorum claustrum muro instar oppidi extructum, ab urbe quidem, Mosa interfluente sejunctum, sed pontibus duobus interstratis ei annexum》.

(10) ストラスブールの古い都市法では、新しい集落は外側のウルプス urbs exterior と呼ばれている。F. Keutgen, Urkunden zur Städtischen Verfassungsgeschichte, p.93（Berlin, 1899）.

(11) Gesta episcoporum Cameracensium. Mon. Germ. Hist. Script., t. Ⅶ, p.499.

(12) F. Kiener, Verfassungsgeschichte der Provence, p.212.

(13) Digeste, l. 16, 59:「商品が搬入され、次いで搬出される、囲い込まれた場所がポルトゥスと呼ばれる」《Portus appellatus est conclusus locus quo importantur merces et inde exportantur》. Isidore de Séville, Etymologiae, l. XIV, c. Ⅷ, § 39, 40:「商品を降ろすところから、それはポルトゥスと呼ばれる」《Portus dictus a deportandis commerciis》.

(14) この時代になると、この言葉はしばしば、第二変格に属するかのような用いられ方をした。例えば、Mon. Germ. Hist. Script. Rer. Merov., t. Ⅲ, p.557 に見られる Vita Eparchi を見よ。「船は、すべてのポルトゥスを後にすると、潮の流れに手痛く苦しめられ等」《Navis ipsa, omnibus portis relictis, fluctibus

valde opressa etc.》.

(15) 一二世紀にもなおこの言葉は、船着場というもとの意味を保持していた。「ブルグス・ブライザッハとキーヴィタース・ストラスブールの下流には、ブライザッハの近くにあるものを除けば一般にラートシュタット〔船着場〕と呼ばれる、ポルトゥスは一つもないであろう」《Infra burgum Brisach et Argentinensem civitatem, nullus erit portus, *qui vulgo dicitur Ladstadtt,* nisi apud Brisach》. Gengler, Stadtrechtsaltertümer, p.44.

(16) H. Pirenne, L'origine des constitutions urbaines au Moyen Age (Revue historique, t. LVII, p.12).

(17) Murray, New English Dictionary, t. VII, 2e part., p.1136.

(18) Miracula, S. Womari. Mon. Germ. Hist. Script., t. XV, p.841.

(19) H. Pirenne, Les villes flamandes avant le XIIe siècle (Annales de l'Est et du Nord, t. I, p.22).

(20) ローマ時代にガリア北部の重要な行政中心地であったバヴェおよびトングルの二つのシテについて同じことを観察できる。河川に沿っていなかったために、この二つのシテは商業ルネサンスによって利益をうけることがなかった。バヴェは九世紀に姿を消し、トングルは現代に至るまでずっととるに足らぬ場所である。

(21) 無論、私は、すべての都市で全く同じ仕方で発展が行なわれたと主張しているのではない。商人的フォブールが、どこでも、例えばフランドルの諸都市におけると同じように明瞭に、原初的ブールと区別されているわけではない。地方地方の状況に応じて、商人および移住手工業者は、さまざまな仕方で集落をつくった。ここで私にできることは、問題の大筋を示すことだけである。N. Otokar, Opiti po istori franzouskich gorodov, p.244 (Perm, 1919) の観察を見よ。

(22) 一〇四二年に、サン-トメールで市民の教会がランベールなる者の寄進によって建立される。彼自身がサン-トメールの市民であることは、ほぼ間違いない。A. Giry, Histoire de Saint-Omer, p.369 (Paris,

1877). 一一一〇年にはオードゥナルドゥの聖堂 Capella が市民達 cives によって建立される。Piot, Cartulaire de l'abbaye d'Eename, nos 11, 12.

(23) H. Pirenne, Histoire du meurtre de Charles le Bon par Galbert de Bruges (Paris, 1891) に収められている一二世紀初頭のブリュージュの地図を見よ。

(24) Boretius, Capitularia regum Francorum, t. II, p.405. Cf. Dümmler, Jahrbücher des Fränkischen Reiches, 2e édit., t. III, p.129, n. 4.

(25) 本訳書二五二頁註（11）でカンブレについて引いた史料を見よ。ブリュージュでは、一二世紀初頭には、都市の防備施設はまだ木の柵だけであった。

(26) 本訳書二四七頁註（18）を見よ。

(27) ガンは一一世紀には既に織物工業の中心地であったに相違ない。その理由は、Vita Macarii (Mon. Germ. Hist. Script., t. XV, p.616) が、周辺の土地所有者達がその羊毛をガンにもたらすことを語っていることである。

(28) この点に関しては、Chronicon S. Andreae Castri Cameracesii. Mon. Germ. Hist. Script., t. VII. p.540 および Gasta abbatum Trudonensium. Ibid., t. X, p.310 を見よ。

(29) 一一世紀に、Miracula Sancti Bavonis (Mon. Germ. Hist. Script., t. XV, p.594) は、ガンに、「やっている仕事の故にコラリイ〔コレリイ correrii 石臼のことか？〕とあだ名される俗人」《laici qui ex officio agnominabantur corrarii》がいたことを特記している。これらの手工業者が外から来たものであることは、疑いない〔英訳版では corrarii は coriarii 革なめし工となっている〕。

(30) H. Pirenne, Les anciennes démocraties du Pays-Bas, p.225.

(31) H. Labande, Histoire de Beauvais, p.55 (Paris, 1892).

(32) 非常に有益な史料集 Guiman, Cartulaire de Saint-Vaast d'Arras, éd. Van Drival (Arras, 1875) を見

よ。一二世紀の初めに、同大修道院は、その菜園、果樹園、ハンセン病病院ならびにエルメンフレドゥス村 vicus Ermenfredi を屋敷地 mansiones と若干の耕地つき屋敷地 hostagia に分割する。

（33） 諸都市における土地所有権の状態については、G. Des Marez, Étude sur la propriété foncière dans les villes du Moyen Age et spécialement en Flandre（Gand, 1898）を見よ。——都市の土地の解放に関する、私の知っている限りでの最古の記録は、一一世紀の初めに遡る。

（34） 「農奴であることのわからない農奴は、それ故に、連れ出されることはない。しかし、真実を語る〔数人の〕人間によって農奴であることが証明されてしまった農奴は、アガレ人〔不詳〕の農奴と同じくキリスト教徒の農奴も、争いもなく、その主人に引き渡されなければならない」《Servus incognitus non inde extrahatur; servus vero qui per veridicos homines servus probatus fuerit, tam de christianis quam de agarenis sine aliqua contentione detur domino suo》. Annuario de historia del derecho español, t. I, p.375（Madrid, 1924）に収められている Droit de Castrocalbon（1156）. その日付がかなり後のものであり、かつイスパニアのものであるにも拘らず、この史料は、都市に移住してきた農奴達の、どこでも見られた最初の状態を、非常な明瞭さで正確に述べている。

第七章

（1） H. Pirenne, L'origine des constitutions urbaines au Moyen Age（Revue historique, t. LVII, p.25-34）.

（2） Ibid.

（3） G. Kurth, Notger de Liége et la civilisation au Xe siècle（Bruxelles 1905）.

（4） H. Pirenne, Les anciennes démocraties des Pays-Bas, p.35; F. Keutgen, Aemter und Zünfte（Iéna, 1903）, p.75. イングランドの聖職者にも、ドイツおよびフランスの聖職者の場合と同様の、市民に対する敵

意が認められる。K. Hegel, Städte und Gilden der Germanischen Völker, t. I, p.73 (Leipzig, 1891).

(5) Hauck, Kirchengeschichte Deutschlands. t. III, S. 692.

(6) K. Hegel, Geschichte der Städteverfassung von Italien, t.II, p.137 (Leipzig, 1847). コミューン時代以前のコンソレ制の起源については、E. Mayer, Italienische Verfassungsgeschichte, t. II, p.532 (Leipzig, 1909) を見よ。コンソレという言葉は、ロマーニャのローマ－ビザンツ的自治都市行政に、その起源があるようである。

(7) Davidsohn, Geschichte von Florenz, t. I, p.345-350 (Berlin, 1896-1908).

(8) F. Kiener, Verfassungsgeschichte der Provence, p.164.

(9) Reinecke, Geschichte der Stadt Cambrai (Marburg, 1896).

(10) Labande, Histoire de Beauvais, p.55.

(11) Guibert de Nogent, De vita sua, éd. G. Bourgin, p.156 (Paris, 1907).

(12) H. Pirenne, Les villes flamandes avant le XIIe siècle (Revue de l'Est et du Nord, t. I〔1905〕, p.9); Anciennes démocraties des Pays-Bas, p.82; Histoire de Belgique, t. I (4e edit.), p.171.

(13) G. Espinas et H. Pirenne, Les coutumes de la Gilde marchande de Saint-Omer (Le Moyen Age, 1901, p.196); H. Pirenne, La hanse flamande de Londres (Bulletin de l'Académie royale de Belgique, Classe des Lettres, 1899, p.65). ——イングランドにおけるギルドの役割については、チャールズ・グロッスの基本的著作 The Gild Merchant (Oxford, 1890) と比較されたい。K. Hegel, Städte und Gilden der Germanischen Völker (Leipzig, 1891); H. Van der Linden, Les gildes marchandes dans les Pays-Bas au Moyen Age (Gand, 1890); C. Koehne, Das Hansgrafenamt (Berlin, 1893) をも見よ。

(14) A. Giry, Histoire de la ville de Saint-Omer, p.371.

(15) N. P. Ottokar, Opiti po istorii franzouskich gorodov.

（16）Galbert, Histoire du meurtre de Charles le Bon, comte de Flandre, éd. Pirenne, p.87.
（17）Capitularia regum Francorum, éd. Boretius, t. II, p.405.
（18）Beaumanoir, Coutumes de Beauvaisis, § 646, éd. Salmon, t. I, p.322（Paris, 1899）.
（19）この点に関する都市の規制立法の豊富さを理解するには、G・エスピナの不朽の著作La vie urbaine de Douai au Moyen Age（Paris, 1913, 4 vols.）を参照しなければならないであろう。
（20）一一八八年のエール市の特許状。Warnkoenig, Flandrische Staats und Rechtsgeschichte, t. III, appendice, p.22（Tübingen, 1842）.

第八章

（1）H. Van Werveke, Comment les établissements religieux belges se procuraient-ils du vin au haut Moyen Age?（Revue belge de philologie et d'histoire, t. II〔1923〕, p.643）.
（2）R. Génestal, La rôle des monastères comme établissements de crédit（Paris, 1901）.
（3）H. Pirenne, Les périodes de l'histoire sociale du capitalisme, loc. cit., p.269.
（4）Ibid., p.281.
（5）M. T. Stead, William Cade, a financier of the XIIth century（English Historical Review, 1913, p.209）.
（6）Guillaume le Breton, Philipidis. Mon. Germ. Hist. Script., XXVI, p.321.
（7）G. Bigwood, Le régime juridique et économique de l'argent dans la Belgique du Moyen Age（Bruxelles, 1920）.

訳註

第一章

（一）後期ローマ帝国の強制国家体制はセヴェールス朝（一九三―二三五年）以降、漸次その形を整え、コンスタンティーヌス一世（在三二四―三三七年）に至って確立を見た。帝国は、その増大する支出、行政費、特に軍事費――帝国の軍隊はアウグストゥスの時に較べて倍増した――を確保するために、一、全国土に地租、全一般民に人頭税を課し、二、市参事会員に都市領域の徴税と都市の食糧補給の義務を負わせ、今やそのために刑罰的になった市参事会員の身分を世襲化し、三、元来は自由な団体であった商人、手工業者の同職組合を国家の統制下においてこれに国家の仕事を遂行させ、職業の世襲を強制し、四、自由私企業のみに依存できないとみるや国家が直接に生産にのり出し、国営仕事場を経営した。イギリスの古典古代史家ウォールバンクは、この国民の組織化、統制強化の体制を官憲主義国家と呼んでいる。

（二）油。オリーヴ油のこと。

（三）アフリカ。アフリカ大陸のことではない。ローマ人がアフリカと呼んだのは、広義では、エジプト、リビア、固有のアフリカ、ヌミディア、マウレタニア、エティオピアの六地方である。固有のアフリカは、第三次ポエニ戦役後にカルタゴの旧領を継承して設けられた属州のこと。その範囲は、西はヌミディアとの境界から東はシルティス・マヨール湾まで及ぶ。ほぼ今日のテュニジアと北リビアの西半に当たる。

（四）コンスタンティーヌスの貨幣改革。ローマで金貨が鋳造されたのはカエサルの時から。四〇分の一リブラの金で鋳造したアウレウス金貨がそれである。一リブラ（ローマ・ポンド）は三二七・四五三グラムにあたる重量の単位。一アウレウスは、ネロ以後は四五分の一リブラ、カラカラ以後は五〇分の一リブラ。コンスタンティーヌス一世は三一二年頃アウレウス金貨を廃して新金貨ソリドゥスを鋳造した。ソリドゥス金貨の重量は七二分の一リブラ、即ち約四・五五グラム。また、コンスタンティーヌスはソリドゥスとの比価二五対一のシリクワ銀貨（ディオクレティアーヌスのアルゲンテウス銀貨、ネロ時代のデーナーリウス銀貨と同じく銀九六分の一ポンド）をもこの時鋳造し始めた。その他、三三〇年頃からは銀六〇分の一ポンドのミリアレンセ銀貨をつくった。このうち長期にわたって価値の安定していたのはソリドゥス金貨だけである。

（五）　今日のモラヴィア地方にいたクァディー族、ボヘミア地方にいたマルコマニー族が、ドナウ河を越えて、ノーリクム（ほぼ現在のオーストリアの地域）、パンノニア（ほぼ現在のハンガリアの地域）の諸属州を蹂躪し、北イタリアに侵入してアキレイアに達したのち撃退されたのは、皇帝マールクス・アウレーリウス（在一六一―一八〇年）の治世であるから、厳密には、原文は訂正さるべきであろう。

（六）　黒海北岸に移っていたゴート族がドナウ下流域に現れるのは二四〇年頃。テッサロニーカ（今日のギリシア北部）までのバルカン半島を荒掠、皇帝デキウス（在二四九―二五一年）の戦死後は、ほとんど毎年、海陸からバルカン半島および小アジアを攻撃、ようやく二六九年皇帝クラウディウス二世（在二六八―二七〇年）がドナウの彼方に撃退した。

三世紀にライン下流域で形成されたフランク族は、デキウス戦死後の帝国側の内紛に乗じガリアに侵入、長駆してイスパニアを攻撃、地中海岸のタラッコーを奪取、さらにアフリカ北岸にまで足をのばした。その後、二七六年にもピレネー山脈に至るガリア全域を荒らした。

スエービー族は、セムノーネス族、クァディー族、マルコマニー族、ヘルムンドゥーリー族、ランゴバルディー（ランゴバルド）族等の総称であり、そのうちのセムノーネス族を中心としてマイン中流および上流域にアレマン族の形成を見るのが三世紀初頭。彼等は、リーメス、ライン上流、ドナウ上流に囲まれた地域、いわゆるアグリー・デクマーテース（デクマーテンラント）に接近、二六〇年頃リーメスを突破してアグリー・デクマーテース全域を支配下におき、二六一年にはライン上流、ドナウ上流を越えて東南ガリアに侵入、さらにアルプスをも越えてラヴェンナに迫り、一部はローマ近傍にまで達した。

ヴァンダル族は、アレマン族、ブルグント族などと連合して、皇帝ディオクレティアーヌス（在二八四―

三〇五年）の治世にガリア、ラエティアを攻撃したが、失敗している。

従って、原文の叙述のうち、スエービー族、ヴァンダル族に関するものは五世紀の大移動を念頭においたものか。いずれにせよ、三世紀におけるゲルマン人の侵入は、四、五世紀の大移動の場合とは異なり、家族を伴い、新しい永住地を求めての移動ではなく、冒険と掠奪を主眼とする戦士集団の侵入であった。

（七）クロヴィス。クロヴィスを名乗る人物はメーロヴィンガ［メロヴィング］王朝史上三人いるが、ここではクロヴィス一世、四六五―五一一年。フランク王国の建国者で在位四八一―五一一年。父シルデリク一世（在四五八―四八一年）のあとをうけ、弱冠一六歳にしてトゥルネを中心とするサリー・フランク族の王位に即き（四八一―四八一年）、短期間にサリー族を統一、四八六年にはシアグリウスのガロ・ローマ軍をソワソンに破り、同地に都を移す。フランク族（サリー・フランク、リプアリア・フランク、上フランク）全体を統合、またアレマン族に対する戦役に出陣するに際して四九六年のクリスマスにカトリックに改宗、以後、聖戦の名のもとにブルグント族、西ゴート族を征服あるいは撃破、ほぼガリア全域を支配、パリをフランク王国の都とする。クロヴィスの生涯はトゥールのグレゴリウス著すところの『フランク族の歴史』に記述されている。それによれば、彼は大胆不敵、また冷酷残忍な人物であったという。

（八）テオドリク。四五四―五二六年。パンノニアに生まれ、人質としてコンスタンティノープルの宮廷で成人、帰国して東ゴート族の王となる。四八八年、ビザンツ皇帝ゼーノーンの委嘱をうけてイタリアに進出、オドヴァカールの国をたおし、ラヴェンナに都を定めて東ゴート王国を建てる（在四九三―五二六年）。領土を広め、カッシオドールスやボエーティウスを要職につけるなどして、ゲルマン的要素とローマ的要素を巧みに融合し東ゴート王国の黄金時代を現出するが、アレイオス派の信仰を支持するあまり晩年の政治は失敗に帰し、テオドリク歿後、王国は急速に崩壊する。後に大王と呼ばれ、また『ニーベルンゲンの歌』ではベルンのディートリヒとして登場する。

（九）ユスティニアーヌス一世。四八三―五六五年。イリリクムの農民の子として生まれ、叔父であるビザンツ皇帝ユスティーヌスの養子となり、その後継者として五二七年即位（在―五六五年）、地中海政策を実行し、アフリカ北部、イタリア、イスパニア南部を奪還、地中海世界の再統一を図るほか、聖ソフィア教会、ラヴェンナの二つの教会堂の建立、『ユスティニアーヌス法典』の編纂事業などで有名。皇后テオドラは女優、娼婦の出身であるが、才色兼備、将軍ナルセス、ベリサリオスとともに皇帝をよく補佐する。

（一〇）　メーロヴィンガ王朝。サリー・フランク族の一首長の家柄に由来する、フランク王国史前半の王朝。王朝の祖と伝えられるのはクロジオ（在四二八―四四八年）。家柄の名称はクロジオの後継者メロヴェーに由来する。最も有名な王はクロヴィス一世、クロテール一世、ダゴベール一世。最後の王はシルデリク三世（在七四一―七五一年）。

（一一）　シルデベールとクロテール。クロヴィスの歿後、かれの王国は四子がほぼ均等に分治する。長子ティエリ一世（在五一一―五三四年）はランスに都して、メウーズ河以東、シャンパーニュ、東部アキタニアを統治、クロドミル一世（在五一一―五二四年）はオルレアンに都して主としてアキタニアを統治、シルデベール一世（在五一一―五五八年）はパリに都して主としてセーヌ、ロワール両河間の地域を統治、クロテール一世（在五一一―五六一年）はソワソンに都して主としてセーヌ、メウーズ両河間の地域を統治する。相互に敵視しあい、五二四年、クロドミルが対ブルグント族戦争で戦死するとシルデベールとクロテールはクロドミルの息子達を殺害、その遺領を二分した。しかし、フランク族の王国は依然として一体性を維持していい、五五八年、他の分国諸王に男系が絶えると、クロテール一世が王国全体の唯一の国王となった。また外敵に対しては力を併せて事にあたり、テューリンゲン族を征服、ザクセン族を攻撃、ブルグント王国を打倒、プロヴァンスを奪取した。シルデベールとクロテールは西ゴート族に対する遠征を企て、パンプロナを奪取、エブロ河流域を荒らしまわったが、サラゴッサの攻略は失敗に終わり、撃退された。

（一二）　テウデベール一世が北イタリアに進出する下心で交互に誼みを通じたのはビザンツ人と東ゴート族である。原文、訂正さるべきか。

(一三) テウデベール。ティエリ一世の息子にして後継者であるテウデベール一世（在五三四—五四八年）。五三九年、イタリアに遠征して、東ゴート族とビザンツ軍をともに撃破、ヴェネツィアとリグーリアの大部分を一時的ながら占領。またアウグストゥスを自称、国王の名で初めて金貨を鋳造した。

(一四) ナルセス。ビザンツ帝国の宦官、将軍。四九二頃—五六八年。ユスティニアーヌス一世に仕えて宮中諸官職を歴任したのち、ゴート戦役の際、指揮官ベリサリオスの援助者として、後には後継者として、イタリアに派遣され、東ゴート王国を滅ぼし（五五三年）、イタリア総督としてラヴェンナにあって統治にあたる。

(一五) クロテール一世の歿後、フランク王国は、再び、パリに都するカリベール一世（在五六一—五六七年）、オルレアンに都するゴントラン（在五六一—五九二年）、メッスに都するシジュベール一世（在五六一—五七五年）、ソワソンに都するシルペリク一世（在五六一—五八四年）の四子が分治する。カリベールの早世後、その遺領を分割して、ランス、メッスを中心都市とするライン右岸からメウーズ河流域にかけてのアウストラシア（東の国の意）、パリ、ソワソンを中心都市とするエスコー河からロワール河にかけてのネウストリア（西の国の意）、旧ブルグント王国領を中心とするブルグンディアの三つが、フランク王国の持続的三分国として成立する。六世紀後半ランゴバルド王国のイタリアに対して遠征を繰り返すのは、シジュベール一世とブリュヌオーとの間に生まれたアウストラシア王シルデベール二世（在五七五—五九五年）。

(一六) ロームルス・アウグストゥルス（生歿年不詳）のこと。傭兵隊長オレステースの子に生まれ、四七五年、父が廃した前帝ネポースに代わって即位。時の人は未成年の故に小アウグストゥス（アウグストゥルス）と称す。在位わずかに一〇ヵ月にして傭兵隊長オドヴァカールにより廃され、カンパーニアのルークルスに遷さる（四七六年）。

(一七) ヘラクレスの柱。古典古代にジブラルタル海峡東端の二つの岬に与えられた名称。ヘラクレスが二つの山を切り離してつくったという伝説による。

（一八）　ビザンティウム。前七世紀ギリシアの植民市として建設されたビザンティウム（ビザンティオン）のあった地に、三三〇年、コンスタンティーヌス大帝が「第二のローマ」として新都を建設し、「コンスタンティーヌスのまち」、コンスタンティノープル（コンスタンティノポリス）と命名した。一四五三年まで東ローマ（ビザンツ）帝国の首都。同年以降、イスタンブールと呼ばれる。

（一九）　ボエーティウス。ローマ人の政治家にして著述家。四八〇年（一説では四七六年頃）、名門アニキウス家の一員としてローマに生まる。東ゴート王テオドリクに重用され、五一〇年、執政官となって国政に参与したが、テオドリクの晩年、ビザンツと通じ陰謀を企てた廉で、パヴィアの獄に投ぜられ、五二五年（一説では五二四年）、処刑された。獄中の著作に『哲学の慰め』（邦訳、畠中尚志訳、岩波文庫）と題する詩入り散文がある。ギリシア哲学に通暁し、アリストテレスなどの翻訳、註釈を通じて中世思想界に大きな影響を与えた。

（二〇）　カッシオドールス。生年については諸説あり、四六八年あるいは四七〇年とも、四七七年、四七七年頃とも、四八七年頃とも伝えられる。大貴族の家柄で、東ゴート王テオドリクに仕えた。執政官の地位に進み、テオドリク歿後も東ゴート国政に参与した。在職中、『年代記』、『ヴァリアエ』の著述を残し、五五〇年、ブルティウムのヴィーヴァーリウムに自ら建立した修道院に籠ってからは、修道士に世俗的学問を教えるための一種の百科事典を編んだりした。その他、わずかにヨルダーネス編の抜萃の形で残っている『ゴート族史』は、東ゴート史の重要史料である。歿年もさだかでなく、五六二年頃とも五八三年とも伝えられる。

（二一）　聖ベネディクトゥス。四八〇―五四三年。偉大な聖人。初めローマ東方のスビアコの洞窟で隠修士として暮らす。五二九年、ローマ南方のカシノ山に修道院を建て、後にグレゴリウス大教皇が広めた有名なベネディクトゥス戒律を定め、ベネディクト修道会を創始。戒律の理想である「祈り、働け」の精神は、西ヨーロッパ修道制に確固たる基礎を与えた。

（二二）グレゴリウス大教皇。五四〇頃―六〇四年。聖人、教皇、グレゴリウス一世（在五九〇―六〇四年）。ローマの貴族の出身。高官になったのち修道生活に入り、ベネディクト修道会士となる。自分の所領を売却した代金で七つの修道院を建設。教皇に選ばれてからは、ランゴバルド族の進出により孤立したローマにあって、よく教会の発展とビザンツ帝国からの独立の基礎を固めた。修道制の普及に努め、ベネディクトゥス戒律の厳守を命ずるとともに、フランク族、西ゴート族、ランゴバルド族、とりわけブリタニアのアングロ－サクソン族への布教を企てた。またローマ教会の所領の管理に意を用い、のちの教皇領の基礎を築く。教会の聖歌を改修（グレゴリオ聖歌）。文筆家としては形式よりも内容を重視し、古代の修辞学と明確に訣別した。

（二三）セビリャのイシドール。五七〇―六三六年。イスパニアの聖職者、学者。六〇〇年頃から歿年まで、セビリャの司教職にあってイスパニアにおけるカトリック教会の発展に貢献した他、晩年には簡潔な文章を以て、蓄積した知識を『語源』にまとめた。これは、その後の五世紀間を通じて実用的な百科全書の役割を果たし、中世が古典古代についての知識を得る橋渡しとなった著作である。

（二四）聖アウグスティーヌス。生年不詳、歿年六〇四年頃、異説六一三年頃。ベネディクト修道会士。五九六年、グレゴリウス大教皇の命をうけ、四〇人の修道士から成る布教団を率いてブリタニアに出発、五九七年の復活祭の頃ケント王国に入った。同年カンタベリ司教、六〇一年、初代のカンタベリ大司教となる。アングロ－サクソン族の使徒と呼ばれる。『告白』、『神の国』の著者とは別人。

（二五）三八五または三八六年ブリタニアの聖職者の家に生まれたスキャットなる人物が南ガリアのレランで修道士となってパトリックを名のり、四三二年、少年時代の彼を誘拐し、奴隷としたアイルランド人に布教する目的で、ローマにおいて司教に叙せられ、アイルランド宣教の正式の権限を得て出発、アーマーに大司教区を設立した、と伝えられる。パトリックは四六一年歿。

（二六）聖アマンドゥスと聖レマクリウス。聖アマンドゥスはアキタニア生まれの修道士、ベルギー人の使徒。ローマを巡礼中、北方の異教徒に伝道せよと命ずる聖ペトロの幻を見、フランク王クロテール二世（在五八四―六二九年）から司教の称号を得て、エスコー河とリス河の合流点に大修道院を建設、六二五―六四〇年の間布教に従事するが、事の運びに慎重さを欠いたため民衆の反感をかい、失望してフランドルを去り、ドナウ河流域に赴く。六四七年、再びフランク族の間に姿を現し、六四九或いは六五〇年までマーストリヒトの司教。教会行政に不向きであることを自覚し、再び修道士となり、バスク人の間に伝道後、六三九年以前にトゥルネ近傍に自ら建立したエルノヌ大修道院（以後聖アマンドゥス大修道院）で六七五或いは六七六年に歿。

聖レマクリウスは、メウーズ河流域における聖アマンドゥスの事業の継承者。六五〇年、アウストラシア王シジュベール三世（在六三四―六五六年）によってマーストリヒト司教に任ぜられ、六六〇ないし六七〇年まで在任。アルデンヌの森に自ら創立したスタヴロ大修道院で、六七一年九月三日以後に歿。

（二七）　例えば、ボンは Bonna → Bonn、ケルンは、Colonia Claudia Ara Agrippinensium → Köln、ウィーンは Vindobona → Wien、マルセイユは Massilia → Marseille、ロンドンは Londinium → London、ミラノは Mediolan(i)um → Milano である。

（二八）　都市区。ローマ帝政末期の行政機構における末端の行政単位。都市区の上に属州（provincia）があり、さらにその上に管区（dioecesis）があり、最上部に道（praefectura）があった。都市区は、区全体の自治的行政の機関と宗教的祭祀の機関が所在する中心都市（狭義のキーヴィタース）と、その周囲の農村領域との有機的統一体であった。

（二九）　デクリオーネス。ローマ帝国の自治都市制度の中核をなす市参事会 curia の構成員、後代クーリアーレスと称される。通例一〇〇人。五年ごとに選ばれる Duoviri Quinquenales（五年ごとの二人官）が戸口調査を行ない、それに基いて、二五歳以上、品行方正、かつ充分な財産を所有する市民から成る新会員のリストを作成した。市参事会は、都市を代表する権限、都市行政全般について議決する権限、都市役人を監督し、会計報告の提出を求める権限などをもつ。二世紀には市参事会員の地位は有資格者の熱望の的であったが、三世紀以降、特に四世紀に入って、帝国財政の混乱の深刻化に伴い、都市区の徴税義務を負う市参事会員の地位は刑罰的にさえなり、有資格者の忌避、皇帝の側からする地位の世襲化が生じた。市参事会の制度は、六―八世紀の北フランスにはなお残っている。

(三〇) デーフェーンソル・キーヴィターティス。三六四年、皇帝ヴァレンティニアーヌス一世（在三六四―三七五年）によって、権勢家の圧迫から担税者としての平民を守るために、都市に設置された国家役人、都市の護民官または都市の保護官。その選任方法は時代によって異なるが、一貫して、市参事会員を排除し、属州総督、その代官、属州庁高級役人などの経歴者が任命された。この役人の設置によってローマ都市の自治制度は益々崩れていった（プラーニッツ）。デーフェーンソル・キーヴィターティスは、メーロヴィンガ王朝時代フランク王国にはなお存在しているが、カーロリンガ［カロリング］王朝時代に入ると姿を消した。

(三一) 都市記録簿。ローマ末期に成立した都市の公式記録簿で、議事録、発送書類、到着書類等の公文書のほか、遺言、贈与、解放などの私的な法律行為に関する書類もこの記録簿に記入された。イタリア（東ゴート王国、ランゴバルド王国）では八世紀後半まで、フランク王国では九世紀まで、西ゴート王国では七世紀まで維持された制度である。

(三二) トゥールのグレゴリウス。五三八又は五三九―五九三又は五九四年。クレルモン－フェランのガローローマ系の名門に生まれ、五七三年又は五七四年にトゥールの司教となり、終生その職にあった。死の直前まで書き続けた『フランク族の歴史』一〇巻のうち九巻は、五九一年までのフランク史を年代記風に記述したもので、特に第五巻以降は自己の見聞に基く同時代史であり、メーロヴィンガ王朝時代フランク史に関する最も重要な史料。

(三三) 一九三七年の『マホメットとシャルルマーニュ』では、次のようになっている。

「チルペリッヒ二世〔シルペリク二世〕がコルビー修道院にあたえた七一六年四月二十九日附の特許状は、香辛料商業に関して多くの点を明らかにする光を投げかけている。この文書は、クロタール〔クロテール〕三世（六五七―六七三年）およびチルデリッヒ〔シルデリク〕二世（六七三―六七五年）によって同じコルビー修道院に与えられた同様な性格の文書の証言を裏づけている。国王は、この教会がフォスの王領財庫から商品を徴収する権利をあたえているのであるが、この文書に列挙されている商品は次のようなものである。

油	一〇、〇〇〇ポンド
魚汁（調味料の一種）	三〇大樽
胡椒	三〇ポンド
クミン	一五〇ポンド
丁子の蕾の乾したもの	二ポンド
肉桂	一ポンド
甘松香（かんしょうこう）	二ポンド
ミルラ（橄欖科の芳香植物）	三〇ポンド
海棗（なつめやし）の実	五〇ポンド
無果花	一〇〇ポンド
巴旦杏（はたんきょう）	一〇〇ポンド
ピスタチオの実	三〇ポンド
オリーヴ	一〇〇ポンド
ヒドゥリオ（芳香料の一種）	五〇ポンド

エジプト豆　一五〇ポンド
米　二〇ポンド
赤唐辛子　一〇ポンド
セオダ（油を塗った皮革？）　一〇枚
コルドバ革　一〇枚
パピルス　五〇巻」

「私の考えではこの文書に記載されていることは嘗てあった事柄の再現にすぎない。この文書は、嘗てコルビー修道院に与えられた特権を確認する文書なのであって、前の文章を一語一句ちがわずに複写したものであろう。実際この時期になっても依然としてアフリカ産の油を輸入できたなどとは、到底考えられないことである」。ピレンヌ、中村・佐々木訳『ヨーロッパ世界の誕生』、創文社、一一五―一一六頁、二三五頁。

（三四）「大市の地理的分布を調べると、最も繁栄したものはイタリア及びプロヴァンスからフランドル沿岸に通ずる大商業路のほぼ中ほどに集っていたことが直ちに解る。これが有名な『シャンパーニュおよびブリーの大市』であって、互に相次いで一年中開かれていた。即ちまず一月にラニー・シュール・マルヌの大市が開かれ、次いで四旬節中日の前の火曜日にバールの大市が、五月にはサン・キリアスの大市と呼ばれたプロヴァンの第一の大市が、六月にはトロワの『夏市』が、九月にはプロヴァンの第二の大市即ちサン・タユールの大市が、そして最後に十月にこの年の締めくくりとしてトロワの『冬市』が開かれたのである。十二世紀においては、これらの大市は各約六週間続き、商品の運搬に必要な時日がその間に挟まれるだけであった。開かれる季節の関係から最も重要な大市は、プロヴァンの二つの大市とトロワの夏市とであった」。ピレンヌ、増田、小松、高橋、高村、松田、五島訳『中世ヨーロッパ社会経済史』、一条書店、一二二―一二三頁。

（三五）サモ。「六二三―六二四年に冒険商人の一団を率いてヴェンド族のもとに乗り込んでいったとフレデガリウスが伝えているあのサモという男は、まさしく奴隷取引商人であったに相違ない。……しかしサモが唯一の奴隷取引商人だったわけではない。その証拠に、ヴェンド族の王となったかれは、早速にフランク人商人たちの虐殺を命じている。この事件が原因となってサモとダゴベルト王の間に戦端が開かれた。……他方サモは蛮人たちに武器を売っていたと思われるふしがある。その点かれは諸多禁令の対象となっていた密貿易者たちと同じであった。さらにまた、フレデガリウスがサモを商人と呼び、その仲間を商人たちと呼んでいるにもかかわらず、かれを職業商人と考えるわけにはいかないのであって、かれはまさしく冒険家だったのである」。ピレンヌ、『ヨーロッパ世界の誕生』、一二七―一二八頁。

(三六) 原文では la mer Chine 支那海であるが、インド洋とすべきであろう。しかしここでは原文に従う。

第二章

(一) カーロリンガ［カロリング］家。フランク王国史後半の王朝を形成した家柄。カーロリンガの名前はシャルル・マルテル（カール・マルテル）に由来するが、同家が、アウストラシアの豪族でメーロヴィンガ［メロヴィング］王朝の宮宰であったランデンのペパンの娘と、メッスの司教アルヌール（アルヌルフ）の息子との結婚によってつくられたところから、ピピン家、またはアルヌルフ家とも呼ばれる。七五一年まで代々宮宰職に在り、同年ペパン三世が王権を奪取、カーロリンガ王朝を創始する。この王朝の血統は、メルセン条約（八七〇年）によってフランク王国が三分したのち、イタリア王国では八七五年に、東フランク王国では九一一年に、西フランク王国では九八七年に、それぞれ絶えた。

(二) 原文ではこの箇所に脚註番号が示されているが、これは、訳文において訂正しておいた位置にうつのが、内容からみて正しい。本訳書三四頁の（2）がそれである。

(三) 「メロヴィング王朝時代には文字を書くということは社会生活に欠くべからざることであった。そしてこのことは、西方世界に建設されたすべての王国において、何故にローマの草書体が、五世紀に普及を見るに至った小文字草書体の形で存続したのであるかを説明する鍵である。この書体は一種の走り書きの書体であり実務的な書体であって、芸術的な書体ではなかった」。

「カロリング王朝ルネッサンスの特徴を示すために最後に指摘しておきたいことは、この時代に起った書体の変化である。この変化の内容は、走り書きの書体が小文字書体に変ったこと、すなわち草書体に代ってゆつくりと丁寧に書く書体が登場したことである。ローマの伝統が生き残っていた間は、地中海沿岸のすべての地方でローマ風の走り書きの書体が依然として用いられていた。走り書きの書体はある意味では商業向きの書体であった。……ところが、八世紀の深刻な危機が文字を書く習慣を不可避的に制限してしまった。文字を書くことは書物の写本をつくるための他には最早ほとんどその必要がなくなってしまった。そうなると、この目的のためには大文字書体あるいはオンシアル書体が用いられるようになった。……オンシアル書体から小文字書体が発生した……」。ピレンヌ、『ヨーロッパ世界の誕生』、一九四頁、四〇三頁。
(四) ペパン短軀王。七一四頃―七六八年。シャルル・マルテルの子。初めネウストリアの宮宰、次いでフランク王国全体の宮宰。ボニファティウスを介して教皇との提携を図り、七五一年教皇ザカリアスの同意を得た上でシルデリク三世を廃して即位(在―七六八年)、カーロリンガ王朝を創始する。七五四年、教皇ステファヌス二世の懇請に応じてイタリアに兵を進め、ランゴバルド王アイストゥルフを破る。この出陣に際してパトリキウス・ロマノールムの称号を授けられ、ステファヌスによって塗油の儀式をうける。七五六年、再度出兵し、アイストゥルフをパヴィアに包囲して降伏せしめ、ラヴェンナ太守領を教皇領として献ずる。
(五) シャルルマーニュの用いた称号は、「神により戴冠されたる最も曇りなきアウグストゥス、偉大にして平和の擁護者たる皇帝、ローマ帝国の統治者、神の恵みによりフランク人およびランゴバルド人の王」というのであった。ハインリッヒ・ミッタイス、世良晃志郎訳『ドイツ法制史概説』、創文社、一四七頁。
(六) 聖ボニファティウス。六七二頃―七五四又は七五五年。南イングランドのウェセックスに生まれ、アングロ‐サクソン教会の出身。ベネディクト修道会士となって異教徒に対する布教を志す。初めフリースラン

トに布教を試みて失敗、七一八年ローマに赴き、教皇グレゴリウス二世からボニファティウスの名前を授けられ、前名ウィンフリドを捨てる。フランク王国の宮宰シャルル・マルテル、ペパン（ピピン）の支援を得て、テューリンゲン、フリースラント、ヘッセン、バイエルンに布教、これらの地方に教会組織を確立する。この功績により、後年ドイツ人の使徒と呼ばれた。この間七四八年マインツの大司教となり、ペパンと教皇の仲介に絶大な役割を演じ、七五一年のクーデターに際してはペパンに成聖の礼を授ける。七五四年大司教の地位を退いてフリースラント伝道に赴き、同地で殉教する。

（七）　アルクイン。七三五頃―八〇四年。シャルルマーニュに協力してカーロリンガ・ルネサンス（カロリング・ルネサンス）の中心人物となったアングロ‐サクソン人の神学者、教育家。ヨークで生まれ、ベーダの弟子として勉学、ヨークの司教座聖堂付属学校長となる。七八二年、シャルルマーニュに招聘されてアーヘンの宮廷に仕え、宮廷学校を開いてその校長となる。七九六年にはトゥールの聖マルタン大修道院長となり、八〇一年開いた同大修道院付属学校の校長として同校を代表的な修道院学校にする。

（八）　エジナール［アインハルト］。七七〇頃―八四〇年。『シャルルマーニュ伝』を著した歴史家。マイン河流域に生まれ、聖ボニファティウスの創設したヘッセンのフルダ修道院学校で教育をうけ、七九四年来アーヘン宮廷学校の一員となる。学識と才能によってシャルルマーニュの信任あつく、八〇六年には外交的任務を帯びてローマに赴く。シャルルマーニュ歿後はルイ敬虔王に仕え、さらにその歿後はロテール一世を補佐する。『シャルルマーニュ伝』（国原吉之助訳『カール大帝伝』、『世界文学大系、中世文学集二』、筑摩書房、所収、がある）は、ハドリアーヌス帝時代のローマの歴史家スエートーニウスの著した『皇帝伝』の影響を強くうけたものであり、そのラテン文は格調高く、史書としても文学書としても有名。なお、ピレンヌはエジナールをシュヴァーベン人（アレマン人）としているが、普通はフランク人としている。

（九）　ノルマン人。原意は北の人。ゲルマン人の一派、北ゲルマン人。別名ヴァイキング。故地は、スカンディナヴィア半島西部（ノルウェー人）、同半島東部（スウェーデン人）、およびユトランド半島（デンマーク

人、デーン人）。八世紀から一二世紀にかけて大移動、大活動を行ない、その足跡はイングランド、スコットランド、アイルランド、アイスランド、グリーンランド、北アメリカ、西ガリア、イベリア半島、南ガリア、イタリア（ノルウェー人）、バルト海沿岸、ロシア、黒海およびカスピ海方面、コンスタンティノープル（スウェーデン人）、フリースラント、ザクセン、北ガリア、イングランド、アイルランド、シチリア、南イタリア（デンマーク人）に及んだ。ノルマン人に関するハンディな邦語文献として荒正人、『ヴァイキング』、中公新書、がある。

（一〇）　フランキア。フランキー（フランク族）の居住ないしは支配する領域が原意。歴史的には多様な用い方をされていて、のちのイル・ドゥ・フランス、すなわちフランス史の起点となった、パリを中心とする地域だけをフランキアと呼ぶこともあり、フランク族の王国全体を指す場合もある。第二章でフランキアといっている場合は後者と解される。

（一一）　クリスチャニア。オスロの旧名。一六二四年、国王クリスチャン四世が大火にかかった首都オスロを再建した際、王の名に因んでクリスチャニアと改称。のちオスロの旧名に復す。

現在、オスロ郊外ビグドイにあるヴァイキング船博物館には、代表的なヴァイキング船として、それぞれ出土地の名を冠してゴックスタッド船（一八八〇年出土）、オーゼベリィ船（一九〇四年出土）と呼ばれる、いずれも九世紀の船が、復元の上、展示されている。造船技術、船体に施された彫刻、副葬品は、当時のヴァイキングの文化水準の高さを物語っている。

（一二）　フランク王国の勅令は、メーロヴィンガ王朝時代のものが auctoritas, decretio, decretum, edictum 等と呼ばれたのに対して、ここで問題になっているカーロリンガ王朝時代のものは、capitularia, capitulare, capitula と呼ばれた。勅令が章ごとに分かれているのでこの名がある。内容から見ると教会勅令、俗事勅令、教会事項、俗事を同時に規制する混合勅令の三つに分けられ、俗事勅令は、部族法典追加勅令、独立勅令、巡察使勅令の三つのグループに分けられる。

（一三）　原文の Aix-le-Chapelle は Aix-la-Chapelle の誤植。

（一四）　大修道院。大修道院長の統轄下に、少なくとも一二人の修道士が共住生活をしている修道院。司教の統轄外にあり、かつ分院をもつことができる。

（一五）　貨幣の金属価値。額面価格ではなく、貨幣の素材金属の価値のこと。コンスタンティーヌスのソリドゥス金貨は四・四八グラム、私達の計算では約四・五五グラムの重量をもっていた。訳註第一章（四）参照。国際通貨基金理事会で承認された円のIMF登録金平価は二・四六五三ミリグラム＝一円である。政府の金買上げ価格は一グラム＝四〇五円。従って一ソリドゥスは約一八一四円ないし一八四三円ということになる（以上の説明の後半は、今日では既に歴史的なものになってしまった。――第二刷）。

（一六）　シャルルマーニュは一リブラ（三二七グラム）の銀から二四〇個のデーナーリウス銀貨を鋳造した（従って一個の重量は約一・三六グラム）ほか、さらに一リブラを四九一グラムにかえている（従って銀貨一個の重量は約二・〇五グラム）。ピレンヌ、『ヨーロッパ世界の誕生』、三四八頁、三五一頁、参照。現存するデーナーリウス銀貨の重量は、ストゥール・ボーリンの研究によれば、メーロヴィンガ王朝時代のそれは平均して一・一三グラム、ペパン短軀王時代のそれは平均一・二五グラム、シャルルマーニュの治世の後半のそれは平均一・五九グラム、その後、九世紀を通じて大体一・六グラム前後であるが、九〇〇年頃からは減少の傾向を示している。ボーリンの研究については、増田四郎、「カロリング王朝期フランク王国の経済環境」（『西洋封建社会成立期の研究』、岩波書店、所収）を参照のこと。

（一七）　ルイ敬虔王。七七八―八四〇年。ルイ一世、カーロリンガ王朝のフランク国王にして西ローマ皇帝（在八一四―八四〇年）。性善良にして敬虔な篤信家であるが、政治家としての才幹は父シャルルマーニュにはるかに劣り、第一王妃エルマンガルドの死後に迎えた美妃ユーディトに抑えられ、二人の間に生まれたシャルル（のちの禿頭王）の処遇をめぐってエルマンガルドの残した三人の子、ロテール、ペパン、ルイ（ルートヴィヒ）の反抗にあって内では内紛が続き、外からはノルマン人の侵入をうけるなかで歿す。

（一八）　原文で la Rednitz とあるのは la Regnitz の誤植。

（一九）　国王巡察使。フランク時代に国王が地方に派遣した巡察官。国王または宮宰が個々の場合に特命受任者を地方へ派遣することはメーロヴィンガ王朝時代にも見られたが、シャルルマーニュがこれを恒常制度化し、全国化した。八〇二年に、シャルルマーニュは全国を巡察使管区に区分し、毎年原則として聖俗各一名の巡察使がそれぞれの管区を巡回する。巡察使は、国王の代理人として、裁判を開き、集会を招集して伯の行政に見られる弊害を是正することを任務とする。なお、カーロリンガ王朝時代には、そのほかに、メーロヴィンガ王朝時代と同じように臨時の国王巡察使も存在した。

（二〇）　元老院議員。元老院は、政務官、民会と並ぶ共和政ローマの最も重要な国家機関。内政に影響力をもつのみならず、外交や戦争に絶対権をもち、外に対しては国民の指導者としてローマを代表（前一世紀頃のローマの正式の名称は元老院とローマ国民）した。その構成員である元老院議員は事実上の終身職、初め三〇〇人、カエサルの時には九〇〇人にもなった。帝政期、特に三世紀以降は議員数の増加と反比例して元老院は漸次無力化していったが、元老院議員は大土地所有者として帝国の各地に散在、四世紀末のガリアには、元老院議員の称号をもつ貴族的大土地所有者がおよそ六〇〇ないし八〇〇人いたと推定されている。

（二一）　コローヌス。コローヌスには、一、私有地を耕作する自由農民、二、大土地所有制に組み入れられて金納定額の地代を納める零細な自由小作人、三、法律上の身分としては自由民でありながら小作地に緊縛されて移動の自由を失った小作人——しばしば、土地着き小作人の訳語があてられる——の三つの在り方がある。共和政末期から帝政初期にかけて、長年の従軍義務とハンニバル戦争とによる没落によって一→二、そして三世紀の経過中に小作料滞納によって隷属性を強め、専制君主政時代に勅令により移動を禁止されて二→三の下降が生じたのである。本文に見えるコローヌス、つまり土地着き小作人は、法律上の身分としては奴隷のまま生産用具（土地）、住居、家族をもつことを許された準小作人奴隷と事実上はほとんど同一の境遇となり、これと合流して、古代末期の基本的隷属農民層（コローナートゥス）を形成した。

(二二)　半自由民（リーティー）。タキトゥス時代のゲルマン人には、貴族、自由民、解放奴隷、奴隷の四つの身分が認められる。リーティー（リーテン）は、三世紀以降、民族移動期になって、征服されたゲルマン人、例えば、ザクセン族に対するテューリンゲン族、リプアリア族に対するウビー族が、戦勝部族の王に自発的に隷属して成立した身分。財産能力をもち、取引が認められ、結婚が公認され、人命金を所有し（但し一部分は主人に帰属）、訴訟能力をもち、一部分は武装能力さえもち、リーティーのジッペはフェーデ権をもっている。しかし、その反面、リーティーは移動の自由をもたず、土地に緊縛され、その土地の処分権をもたず、土地と一緒になら処分の対象となり、人頭税、定量の貢租を納付し、賦役義務を負った。九世紀末以降、リーティーは、他の半自由民（私的に解放された奴隷、残存していたローマのコローヌス）などと融合して隷属民（農奴）を構成する。

(二三)　封鎖的家経済。新歴史派の経済学者カール・ビュッヒャー Karl Bücher（一八四七―一九三〇年）の有名な発展段階説（封鎖的家経済→都市経済→国民経済）を構成する発展段階の一つ。ビュッヒャーが家と呼んでいるものの内容は氏族であり、氏族制が崩壊した後は奴隷制度、さらには農奴制度の導入によって人為的に拡大された家である。つまり封鎖的家経済は古代経済だけではなく中世の荘園経済までを含むものである。

(二四)　コンスタンティーヌス・ポルヒュロゲネートゥス。九〇五―九五九年。ビザンツ皇帝、コンスタンティーヌス七世（在九一二―九五九年）。幼年にして即位するが、実際に政務をみるのは三八歳に達してから。ハンガリア人およびアラブ人と戦い、また多くの著述を残したが、本文に引用されているのはそのうちの『帝国統治論』である。ポルヒュロゲネートゥスはポルヒュラ（大宮殿の広間）で生まれたの意。父帝在位中に生まれたビザンツ皇帝の子供に与えられた称号。

(二五)　ペチェネーグ人。トルコ系の蛮族。九世紀末、カスピ海北岸から黒海北岸に移動して来、一一世紀になるとビザンツ帝国領内に侵入してコンスタンティノープルを脅かすが、一一二三年、ヨアンネス二世（在一一一八—四三年）によって絶滅され、史上から姿を消した。

第三章

（一）アクロポリス。ポリスの中心市街の中で丘状の高い部分。元来はこの部分がポリスと呼ばれたが、ポリスが都市国家の意味に使われるようになってからアクロポリス（高いポリスの意）と呼ばれるようになった。最も有名なアテーナイのアクロポリスは、高さ海抜一五六メートル、長径およそ三三〇メートル、短径およそ一五〇メートルの楕円状の丘。

（二）エトルリア人とラティーニー人。エトルリア人の起源については論争多く、定説なし。恐らくは前八〇〇年以前のいつかに小アジアからイタリア半島に来住、のちのトスカーナ地方を中心にして分布、城壁を構えた諸都市を建設、前六世紀には北ではポー河流域、南ではラティウムを征服したが、前六世紀後半から衰え、前二八三年コルネーリウス・ドラーベラに最後的に撃破されローマに服属した。ギリシア人、フェニキア人と通商し、美術を中心に進んだ文明をつくり出し、ローマに大きな影響を与えた。その言語は完全には解読されていないが、インドｰヨーロッパ語族には属さない。エトルースキー、トゥースキーというのはローマ人の呼称、ティレーニーというのはギリシア人の呼称。エトルリア人の自称はラセナであった。

ラティーニー人はインドｰヨーロッパ語族に属するイタリア人の一派。前一〇〇〇年頃イタリア半島に出現、テーヴェレ河口東南の平坦な地方ラティウムに居住し、城砦を築き、多くの共同体に分かれて生活していた。前七世紀、のちに世界帝国に発展する都市ローマを建設、南下してきたエトルリア人の王政の下に一時組み入れられたが、前六世紀末に独立すると同時に共和政に移行した。

（三）ガリア人。古い時代に西ヨーロッパの大部分を占めてい、ギリシア人によってガラタイ、ローマ人によってケルタエまたはガリーと呼ばれていた人種。言語学的にはインドｰヨーロッパ語族に属するが、人種学上の帰属については論争が多い。

（四）神の平和。一〇世紀末、南フランスおよびブルグントに始まった教会の提唱、指導による誓約団体的平和の制度。その樹立のための運動を神の平和運動という。神の平和は、狭義の神の平和 pax Dei と神の休戦 treuga Dei にわかれる。狭義の神の平和は、特定の人間（聖職者、商人、農民、女性、子供など）と特別の物（聖堂、住宅、役畜、農具、水車、収穫物など）を保護するための、無期限の特別平和であり、神の休戦は、一定の期間（水曜日の晩から月曜日の朝まで、待降節すなわち一一月三〇日に最も近い日曜日から始まるキリスト降誕の準備期間、四旬節すなわち復活祭前四六日目の水曜日――灰の水曜日――から始まる悔悛の減食期間、復活祭の時期、主要な祝日など）を限って一切の武器使用と暴力行為を禁止するものであり、一一世紀初め、フランスの最西南端ルーションに始まった。神の平和の誓約に違反した者は、各司教区に設けられた特別裁判所で教会法上の刑罰を加えられ、また世俗諸侯の援助による平和軍の攻撃をうけた。神の平和は、漸次ヨーロッパ全体に広まったが、その実効は一般に乏しかった。しかし、その思想と制度は、世俗君侯の平和立法に吸収されていった。

（五）司教座聖堂。司教座のある聖堂（教会堂）。司教区内の聖堂区聖堂（通称教区教会）を統轄する。

（六）ラヴェンナ。北イタリア、アドリア海に近い都市。海岸線が現在とは違っていて、古代、中世においては、海岸から約一マイル入ったところ、ベデセ川に面し、沼沢に囲まれてい、陸路伝いには南から接近する以外に方法がなかった。テッサリア人によって建設され、ウンブリー人の手に移ったと伝えられているが起源は詳かでない。アウグストゥスがローマ艦隊の二大根拠地の一つをこの地に設けてから重要となり、四〇二年にはホノーリウス（在三九五―四二三年）が西ローマ帝国の政治の中心をここに移した。オドヴァカールの下でも、東ゴート王国のテオドリクの下でも、引き続き都であり、ゴート戦役後は、五四〇年からビザンツ帝国のラヴェンナ総督の駐在地となった。七五一年、ランゴバルド王国のアイストゥルフによって攻略され、のちペパン短軀王［ピピン短軀王］によって教皇領の一部として寄進された。

（七）聖ペトロの後継者はローマ教皇のこと。ペトロは前名シモン、ガリレアの漁夫ヨナの子、自分も漁夫であったが、洗者ヨハネの弟子となり、のちキリストに召されて弟子となる。十二使徒の首位者として活躍、最後はローマで六七（あるいは六四）年に殉教したと伝えられ、カトリック教会ではペトロを初代の教皇としている。彼の墓の上に建立されたのがサン・ピエトロ大聖堂。

（八）アヴーエ。初めは、聖界領主、即ち（司教）教会、大修道院（長）を世俗的な事柄、特に裁判に関して、外に向かって代理し、聖界領を管理した俗人。聖界領主がインミュニテ裁判権を行使するようになってからはその裁判権を代行、またインミュニテの住民が大事件で伯の裁判所に出頭する時にはその代理をした。カーロリンガ［カロリング］王朝は、聖界領主に対してアヴーエをもつことを強制し、また聖界領主が自由民の間から選任したアヴーエを国王巡察使の監督下において国王役人化しようとした。九世紀末以降、アヴーエ職は漸次世襲化されていった。なお第三章註（一〇）を参照されたい。

（九）助祭長。司教座聖堂において、他の助祭および下級聖職者の長として、下級聖職者の教育と監督、救貧事務、施与の分配事務などを司教からまかされた助祭。

（一〇）インミュニテ。後期ローマ帝国の皇帝領、教皇領から継承、拡大された制度（特権、地域）。国王役人の立入り、強制権執行、公課調達が禁止され、それに伴って裁判権が委譲されること。初めは王領地に限定されたが、既にメーロヴィンガ［メロヴィング］王朝時代から大荘園領主、特に教会、修道院に、インミュニテ特許状の授与を通じて、この特権が与えられた。司教は、インミュニテ特権の保有者として、司教領の住民に対して大事件（死刑、身体刑を科する訴訟、不動産所有権に関する訴訟、自由身分に関する訴訟）を除く事件の裁判権を行使していた。そしてその時から司教は、自分の居住するシテとその住民を自分のインミュニテの中に組み入れてしまう意図をもってい、カーロリンガ王朝時代になってそれを達成した。

（一一）神政政治。古代ユダヤの歴史家フラヴィウス・ヨセフス（三七頃―一〇〇年頃）の造語。神が国家の最高権力の所有者であるとする考え方から、聖職者が、神の名において、権力を行使する政治形態。古代のエジプト、ジュネーヴにおけるカルヴァンの統治、パラグワイにおけるイエズス会の統治などその例。教皇グレゴリウス七世の理想とするところも神政政治であった。

（一二）　託身。フランス語のオマージュ、ドイツ語のマンシャフト。「レーン関係は、その人的な側面においてはマンシャフト Mannschaft (*homagium*, Handgang〔コムメンダチオ〕とフルデ（Treueid, fidelitas〔誠実の宣誓〕）とによって、物的な側面においてはレーンのインヴェスティトゥールによって、設定された」。ハインリッヒ・ミッタイス、『ドイツ法制史概説』、二一二頁。「オマージュは、二つの要素を含んでいる。まず最初のものは……手を合せることである。すなわち、一般に、『家士』〔封臣〕は、頭になにもかぶらずに、また武器ももたずに、彼の領主〔封主〕の前に跪いて、手を合わせて領主の両手の間に置き、領主は、『家士』の両手を、その両手の間に挟むのである。オマージュの他の要素は、『意思の表明』である。……（殿、私は貴下の家士となりましょう。）……（余は貴下を家士としてむかえいれましょう。）」「オマージュに続いて『誠実誓約』が行なわれた」。「中世初期の法観念では、……我々が今日財産権と呼ぶものの設定あるいは移転を生ずるには、なんらかの具体的行為が必要であった。……封の授与の場合には、この象徴的行為は、investiture……と呼ばれていた」。F・L・ガンスホーフ、森岡敬一郎訳『封建制度』、慶応通信、一〇九―一一〇頁、一一三頁、一九二頁。

（一三）　châtelain の訳語としては城主をあてるのが通例であるが、フランスの場合とは異なり、本書でピレンヌが考察の主たる対象としているフランドル伯領では、大諸侯たる伯の権力が強く、シャトゥランは伯の城代という性格が濃厚であるので、城代という訳語をあてることにした。もっとも一二世紀に入るとシャトゥランの独立性は増大し、伯は伯領分解の危機を感ずる。詳しくは塙浩、「フランドル伯領城主支配圏制度に関する一所説」、神戸法学雑誌、一五巻一号、同「フランドル伯領城主支配圏序説」、法学、三〇巻一号、を参照。

（一四）　シャテルニー。ブールを中心とするシャトゥランの支配領域。一般に城主支配圏の訳語が充てられるが、フランドルでは伯権力が強く、伯の行政区の性格が濃厚なのでシャテルニーのままに残した。

（一五）待歯石。建築用語で、塀などを先へ継ぎ足すことができるように、石や煉瓦の端を不揃いにすることを待歯といい、その石のことを待歯石という。

第四章

（一）ロロー。八六〇頃―九三三年頃。ノルウェー出身のヴァイキングの一首領、初代のノルマンディー公。専らデーン人より成る部下を率いて北フランスの沿岸地方に姿を現し、セーヌ下流域一帯を支配した。フランス王シャルル三世（単純王、在八九八―九二三年）は勇敢に抵抗したが、遂に九一一年、サン＝クレール＝シュル＝エプトに条約を結び、ロローの占領地域にノルマン人の定住を許した。その代わりに、ロローはキリスト教に改宗し、シャルルの封臣となって侵入者の撃退に従事した。ロローはロベールと改名、また彼の支配領域はその後ノルマンディーと呼ばれるようになった。本文の九一二年は九一一年とすべきか。

（二）ハインリヒ一世、八七六―九三六年、のこと。捕鳥王は後のあだ名。九一二年ザクセン公、九一九年ドイツ王（在―九三六年）となり、ザクセン王朝を創始。スラヴ人（ヴェンド族）をエルベ河の彼方に斥け、また九三三年三月一五日、侵入してきたハンガリア人をエルベ河支流に臨むメルゼブルク近傍で撃破した。

（三）オットー一世のこと。ハインリヒ一世の子。九一二―九七三年。ザクセン王朝第二代のドイツ王（在九三六―九七三年）。九五五年八月一〇日アウグスブルクの近傍レヒフェルトにハンガリア人を撃破、王権の基礎を固めた。九六一年ローマに遠征、九六二年二月二日教皇ヨハネス一二世により戴冠、神聖ローマ帝国初代の皇帝（在―九七三年）となる。大帝と称せられる。

（四）ザクセン王家。ハインリヒ一世からハインリヒ二世まで続いた神聖ローマ帝国最初の王朝、ザクセン王朝（九一九―一〇二四年）を形成した家柄。

（五）帝国教会。帝国（皇帝）に直属する一切の教会営造物、とりわけ司教区、大司教区、大修道院。皇帝は、帝国教会に対して私有教会主、保護者として臨み、司教、大司教、大修道院長の叙任権、彼等の動産遺産の没収権、彼等の死後の空位期間における教会領収入の取得権などをもっている。オットー一世が、帝国に忠実な、信頼できる人物を高位聖職者に任命して帝国の各地に配備し、これに財産、特権を与えて部族太公の権力を抑え、以て帝国の統一を図る目的で、ゲルマン的私有教会、つまり教皇権から自立し設立者が所有する教会、の制度を基盤に、シャルルマーニュの教会政策を復活させて推進した政策、帝国教会政策によって創り出したものである。この政策はオットー一世ののち歴代神聖ローマ皇帝によって継承されたが、ヴォルムスの協約（一一二二年）で一応挫折し、以後、司教、大司教、大修道院長は聖界帝国諸侯となり、皇帝の彼等に対する関係はレーン法的支配関係になる。

(六)「キリスト没後一千年にして世界は終滅し、そこに神の最後の裁きが行われると言う信仰は、中世前半にも行われていたが、紀元一〇〇〇年に近づくに従い一層強く人心を捉えるに至った。かくして一〇〇〇年代から一二〇〇年代に亘って、最後審判の日を待つ恐怖の情は、或は聖者の警告となり、或は高僧の説教となって現われ、或はこれを以て人民教化の好手段ともしたのであった。先に述べた〔ペトロの〕ダミヤニも最後審判の日を怖れた一人であった。イタリアの異端者フロラ〔フィオーレ〕のヨアキムの如きもまたそれであった」。「彼〔ヨアキム〕はヨハネ黙示録によって深い感化を受け、そこに示された幻影が今にもこの世に現われることを信じていた。彼はダミヤニ等と同じく最後審判のやがて来るべきことを疑わず、一二六〇年は即ち世界終滅の日なるべしとさえ信じた、その理由は人間の祖先アダムよりキリストまでを凡そ四十二代即ち千二百六十年と数え、そうしてキリストより同年数を経て、即ち西紀一二六〇年こそ神の裁きの下る日として計算したのである」。大類伸、『改稿西洋中世の文化』、冨山房、一八八頁、一九八―一九九頁。

(七) クリュニーの改革。一〇世紀から一一世紀にかけて展開された西ヨーロッパの修道院改革運動の中で代表的なもの。クリュニー大修道院は、ブルゴーニュ公ギヨーム一世（敬虔公）によって、フランス東南部のクリュニーに、九一〇年、教皇の認可の下に設立されたベネディクト会大修道院。設立後数代の院長、特に第二代院長オド（在九二七―九四二年）、第五代院長オディロ（在九九四―一〇四八年）の卓抜な指導の下に、ベネディクトゥス戒律の厳守、教皇を除く一切の聖俗諸権力からの独立を主要目標として、修道生活の刷新を推進、その強力な影響は西ヨーロッパ全体に波及して、クリュニー大修道院長によって任命される小修道院長統轄下にある新旧修道院の数は三〇〇を越え、クリュニー修族（修道院の結合体）を形成した。同じ頃、クリュニーとは独自に、ブローニュ大修道院を中心とする下ロレーヌの改革運動、ゴルツェ大修道院を中心とする上ロートリンゲン（ロレーヌ）の改革運動、ヒルサウ大修道院を中心とするシュヴァルツヴァルトの改革運動、なども展開された。

（八）ウィリアム公。一〇二七頃―八七年。ノルマンディー公ロベール一世の庶子に生まれ、一〇三五年、幼少にして父のあとを継ぎギヨーム二世としてノルマンディー公となり、臣下の貴族を抑えて確固たる支配を樹立。エドワード懺悔王の歿後、イングランド王位継承権を主張、ヘイスティングの戦いでハロルド二世を破り、イングランド王を兼ね、ウィリアム一世としてノルマン王朝を開く。のち征服王と別称される。中央集権的なノルマンディー封建制度を移植、陪臣をも含めて一切の封臣の国王に対する無条件的誠実を誓約させ（一〇八六年）、また大規模な土地台帳ドームズデイブックを作成（一〇八五―八六年）、一切の土地を把握する手段とした。

（九）coterelli の原意は盗賊、追いはぎ。Brabantiones はブラバント出身の盗賊、追いはぎ。ともに諸地方を徘徊し、しばしば傭兵として傭われた。

（一〇）新しい町。ville neuve の訳語としては、その実態を考えに入れて、新開発村あるいは開発村という訳語があてられることが多いが、ここでは、ピレンヌの考えに見られる力点のおき方を考慮して、字義通りの訳し方をした。第八章を参照されたい。

（一一）シトー会。一〇九八年、聖ロベールによって、フランス中部、ブルゴーニュ地方の中心都市ディジョンに近い、藺（いぐさ）の密生する沼沢地に因んでシトーと名づけられた村に創立された修道会。一一一九年に公認された会憲「カルタ・カーリターティス（愛の会憲）」に明らかなように、聖ベネディクトゥスの戒律を厳守し、教育、保護、看護などの活動よりも祈禱、黙想に潜心する観想修道会であることを目ざしたものであるが、同時に、ベネディクトゥス戒律で重視される修道士の労働によって農業開墾に従事することが決められた。聖ベルナールの努力によって隆盛にむかい、一二世紀最大の修道会に発展したが、一四世紀後半以降衰え、一七世紀後半トラップ大修道院長ドゥ・ランセの刷新運動が起こり、トラピストがシトー会の代名詞となった。日本では北海道上磯郡石別村に男子修道院が、函館、福岡県新田原などに女子修道院がある。今野国雄、「シトー修道会憲『カルタ・カリターチス』の成立とその試訳」、史学雑誌、六四編八号、六五編八号、および「『シトー修道院並びに教団生誕小史』試訳及び註」、一橋論叢、三〇巻五号を参照のこと。

(一二)　ティルス。古代フェニキア人が前三千年紀末からシリア沿岸に営んだ港市の一つ。旧約聖書ではツロ。前一三世紀の「エーゲ民族移動」によってフェニキア諸都市が一旦消滅したのち、シドンに代わり、フェニキア諸都市の指導者として、商業活動、航海活動の輝かしい中心地となる。アレクサンドロス大王の遠征に対しては最後まで抵抗したが陥落、さらにその後はポンペイウスによって征服された（前六四年）。現名スール、レバノン共和国の小港。

(一三)　ピレンヌ、『ヨーロッパ世界の誕生』、二四六―二四七頁を参照されたい。

(一四)　神聖ローマ帝国（一五世紀に出現する呼称ではドイツ国民の神聖ローマ帝国）の皇帝のこと。初代皇帝オットー一世の三回にわたる遠征（九五一年、九六一年、九六六―九七二年）以来、いわゆる皇帝政策による歴代皇帝のイタリア経営が、叙任権闘争時代の一時的後退をはさんで、フリードリヒ二世（在一二一五―一五〇年）まで続いた。

(一五)　この数はやや過大な見積りであろう。André M. Andréadès: The Economic Life of the Byzantine Empire: Population, Agriculture, Industry, Commerce. N. H. Baynes and H. St. L. B. Moss (ed.): Byzantium, 1948, p.53 には、「全盛時代のコンスタンティノープルの人口が五〇万人以下であったはずがないこと、時としては恐らくそれ以上であったこと、を念頭におくならば……」とある。

（一六）　ビザンツ帝国が、その莫大な国防費（軍事費のみならず外交費も含む）をまかなうために確保した財源は、一、間接税（関税、消費税）、二、直接税（地租、牧地税、非農耕用家畜税、人頭税、営業認可税、相続税）、三、官業収入（工業収入、農業収入、都市収入）、四、農民から徴収する臨時賦課租（現物貢租、賦役労働）の四つである。このうち、コンスタンティノープルの民間工業熱に水をかけたのは、関税と特に官業収入中の工業収入であろう。このうち、関税は、輸出税、輸入税ともに一〇パーセントの高率であった。と分類したもののうち実際に収入をもたらしたのは都市収入（倉庫業が主である）だけであるが、軍隊および宮廷の必要とする工業製品の一切を製造した政府工場が、莫大な需要をそこに吸収することによって、民間工業を圧迫したのである。政府工場では、ギリシア火薬を含むすべての武器、皇帝用、宮廷用、外国の君侯使節への贈物用、さらには国家役人の俸給の一部分である衣料の現物給与用の織物が製造された。

（一七）　ドージェには通例、総督という訳語があてられる。元来はビザンツ帝国のヴェネツィア太公領を統治する太公 dux。史料初出は七世紀末、ドージェ職の消滅は一七九七年。八世紀半ば以降、さし当たってはほとんど完全に、ビザンツから独立した。初めは全市民の集会で選出されたが、一二世紀の経過中に有力市民の会によって選出されるようになった。行政権は絶大、軍指揮権は独占したが、裁判権はやや限定されていた。一三世紀以降、権限が縮小され、市参事会および有力市民の会の監督下におかれたが、なお元首であり、軍指揮権は比較的大きいままであった。ピエトロ・オルセーオロ二世はオルセーオロ家出身のドージェ（在九九一―一〇〇九年）、一〇世紀末、ヴェネツィア史上最初の黄金時代を代表する人物。市街の美化に努力、また私財をなげうって慈善事業に尽力した。一〇〇〇年には大艦隊を派遣してダルマティア海岸地方を服属させた。

（一八）　助祭。カトリック教会の聖職者の品級（位階）の一つ。上級三段（副助祭、助祭、司祭）の中の一つの級で、ミサの時に司祭を助けて説教をし、聖体を取り扱うことが許される。ヨハネスはヴェネツィアの歴史記述家。一一世紀初頭に、ヴェネツィアの起源から一〇〇八年までの有名な『年代記』を書いている。

（一九）　アプーリアのギヨーム。ヴェネツィア人から見て敵の立場からヴェネツィアに対する賞讃の言葉を残しているノルマン人の詩人。一〇九九―一一一一年の間に書かれたラテン語の詩『ロベール・ヴィ〔ギ〕スカールの事蹟 Gesta Roberti Wiscardi』の筆者 Guillermus Apuliensis のこと。

（二〇）　大天使ガブリエル。カトリック教会では、神によって創造され、知恵と能力において人間に優越するが、その活動が全く神の思召に依存している純霊（身体なきもの）を天使と総称し、聖画像では翼をもった青少年、幼児で表す。その数は無数。神に反逆して堕落した天使が悪魔である。広義の天使は九つの隊、すなわち三つの級と各級三つずつの隊に分けられる。上級三隊は、熾天使、智天使、座天使、中級三隊は主天使、力天使、能天使、下級三隊は権天使、大天使、天使（狭義の天使）であり、ガブリエルは、ミカエル、ラファエルなどとともに下級三隊に属する大天使である。

（二一）　パリウム。ミサ聖祭が捧げられる祭壇の前側垂帳のこと。画や装飾の刺繡のある良質の織物でつくられることが多かった。

（二二）　エルサレム王国およびエデッサとアンティオキアの大諸侯領。第一次十字軍がレヴァントに建設した（北から南へかぞえるならば）エデッサ伯領、アンティオキア公領、トリポリ伯領、エルサレム王国の四つを、聖地四国、またはラテン四国、または十字軍四国と呼ぶ。いずれも同時代のフランスのそれを模した封建制をとり、またエルサレム王国は他の三領に対して封建関係による理論上の優越的地位をもっていたが実際には支配力はなかった。最初に成立したのは下ロレーヌ公ゴドフロワ・ドゥ・ブーイヨンの弟、ブーローニュ伯ボードワン一世の創設したエデッサ伯領（一〇九八年三月）、次いで南イタリア、タラントのノルマン人ボエモンが建設したアンティオキア公領（一〇九八年六月）、ゴドフロワがその統治者に選ばれたエルサレム王国（一〇九九年七月）、最後にトゥールーズ伯レーモン四世の不満をなだめるためにトリポリ伯領（一一〇二年）が建設された。

（二三）

エデッサ伯領は、一一四四年末、一一二七年以来モスールのアタベク（太守）であったザンギーのイスラーム軍に滅ぼされ（第二次十字軍の原因）、エルサレム王国は、一一八七年、アイユーブ朝の創始者サラディンによって打倒され（第三次十字軍の原因）、アンティオキア公領は一二六八年、エジプトのバハリー・マムルーク朝のスルタン、バイバルス一世によって、トリポリ伯領も一二八九年、同朝のスルタン、カラーウーンによって、史上から姿を消した。

（二三）ローマ都市には、支配共同体としての都市ローマとの関係で幾つかの種類があった。第一、ローマ市民のコローニア（植民市）、第二、ローマ市民のムーニキピウム（自治市）、第三、ラテン〔ラティーニー〕人のコローニア、第四、ラテン人のムーニキピウム、第五、外人のキーヴィタース。この多様性は、漸次均一化されて、古代末期にはキーヴィタースという上級概念が登場する。詳しくは、弓削達、「後期ローマ帝国における都市の構造的変質」、『古代史講座』、学生社、第一〇巻、を参照されたい。本文におけるミュニシップ（＝ムーニキピウム）、シテ（＝キーヴィタース）は、どちらもローマの都市という意味で用いられているのであり、その違いが意識されているわけではないであろう。

（二四）低地諸邦。今日のオランダ、ベルギー、ルクセンブルク、および北フランスの一部を含む地域の名称。低地諸国または低地地方とも邦訳される。

（二五）シャルル単純王。八七九―九二九年。カーロリンガ〔カロリング〕王朝のフランス王、シャルル三世、のちに単純王とあだ名される（在八九八―九二三年）。八九三年以降パリ伯ユード（在八八八―八九八年）と分治。九一一年、ロローにのちのノルマンディー地方を封として授与。一時、ロレーヌをフランスに併合する。九二三年、封臣のヴェルマンドワ伯エルベールによってペロンヌ城に幽閉され、そこで歿す。

（二六）原文の les côtes de la Manche は les côtes de la Manche の誤植であろう。

（二七）サガ。言葉の意味は「語りもの」。一〇世紀頃アイスランド人が語り伝え始め、一一世紀末以降、特に一三世紀に記録にとどめた文学。一三世紀半ば以降衰える。エッダが韻文を含むのに対して散文の物語。自分の家の祖先の功業を扱ったアイスランド人サガのほか、ノルウェーの王侯を扱ったサガなどがあり、文学作品としてだけではなく、ヴァイキング活動の時期の後半、一〇、一一世紀の事件や生活や社会を窺う上での史料としても重要。邦訳に松谷健二訳『グレティルのサガ』、『世界文学大系、中世文学集二』、筑摩書房、所収がある。

(二八)　アルヌール二世。初め、アルヌール一世の甥ボードワン・バルゾーの後見の下に統治。フランドル伯在位年表（三四四頁）を参照のこと。

(二九)　ボードワン四世。フランドル伯在位年表を参照のこと。

(三〇)　エマ。?―一〇五二年。ノルマンディー公家に生まれ、デーン人の来襲に悩むサクソン系イングランド王エセルレッド二世（在九七八―一〇一六年）の目論んだ政略結婚によってイングランド王妃となり、のちのエドワード懺悔王（在一〇四二―六六年）とその兄アルフレッドの二児を生む。エセルレッドの歿後、生前エセルレッドを悩ましたスウェインの子でデンマーク系イングランド王クヌード二世（在一〇一六―三五年）の企んだ政略結婚によって再び王妃となった。クヌードが歿すると、クヌードの前妻エルフギフの生んだ子ハロルド一世（在一〇三五―四〇年）が即位する。ハロルドは、アルフレッドがノルマンディーから母のエマを訪ねてきた時、ウェセックス伯ゴドウィンによって捕えられたアルフレッドを虐殺した。本文に見えるエマのフランドルへの亡命はこの時のことである。

(三一)　モリニ族とメナピイ族。今日のベルギーの地方に関する最初の史料であるカエサルの『ガリア戦記』によれば、前五七年当時、この地方にはケルト語を話す幾つもの部族が定住していた。モリニ族の兵力は二万五〇〇〇、メナピイ族のそれは九〇〇〇、前者はブーローニュ附近の海岸地方に、後者はメウーズ河からエスコー河を越えて北海の海岸に至る地域に分布していた。

(三二)　古典文法の格変化では sagum の複数主格は saga。英訳版では saga としている。以上念の為。

(三三)　ハルン - アル - ラシッド（ハールヌール・ラシード）。生年については七六三年から七六六年まで諸説がある。イランのライに生まる。アッバース朝第五代のカリフ（在七八六―八〇九年）。学芸を愛し、すばらしい宮廷を営んで学者、芸術家を集めた。その模様は『千一夜物語』に再現されている。ビザンツ帝国とは長期にわたって交戦したが、シャルルマーニュとは交渉をもった旨ヨーロッパ側の史料には見えている(但しアラブ側の史料にはその記載なし)。八〇九年歿。

(三四) 原文は Chacune d'elle constitue un marché…であるが…d'elles の誤植であろう。

(三五) 原文の standart of life は standard of life の誤植。

(三六) ドイツ・ハンザ。俗称ハンザ同盟。ハンザの原意は結合であり、初めは外地旅行をする商人の団体を意味し(第五章の訳註(五)参照)、次いで都市の同盟を指すようになった。都市同盟としてのハンザのうち、最も規模が大きく、最も生命の永かったのが、リューベックを盟主とし、最盛時には総数ほぼ九〇に達する、北ドイツその他の諸都市を結合したドイツ・ハンザである。ドイツ・ハンザが都市同盟としての性格を明確にしたのは一四世紀半ば頃、最盛期は一三七〇年前後であり、一四〇〇年以降は衰頽期に入るが、一六六九年まで存続した。ドイツ・ハンザは、金印憲章の禁止条項に触れないようにするため、組織はルースであったが、和戦の決定権、同盟締結権、バルト海艦隊、要塞、租税徴収権をもち、しばしばデンマークと交戦しながら、バルト海、北海における加盟諸都市の商業権益を拡大し、後にはそれを擁護する役割を果たした。

第五章

(一) 海上貸付。海上商業が非常に大きな危険性を帯びているところから発生した信用形態。船の積荷を仕立てるのに多額の資金の貸借が行なわれたとき、その船が沈没した場合には、借主にしても、貸主にしても、その償還は到底期待できない。そこで、貸主は、航海が成功した場合には特に高率の利子を獲得する、その代わりに、海上商業に伴う一切の危険を引き受ける、また一部分の商品が沈没した場合には利子率の切り下げを甘受する、という方法で両者の冒す危険を分担しようとするもの。危険を分散するために、多数の貸主が一隻の船に対する海上貸付に参加した。海上貸付はすでに古典古代に存在し、それが中世に引き継がれたのである。一一六〇年まで遡り得るピサの海浜の慣習法によれば、利子率は三五パーセントであった。利子率は個々の場合において定められた。

(二) 聖ゴドリクの伝記については、増田四郎、「勃興期西欧商人の一類型」(『独逸中世史の研究』、日本評論社、所収)に紹介がある。

(三) 「資本家の精神」の出現をルネサンスに求め、その代表的イデオローグをマキァヴェリに求めるのは、新歴史派の経済学者ルーヨ・ブレンターノ Lujo Brentano (一八四四—一九三一年) である。ブレンターノの見解は、イギリスの経済史家R・H・トーニーの『宗教と資本主義の興隆』(邦訳、岩波文庫、出口・越智訳)によって継承されている。

(四) 正当価格の経済教義。または公正価格の経済教義。徴利の禁止とならんで中世カトリック教会の二大経済教義。トマス・アクィーナスの『神学大全』に代表的、体系的に論ぜられてい、聖堂の説教壇や告解室で、また教会裁判所で信徒に対して説かれた。売り手が財貨に相当する価格を得、買い手が価格に相当する財貨を得て、双方とも損害をうけないことが売買の正しいあり方であり、それを実現するためには、売買は、競争で決定される価格によって行なわれるべきではなく、財貨に対する社会的な需要または社会的需要に対する財貨の使用可能性(使用価値)と、財貨の生産に投ぜられた労働および費用とによって、特に後者によって決定される正当価格に基いて行なわれなければならないとするもの。しかし、一方では、現実に正当価格を決定するものは、市場における一般的社会的評価であると考えている。

(五) ギルドとハンザ。ともに中世初期の商人団体。ハンザは、商人が遍歴商業、遠隔地商業を行なう場合に結成した団体であり、ギルドは都市自体でその都市のすべての商人が結集した団体。同一都市に両者が併存している場合も、また同じ団体が二つの機能を兼ねる場合もある。

(六) ロマン語。またはロマンス語。一〇世紀頃、ラテン語から分化して成立したポルトガル語、イスパニア語、フランス語、イタリア語、ルーマニア語、プロヴァンス語、レート－ロマン語の諸言語の総称。

（七）パリの水上商人ハンザ。セーヌ中流の水航を独占した廻船業者を兼ねるパリ商人の団体。一一二一年、ルイ六世（在一一〇八―三七年）により特許状を以て公認されたのが史料初出。起源については諸説あるが、ノルマン・コンクェスト以後、活況を呈するルーアンの商業に対抗する必要上結成されたとする説が有力。パリの水上商人ハンザにおくれて、セーヌ下流の水航を独占するルーアンのそれ、セーヌ上流とヨンヌ河の水航を独占するオーセールのそれが史料に現れる。ルイ七世（在一一三七―八〇年）は一一七〇年にパリの水上商人ハンザのもっている慣習的諸権利を追認し、フィリップ－オーギュスト（在一一八〇―一二二三年）の治世には、パリの水上商人ハンザは商人団体であると同時に市民を代表する団体になり、商人団体の長である prévôt des marchands（商人の長）が国王役人である prévôt de Paris の下で事実上のパリ市長であり、その下僚は échevins de la marchandise（商品の役人）の名称をもっていた。

（八）聖ヒエロニムス。三四〇頃―四一九年もしくは四二〇年。教父、聖人。ダルマティアとパンノニアの境界ストリドンに生まれ、アンティオキア近傍のカルキスで厳格な修徳生活を送ったのち、アンティオキアで司祭、ローマで教皇の秘書となり、ついでベツレヘムで修道院を指導、学問に没頭してこの地で三四年間を過ごす。ラテン語訳聖書『ウルガタ』を完成した他ギリシア教会の諸労作をラテン語訳する。

（九）決闘。ゲルマン時代にも、フランク時代にも、訴訟の場合に証明の責任は被告の側にあった。証明の方法としては、宣誓、神判、証人の三つがあった。決闘は、初め当事者の間で行なわれていた場合には、神判の一種とみるよりは限定されたフェーデと称すべきであろう。フランク時代になると、傭い戦士に決闘を委ねるようになり、完全に神判化した。

（一〇）雪冤宣誓。ゲルマン時代には最も主要な証明の方法は雪冤宣誓であった。被告は、個々の事実について自己の潔白を証明するためにではなく、自己の人格にかかわる名誉を恢復するために、人格を賭して宣誓したのである。フランク時代に入ると、原告が被告の雪冤宣誓を阻止する方法が整ってくる。神判の請求はその一つである。

（一一）　神判。初めは宣誓無能力者（女性、非自由民）が被告の場合に行なわれたものであろう。ゲルマン時代には、神の審判というよりは、火や、場合によっては水といった自然力の審判に委ねたものである。フランク時代にはキリスト教化されて、その方法も火や水を用いないで十字架や聖餐を用いるものが加わった。

（一二）　原文の gène は gêne の誤植であろう。

（一三）　属人法。一定の（身分による、職業による、部族による、出生地による）団体の成員にのみ適用される法。商人法の他に、例えばフランク時代の諸部族法がそうである。

第六章

（一）　「しかし最大の特権は『解除権』〔免罪権〕（franchises）であって、大市に参加する商人が大市の外で犯した違行や彼等が負った債務に対する報復権を禁止し、彼等が財産没収を請求されることを免れさせ、大市の平和の続く限りそれら訴訟や強制執行は停止させられたのである。そしてさらに重要なことは、教会法の徴利即ち利子附貸与禁止が停止され最高利子率が定められたことであった」。ピレンヌ、『中世ヨーロッパ社会経済史』、二二二頁。

（二）　聖堂区。教区と通称される。司教区を構成する小地区。中世においては、聖堂区とは「その聖堂所属の司祭、もしくはその聖堂所属の宗教法人（教会法人又は修道院）がその中で信仰および秘蹟を伝える権利義務をもっている区画の明瞭な管区」のことである。Eduard Hegel: Die Entstehung des mittelalterlichen Pfarrsystems der Stadt Köln. Kölner Untersuchung, Bht. 2. 1950, S. 69.

（三）　原文の bloc-house は block-house とすべきであろう。

（四）　オーヌ。一・一八八メートルに相当する長さの古い単位。織物に用いた。

（五）　原文は les agglomérations urbaines ont aspiré vers elle, …, l'industrie rurale. であるが、elle は

elles の誤植であろう。

(六)　司教座聖堂参事会。司教区を運営する上で司教を補佐する司教座聖堂付き司祭、助祭の団体。司教が独裁的になるか、参事会の発言力が大であるかは、歴史的な事情によって定まる。なお参事会は、聖務日課を共誦し、司教空位の場合には司教の任務を代行する。

(七)　エシュヴァン。シャルルマーニュの裁判制度の改革（七七〇―七八〇年）により、それまでのラヒンブルギーに代わるものとして設置された審判人。ラヒンブルギーと異なり常置の職であるが、数は同じく通例七人。ケンテーナーリウスの主宰する臨時裁判集会では、裁判集会民の出席義務は解除されていたので、判決発見人としてのエシュヴァンの判決がそのまま有効であった。伯の主宰する定期裁判集会では、エシュヴァンの判決は裁判集会民の賛成を得た上で発効。エシュヴァンは、有力な土地所有者、のちには特定の自由民身分の者から、伯または国王巡察使によって、裁判集会民の賛同を得た上で任命され、汚職などの場合を除いて終身任期。のちには世襲職となる。一二世紀にフランドルに出現する都市に固有の新しいエシュヴァンについては、本訳書一八九―一九〇頁、二〇三―二〇四頁を参照されたい。

(八)　原文の tâche は tache の誤植であろう。

(九)　托鉢修道会。初めはフランシスコ会（一二〇九年認可）、ドミニコ会（一二一六年）だけであったが、その後カルメル会（一二四五年）、アウグスティノ隠修士会（一二五六年）が加わり、この四つを大托鉢修道会という。その他幾つもの小托鉢修道会があり、一三世紀以降中世修道制史は托鉢修道会の時代に入り、その影響力は甚大であった。修道三誓願（従順、貞潔、清貧）のうち特に清貧を強調し、修道士個人の清貧だけではなく、修道院の清貧をも主張して、修道院の財産所有を否定、自己の労働または信者の施与（次第に信者の施与のみとなる）に依存して生活したこと、人里はなれた山野の修道院の囲壁内で修徳にはげむのではなく、都市に設けられた修道院の囲壁の外に出て、市民の生活に密着しながら福音を伝えたことが特色である。

（一〇）　フランシスコ会。中部イタリア、アシジの人、聖フランシスコにより使徒的清貧主義に基いてアシジに創立された托鉢修道会。フランシスコは一二〇七年または〇八年に簡単な会則をつくって一一人または一二人の弟子とともにこれに従っていたが、一二〇九年には、インノケンティウス三世により口頭によってではあるが承認をうけた。一二二一年に第一会則が、一二二三年に第二会則が公認された。その後、この修道会本来の理想と現実の要請との間で動揺することが少なくなかったが、中世最大の修道会に発展した。神学の分野では、パリ大学とオックスフォード大学を中心に、聖ボナヴェントゥラ、ドゥンス・スコトゥス、ロジャー・ベーコン、オッカムなどを出し、また当初から外国布教に努め、一三世紀末にはモンテ・コルヴィーノが中国に伝道した。日本では、キリシタン時代にも布教、現在でも布教している。

（一一）　ドミニコ会。南フランス、トゥールーズの近傍プルーイユにイスパニア人聖ドミニクスが一二一五年に設けた説教者教育機関を前身とし、翌一六年ホノーリウス三世によって修道会として公認された。一二二〇年および二一年の総会で会憲を定め、托鉢修道会となる。ドミニコ会の特色は、説教、布教、神学研究に専心したこと、中世諸大学に滲透したことであり、聖アルベルトゥス・マグヌス、その弟子にしてスコラ学の大成者聖トマス・アクィーナスなどを出している。日本ではキリシタン時代に布教し、現在も各地で司牧に当たっている。

第七章

（一）　ノトジェール。ノルマン人の侵入により焼土と化した（八八一年）リエージュの復興は、司教リシェール（在九二〇―九四五年）、司教エブラシャール（在九五九―九七一年）の手によって進められた。ノトジェールはその事業を継承、完成したのである。

（二）　叙任権闘争。一〇七五年から一一二二年まで聖職者の叙任権をめぐって、神聖ローマ皇帝ハインリヒ四世（在一〇五六―一一〇六年）、ハインリヒ五世（在一一〇六―二五年）と、グレゴリウス七世（在一〇七三―八五年）からカリストゥス二世（在一一一九―二四年）に至るまでの教皇との間で争われた闘争。教皇権は、クリュニーの改革運動の理解者であり、推進者でもあった神聖ローマ皇帝ハインリヒ三世（在一〇三九―五六年）の選任した教皇レオ九世（在一〇四九―五四年）の下で、九世紀末以降ながい間続いた教皇史上の暗黒時代――封建貴族の党派争いの中から任命される封建的教皇――を脱出し、当時の教会の二大弊害である聖職売買と聖職者妻帯を一掃する教会改革の第一歩を踏み出した。一〇五七年にはステファヌス一〇世が皇帝の介入をうけることなく即位し（在―五八年）、ニコラウス二世（在一〇五九―六一年）の時には皇帝による教皇選任を廃して、枢機卿による選挙とローマの聖職者および民衆による承認という教皇選任方法が法的に確立された。叙任権闘争は、このようにして始まった教会改革が、クリュニー修道院の出身者でレオ九世以来教皇の顧問役を務めていたグレゴリウス七世（即位前の名はヒルデブラント、在一〇七三―八五年）の下で、俗人による聖職者叙任の禁止、皇帝権に対する教皇権の優位の確立、を目標として掲げるに至り、オットー一世以来の帝国教会制を堅持し、皇帝による聖職者叙任権を維持しようとするハインリヒ四世の抵抗にあって勃発したものである。この争いは、シャルトルのイヴォーの学説を採り入れた妥協策によって一応落着せしめられた。すなわち、一一二二年のヴォルムスの協約は、聖職者任命を、教会法に基づく選挙を前提として、指環と杖（教権の象徴）の授与による教皇の叙任と、笏（俗権の象徴）の授与による皇帝の教会領および世俗的権力の授封という二つの法律行為に分けることによって、教皇、皇帝双方の主張を和解させたものである。広い意味では、一一世紀後半から一二世紀にかけて、イングランド王ウィリアム二世（在一〇八七―一一〇〇年）、ヘンリー一世（在一一〇〇―三五年）、フランス王フィリップ一世（在一〇六〇―一一〇八年）と教皇の間で争われた同じ性質の争いも叙任権闘争と呼ばれる。

（三）　パタリア。言葉の原意は乞食、またはぼろ拾い。初めミラノの、次いでロンバルディア諸都市の、改革派＝教皇派を指す言葉であったが、改革の成功後には異端の意味に用いられた。

（四）　一〇五六年ミラノに発生したパタリア闘争はミラノ・コミューンの前史。教会改革を叫ぶ二人の聖職者、即ちヴァルヴァッソール出身の助祭アリアルド、カピタネウス出身の聖職者ランドゥルフ、ランドゥルフの弟で騎士エルレムバルド三人の指導の下に、大司教ギードおよび聖職売買並びに聖職者妻帯の弊風に染まった聖職者の拠点ミラノ大司教座聖堂に対して、大司教都市君主の支配への参加を要求する大商人、織布工を中心とする民衆が展開した闘争。五七年になると、レオ九世によって教会改革への第一歩を踏み出していた教皇庁は、教会改革、神聖ローマ皇帝との争い、ミラノ大司教の独立性の打破、という観点からパタリアを積極的に支持し、闘争は無能なる大司教ギードの敗北に終わった。

(五)　ドイツの Rat, Stadtrat にあたる。市参事会員。

(六)　一二世紀イタリア都市の社会構成は、通例、次のようになっていた。最上層は神聖ローマ皇帝に直結するドイツ人支配者、次にカピタネイ（単数カピタネウス）、ヴァルヴァッソーレス（単数ヴァルヴァッソール）と呼ばれる貴族層、その下にキーヴェス即ち市民層である。市民層のうち有力なものは大商人であり、その下に小商人、手工業者がいた。カピタネイは元来は農村に居住する上級騎士であり、ミラノでは、一〇世紀末、大司教を軍事的に援助する代わりに大司教から農村の聖堂区聖堂財産を封として授けられ、それを手がかりとして聖堂区に対する一円支配権を確立したのち都市に移住し、都市内の実力者になっていったもの。ヴァルヴァッソーレスは、封臣の封臣、つまり陪臣という語義の示すように、カピタネイの都市移住後に、カピタネイの封臣として聖堂区聖堂財産を再授封された下級騎士。一一世紀前半にはカピタネイと同等の法的地位を獲得するのに成功し、一部は都市に移住してカピタネイと合体した。一一世紀末以降は、ヴァルヴァッソーレスもカピタネイと呼ばれるようになる。谷泰、「イタリアにおける都市国家の形成」（清水盛光、会田雄次編『封建国家の権力構造』、創文社、所収）を参照されたい。

(七)　ラミールドゥス。グレゴリウス七世の教会改革を熱烈に支持したカンブレ司教区の司祭。クリュニーの改革がベルギーへ滲透し始めるのは一一世紀初頭、次々と諸修道院をその影響下におき、一一世紀の半ばまでには各地の司教もまた、少なくとも思想においては、その多くが改革に共鳴するようになった。そうした事情を前提として、グレゴリウスの改革が始まると、ベルギーの、特に下ロレーヌの諸司教は、政治的宗教的な争いだけではなく、ドイツの影響とフランスの影響の対立という事情も働いて、皇帝支持派と教皇支持派に分裂したが、修道士の熱烈な宣伝に煽動され改革思想に共鳴した民衆は、一致して、妻帯している司祭を、そして皇帝によって叙任された、つまりは俗人から聖職を買いとった司教を、激しく徹底的に弾劾するようになる。一〇七七年の暴動で、グレゴリウス改革を支持する立場からカンブレ司教を非難攻撃したラミールドゥスは、暴動鎮圧後、同年、司教によって火刑に処せられた。その極端過激なグレゴリウス主義の宣伝は、一二世紀初頭にアントワープのタンケルム（タンシュラン、一一二四年歿）の異端がカンブレ司教区をその運動の出発点とした――と推定される――ことの素地をつくり出したほどである。グレゴリウス改革、一二世紀宗教運動、コミューン運動の関連については、堀米庸三、『正統と異端』、中公新書、第六章を参照せよ。

（八）カンブレのコミューンは、その後、次のような歩みを辿る。「一〇七七年の一揆はこれとは異なっていた。このときは市民は一つの宣誓共同体に結集し、司教が彼らの宣約団体を公認するまで司教の入市を拒絶することを協定した。この場合もまた、司教は欺瞞によって運動を水泡に帰すことができた。ようやく一一〇一年になって、カムブレーの市民階級は都市宣誓共同体の公認を都市領主に強制することに成功した」。ハンス・プラーニッツ、鯖田豊之訳『中世都市成立論』、未来社、五九頁。

（九）シャルトルのイヴォー（イーヴ）。一〇四〇頃―一一一七年。聖人。フランスの教会法学者、一〇九〇年以降シャルトルの司教。有力な司教として影響力大きく、種々の法源に由来するためしばしば相互に矛盾していた教会法の法文資料を、スコラ的方法論を用いて、初めて組織的に編纂し、また叙任権闘争においては、折衷案を提出することにより、フランスの、次いでイギリスの闘争を解決し、さらにヴォルムスの協約への道を開いた。

（一〇）ノジャンのギベール。一〇五三―一一二四年。パリ近郊に生まれ、ベネディクト修道会に入り、のちノジャン大修道院長。神学者としては説教学に業績を残し、歴史家としては第一次十字軍に関する『フランス人による神の事蹟』を著した。ほかに晩年、自伝を書いている。政治的には、フランスを熱愛する愛国者であったが、カペー朝に対してはそれほど讃美する気持をもたなかった。

（一一）ルイ六世。一〇八一―一一三七年。カペー王朝第五代のフランス王（在一一〇八―三七年）。あだ名は肥満王。フランス王権の覚醒期に即位、都市を支持して「コミューンの父」と呼ばれた。

（一二）カペー王朝。メーロヴィンガ［メロヴィング］王朝、カーロリンガ［カロリング］王朝に次ぐフランス第三番目の王朝。九八七年から一三二八年まで続く。

（一三）ウーニヴェルシタースは全体の意、コムーニタース、コムーニオーはいずれも団体、共同社会の意。後二者は当時の史料で、コンユーラーティオー、コムーニア、パークス、アミーキティア、コーラなどとともにコミューン、都市誓約団体の意味で用いられてい、前者はその構成員全体を指称するのに使われている。

（一四）ボードワン五世。フランドル伯在位年表（三四四頁）を参照せよ。

（一五）ロベール・ル・フリゾン。フランドル伯ロベール一世。ボードワン六世の弟。一〇六三年、オランダ伯フローラン一世の未亡人と結婚、それによってオランダ伯領の統治権を掌握。一〇七一年、甥のアルヌール三世をカッセルで敗北せしめ、フランドル伯となる。簒奪によって伯となったため、都市の支持を得るのに腐心した。有名な冒険家で、エルサレムに巡礼。フランドル伯在位年表参照のこと。

（一六）エルサレムのロベール。ロベール二世。ロベール一世の息子で、一〇八七年から一世とフランドルを共同統治。第一次十字軍の指揮者の一人。父の対都市政策を継承した。フランドル伯在位年表参照のこと。

（一七）シャルル善良伯。（一八）ノルマンディーのギヨーム。（一九）アルザスのティエリ。

シャルル善良伯は、ロベール・ル・フリゾンの娘とデンマーク王クヌード四世の間に生まれた。従って、別称デンマークのシャルル。一一一九年からフランドル伯。一一二七年三月二日、無頼貴族の一団に聖堂内で暗殺される。子供がなかったので、フランス王ルイ六世は、自分の敵イングランド王ヘンリー一世（在一一〇〇—三五年）の甥でありかつその敵手であるノルマンディーのギヨーム（ギヨーム・クリトン）に、対イングランド政策の必要から、多数の伯職請求者を排除してフランドル伯職を与えた。ギヨームは、ウィリアム征服王、マティルダ（ボードワン五世の娘）夫妻の孫に当たる。歴代のフランドル伯と友好関係にあり、シャルル善良伯の暗殺事件に憤慨したフランドル諸都市は、暗殺者に対する復讐に武器をもって立ちあがり、一方新しい伯の選任に参加することを要求していたので、フランス王のとった行動は諸都市を刺戟し、都市はここに初めて伯領の内政に介入することになった。フランス王の命令を無視して、市民は新任の伯に彼等の要求をつきつけた。ところが、ギヨームは、一度は承知した約束を反古にして、暗殺者につながる農村貴族に依存しようとしたので、伯領は混乱に陥った。諸都市は、一一二八年三月、別の伯職請求者アルザスのティエリを伯として独自に承認、要求を貫徹する。フランス王も、一一二八年七月ギヨームが子供を残さずに死んだので、ティエリにフランドル伯職を与えることに踏みきった。ティエリは、アルザス公ティエリ二世とロベール・ル・フリゾンの娘との間に生まれた子供。

（二〇）ガルベール。フランドル伯のノタリウス。毎日、蠟板の上に書きとめておいた覚え書をもとにして、原註第七章（16）にあげてある年代記を執筆。一二世紀のフランドル市民の生活をこの年代記ほど忠実に伝えている記録はない、と言われている。なおノタリウスは、各シャテルニーの城に、城代とは別に、ベネディクト派の聖職者を伯役人として居住させ、シャテルニー（財政の単位としてはオフィキウム）内の伯領地の各種収入を司らせたもの。伯収入役。

（二一）十二表法。共和制初期にそれまでの慣習を成文化して制定したローマ最古の法。ローマ法進化の原点。一二枚の木板に、次いで決定的には青銅板に（板の材質については確実にはわからないが）刻んで元老院前の広場に公示したと伝えられるところから十二表法と称せられ、前四五一年、前年に設置された立法十人委員会によって一〇表が、前四五〇年にはその前年に設置された第二次立法十人委員会によって追加二表が制定されたところから十人委員会法と別称される。原本は前三九〇年のガリア人の侵入によって失われ、のちの文献中に見られる引用を通じて間接にそして断片的に伝えられているだけである。邦訳は、末松謙澄、『ウルピアーヌス羅馬法範第三版』、大正一三年、附録第二、の抜萃が平凡社『西洋史料集成』に収録されている。

（一二）　定期金売買。一二世紀以降、都市で教会法の徴利禁止規定の裏をかくために盛んに行なわれた投資方法。資本の需要者は自分の所有する不動産に物上負担として定期金を設定する。そしてその定期金を資本の提供者に売却して代金として資本の支払いをうける。このようにして、売買の形式をとりながら、資本の需要者は資本を調達し、資本の提供者は、初めは八％、のちになると五パーセントの定期金収益を永続的に取得する。定期金の売買は都市帳簿に登録されたが、しばしば売却者が購入者に定期金証券を交付した。この証券は一種の有価証券として売買の対象となった。なお物上負担とは、「土地から回帰的給付をうくべき物権である」（ハインリッヒ・ミッタイス、世良晃志郎、広中俊雄訳『ドイツ私法概説』、創文社、二〇七頁）。農村における物上負担としては、賦役および役務、現物地代、十分の一税、貨幣地代などがある。

（一三）　宣誓補助者。被告が雪冤宣誓をする場合に単独宣誓をすることは極めて稀で、多くはジッペ（はじめ父系の、のちには母系をも含めた、血縁関係者の全体）の仲間である宣誓補助者が数人または十数人、被告とともに宣誓する。宣誓補助者による宣誓は、証人の証明とは違って、係争の事実についてではなく、被告の宣誓が「純潔で無私」であることについて、人格を賭して行なわれる。初めは全員が同時に宣誓したが、フランク時代に入ると一人ずつ順番に宣誓するようになった。また宣誓補助者の一部または全部を原告が選ぶように変わった。

（一四）　人命金。ゲルマン時代より、ゲルマン法において、自由民の殺害について、加害者ないしはそのジッペから被害者のジッペに支払われた贖罪金。三分の一は相続人贖罪金として相続人に、三分の一は親族贖罪金としてジッペに与えられ、残りの三分の一は平和金として国家に帰属した（フランク時代）。人命金の額は、身分制度と関連して、被害者や加害者の身分によって非常に異なった。ドイツでは、一二世紀以来特殊の場合に限られるようになり、一三世紀に消滅。フランスでは、一三世紀まで、若干の地方で、特別の場合に残った。

(二五) 教会その他の建築物の入口の前にあるもので、数段の階段と階段上(踊り場)からできている。仮に聖段という訳語をあてておく。

(二六) ロランの像。ロランはシャルルマーニュの部将の一人。中世の叙事詩『ロランの歌』(邦訳、岩波文庫、有永弘人訳)の主人公。七七八年、殿軍の将としてイスパニア遠征からの帰途、ピレネー山中でバスク人に襲われて戦死した。中世後期から近世にかけて、抜剣を手にしたその木像あるいは石像が北ドイツおよび東ドイツ植民地域の多くの都市に立てられた。ロランの像――というよりはロランの握っている裁判刀(ハインリヒ・ミッタイス)――が象徴しているのは、あるいは都市の裁判権(ヘルバート・マイヤー)、都市の高級裁判権(ミッタイス、ハンス・プラーニッツ)であると説かれ、あるいは何よりも自由(ウィリー・ホッペ)であると説かれ、あるいは自治行政権をもった自由な都市共同体(ヘルマン・コンラート)であると説かれ、あるいは都市の諸特権(テオドール・ゲルリッツ)であると説かれ、あるいは個々の場合にどの権利であると決めることのできない諸権利(A・D・ガーテン)であると説かれている。

(二七) 法の属地主義と属人主義。居住地または犯行の場所の法によって人が裁判される原則を法の属地主義といい、近代では属地主義が普通。これに対して、法の属人主義は中世において通例の原則で、人はその身分、職業、部族、出生地の法に従って生活し、またその法によって裁判される。

(二八) ボマノワール。フィリップ・ドゥ・ボマノワール、あるいはフィリップ・ドゥ・ルミ。一二四六―九六年。フランスの詩人にして国王役人、また法曹家。故郷北フランスのボーヴェ地方の慣習法を私撰、一三世紀の最も重要な法書、『ボーヴェジ慣習法書』をつくった(一二八〇年)。

(二九) 第八章訳註(九)を見よ。

第八章

(一)　大家畜。牛、馬などのこと。これに対して山羊、羊、豚などは小家畜と呼ぶ。

(二)　ブルトゥイユの特許状の詳細については、Carl Stephenson: Borough and Town—A Study of Urban Origins in England. Cambridge, Massachusetts 1933, p.88, 93, 94, 117, 121 ff, 140 を参照。

(三)　モルトｰマン（マンモルト）の権利。フランスで、土地などの所有者が、例えば教会のような法人であって「死ぬ」ことができないために、もしくは農奴であるが故に、土地などの所有物を遺贈できないことをマンモルトという。農奴は、中世の経過中に事実上相続できるようになるが、それは、ドイツの死亡税Sterbfall に相当する貢租によって買いとられたものである。その場合、直系卑属が存在しないときには財産は領主に帰属した。領主のこの権利をマンモルトの権利という。他の身分的諸制約が消滅した後にもマンモルトは農奴のしるしとして残り、農奴はマンモルタブル、マンモルトの人々と呼ばれた。なおドイツの死亡税というのは、農奴が死亡した場合に相続人が領主に納付しなければならなかった相続税のこと。古い時代には動産の三分の一、二分の一、或いはそれ以上。後には領主が選択権を有する最良の家畜もしくは織物。

(四)　公ゴドフロワ。一〇六〇頃—一一〇〇年。フランス、ブーローニュ伯の子に生まれ、下ロレｰヌ公ゴドフロワの娘と結婚、神聖ローマ皇帝ハインリヒ四世によってゴドフロワの後継者に任命され、今日のベルギｰのブーイヨンに居城をもった（ゴドフロワ・ドゥ・ブーイヨン）。第一次十字軍に指揮者の一人として参加、一〇九九年、推されてエルサレム王国の統治者となり、「聖墓の保護者」と称す。

(五)　ウィリアム・ケイド。フランドル人、サンｰトメールのギヨーム・カードのこと。商人にして金貸し業者。一二〇〇年当時の或る指導的教会法学者は、ケイドを代表的な金貸し業者としてその著作の中にあげている。一一六六年頃ケイドが死んだ時、総額五〇〇〇ポンドの債権が残った。そのさまざまな債務者はフランドル、ノルマンディー、特にイングランドに分布している。ケイドが御用を勤めたイングランド王はプランタジネット王朝初代の王ヘンリー二世（在一一五四―八九年）で、それに関して残されている史料は、一一五五年から一一六五年の間に、総額五六〇〇ポンドが国王の収入からケイドに支払われているというもの一つだけである。いかなるサーヴィスに対する支払いか確実には知り得ないが、貸し付けに対する元利の支払いと解して差し支えないであろう。

（六）フィリップ＝オーギュスト。一一六五―一二二三年。カペー王朝第七代のフランス王（在一一八〇―一二二三年）、フィリップ二世。早熟にして冷静な知性をもった当代ヨーロッパ随一の政治家、フランス最初の偉大な国王であり、内政面では貨幣経済の発達を基盤として財政制度を整備しバイイと呼ばれる有給俗人官僚の制度を樹立、また王位の世襲制を名実ともに確立、政治の中央集権化、王権の強化を図り、外に向かっては、結婚によってアルトワ、ヴェルマンドワを、イングランド王ジョン欠地王の封土没収によってノルマンディー、メーヌ、トゥーレーヌ、アンジュー、ポワトゥー、オーヴェルニュを、それぞれ王領に編入、王領の飛躍的拡張を達成した。サン＝ドゥニ大修道院の修道士で、フィリップの伝記を書いた歴史記述家リゴールは、アウグストゥスという称号がラテン語のアウゲーレ（大きくするの意）と関連があると信じて、彼が王領を拡張したことから、オーギュスト（アウグストゥス）という異名を彼に呈した。

（七）ギヨーム・ル・ブルトン。フィリップ＝オーギュスト付きの司祭を勤め、フィリップとその時代を知る上に有益な年代記をのこした。アラスを中心とするアルトワはフィリップ二世の治世に王領に編入された。経済的に繁栄した一三世紀のアラスにはアダン・ドゥ・ラ・アール Adam de la Halle（一二三五―八五年頃）を中心とする多数の詩人が在住、この町の市民生活を歌った叙情詩をのこしている。例えば、

アラスはあらゆる美しきものの聞かれるところ。
この町の最も粗末なものをとっても、
他郷では、高価な値段で売れるのだ。

アラスの町の名声は、天下に聞えたものだから、
わしは先日大空が、上でぽっくり割れるのを見た。
何と神様がアラスのモテを習いたいと思召したのだ！
また、経済生活のきびしさについては、
アラスよ、アラスよ、訴訟の町、
憎しみの町、誹謗の町よ！

と歌われている。ベディエ、アザアル共編、辰野隆、鈴木信太郎監修『フランス文学史』一、創元社、二八五頁以下。

（八）　封臣――土地保有者、領主――土地所有者と対応させるのが整合的だと考えるが、原文に従う。

（九）　エクテート、メール、バイイ。フランドル伯は、バイイの創設までは、その権力の行使に、伯の行政要員とも呼ぶべきものとして、レーン法関係による世襲的封臣を利用した。伯と封臣を結びつける絆は托身と誠実宣誓のみであり、必ずしも強固ではなかった。従って、伯は、これらの行政要員としての封臣を掌握するために、自ら絶えず伯領内を巡回し、行政、裁判を監督する必要があった。世襲権によってその地位を保持しているこれらの封臣は、城代、エクテート、メールである。

伯の行政要員としては、初め、これらの封臣の他にミニステリアーレスがあったが、ミニステリアーレスの重要性は早くに失われた。

城代については本文七六―七七頁参照。エクテートについては詳かにしない。フランドル伯は、アルヌール一世（在九一八―九六五年）の治世から伯領内のすべての修道院に対するアヴーエ権を独占していた。そのアヴーエ権を行使するための伯役人か。とすれば、インミュニテ裁判権の代行者。メールは各オフィキウム内の伯領地の経営、管理に当たる伯役人、ヴィリクス villicus、マイヨル major。従って荘園裁判所の裁判主宰者。

一二世紀後半以降、伯がシャテルニーに代わる新しい行政制度を創設し、城代を介することなく、新設の有給官僚バイイを通じて、直接に伯領民に対して裁判、行政の権限を行使するようになることについては、本文を参照されたい。バイイ bajuli, baliuw, bailliu は、その名称が明らかにフランス語に起源をもっているところから初めはフランドルのワロン語（ワロニーア）地方に出現したと想定されるが、制度そのものはフランスからの輸入ではなく、一〇世紀以降伯が利用していたミニステリアーレスおよびノタリウスに起源があると思われる。というのは、バイイはフランドルだけではなく、ほとんどすべての低地諸邦にも、また北フランスにも出現するが、その時期は、フランドルが最も早く、アルザスのフィリップの治世（一一六八—九一年）には伯領全域に見られるからである。バイイが純然たる官僚であることは本文に見える通りであるが、任期は同一管区（バイヤージュ）においては一—二年を越えることなく、またそのバイヤージュ出身者を任命しないのはもちろん、バイイは自分の統治するバイヤージュの女性と結婚することも禁じられたほどである。ほとんどの場合、小貴族から登用された。バイイの出現により城代は漸次その権限を剝奪されて単なる伯の封臣に転化し、またメール、エクテートはバイイを通じて伯の支配下におかれた。

（一〇）オットー・フォン・フライジング。一一一一または一五—五八年。中世の歴史哲学者的歴史記述者。バーベンベルク家のオーストリア辺境伯レーオポルト三世（在一〇九五—一一三六年）の子、母親はザーリエル王朝のハインリヒ四世（在一〇五三—一一〇六年）の娘であり、先夫との間に儲けた息子の息子がフリードリヒ・バルバロッサであるから、オットーはバルバロッサの叔父に当たるわけで、当代きっての高貴の一族。シトー修道会に入り、フライジングの司教（在一一三八—五八年）となる。その著『年代記、またの名、二つの国の歴史』は、アウグスティーヌスの歴史観を基礎としながら、同時代史の叙述（一一四六年まで）に新鮮味があり、またフリードリヒ・バルバロッサの生涯（一一五六年まで）を『フリードリヒ一世事蹟録』に伝えている。

（一一）フリードリヒ・バルバロッサ。一一二二または二三—九〇年。シュタウフェン王朝第二代の神聖ローマ皇帝、フリードリヒ一世（在一一五二―九〇年）。バルバロッサ（赤髭王）は、あごひげが朱金色であったことに由来するあだ名。最もドイツ人好みのする皇帝、また中世騎士の典型として伝説化されている。皇帝権の栄光の再建を政治目標にかかげ、まずシュタウフェン家とヴェルフェン家の確執を解消し、ついで、デンマーク、ボヘミアに対する支配権を恢復、さらに六次にわたるイタリア遠征によって精力的にドイツ皇帝のイタリア政策を展開、レニャーノにおける大敗（第五次遠征）にもかかわらず、アルプスの南でも一応の成果を収めた。一一八九年第三次十字軍が起こると指揮者の一人として参加したが、一一九〇年六月一〇日、小アジアはかつてのキリキアの地を流れるサレフ河を渡る途中、溺死した。

（一二）　レニャーノの戦勝。レニャーノは北イタリア、ミラノの西北にある野。この地で、一一七六年五月末、ミラノを中心とするロンバルディア都市同盟の「どた靴」をはいた歩兵市民軍が、フリードリヒ・バルバロッサの率いる騎士軍を、大いに破ったことを指す。

（一三）　ブーヴィーヌの戦い。ブーヴィーヌはフランドル（現在の帰属はフランス）、リール近傍の地。ブーヴィーヌの戦いは、英仏両王権の武力衝突が主たる中味であるが、参加兵力の構成、関連する範囲がヨーロッパ的規模をもった最初の大会戦であり、中世のワーテルローの戦いとも称すべきもの。一二〇四年、封建法上の誠実義務に違反した廉でフランスにある封土の大半を没収されたイングランドのジョン欠地王は、姉の夫ヴェルフェン家のハインリヒ獅子公（ザクセン公、在一一三九―八〇年、バイエルン公、在一一五六―八〇年）の息子で、叔父甥の関係にあった神聖ローマ皇帝オットー四世と、ポルトガル王の息子で、フランス王フィリップ－オーギュストの仲介によりフランドル伯ボードワン九世の娘と結婚、フランドル伯の称号を得た代わりにフィリップに圧迫されていたフェランを味方にひきいれ、フィリップのイングランド遠征計画を挫折させた上で逆にフランスに遠征を敢行した。自らはギエンヌを通って軍を進め、他方、オットー四世、フェランの連合軍がパリに進軍する作戦をたてたが、ドイツ、フランドル連合軍は、封臣騎兵隊、傭兵隊、なかんずく市民軍によって構成されたフィリップの軍に、一二一四年七月二七日、ブーヴィーヌで邀撃された大敗した。その結果、フランス王の威信はいやが上にも高まり、ジョンは貴族の叛乱にあって『マグナ・カルタ』に調印、オットーはフリードリヒ二世にとって代わられ、フランドルはフランスの属領的地位に転落した。

(一四) マグナ・カルタ。一二一五年六月一五日付けで(本文の一二一二年は誤植であろう)、イングランド王ジョン欠地王が、反撃の時間かせぎの下心の下に、ヘンリー二世(在一一五四—八九年)以来の不満を爆発させて国王に反抗する貴族、聖職者、ロンドン市民の要求を呑んで、テームズ河畔ラニミードの野原で調印した一特許状。通例、大憲章と邦訳される。この「貴族要求条項」が『マグナ・カルタ』と呼ばれるようになったのは一二一七年の再発布のときであり、また現存の形に固まったのは一二二五年の再発布によってである。その時にはまた箇条わけもなかったこの特許状が前文と六三ヵ条にわけられたのは、一八世紀の註解者によってである。『マグナ・カルタ』自体は、貴族が、封建法に基いて、貴族の既得権を擁護するために王権を制限しようとした封建的性格のものであり、むしろ保守的、さらには反動的なものでさえあり、新しいものを生み出すものではなかった。最も急進的な条項である原典最後の条項でさえ、貴族の不平を聴聞する委員会の設置と貴族の反抗権の是認にすぎず、しかも再発布に際しては削除されてしまった。一七世紀の議会主義者が王権との闘争の武器を『マグナ・カルタ』に見出してから、イギリスの国民的な政治的自由を基礎づけた記念碑的文書とする解釈が一九世紀の学者を支配した。ピレンヌの見解は、基本的に、この解釈を継承している。H. Pirenne: A History of Europe. London, 1939, p.257-258 を参照のこと。邦訳は、田中秀央訳『マーグナ・カルタ』(羅和対訳)、京都女子大学出版部。

(一五) 封主に対して臣下が義務として負う助力のうち貨幣的なものとして御用金があった。御用金は、しかし、経常的なものとしてではなく、例外的なものとして、四つの場合(ノルマンディーでは三つの場合)に徴収が認められていた。一、捕虜となった封主の身代金の支払いの場合。二、封主の長男の騎士叙任の場合。三、封主の長女の結婚の場合。四、封主の聖地への出発の場合。御用金の発達を見たのは、フランス、イングランドで、ドイツではあまり発達しなかった。

（一六）　修練士。修道志願者で修道三誓願を立てる前の試験期にある者をいう。

（一七）　ベギン会。ベギン会の起源は、一二世紀、今日のベルギーのワロニーア地方の都市で、寡婦および処女が、在俗のまま、祈禱、苦行、病人の看護に身を捧げたことにある。これは都市における「女性過剰問題」の一つの解決策でもあった。数年の結婚生活の後、夫と別れ、永年にわたって癩者の看護に献身、最後はナミュール地方のオワニーにある小さな修道院のかたわらに数名の同志と住みついたオワニーのマリーは、最も気高い例である。一三世紀に入るとこうした女性の数がふえ、グループをつくり、共住施設で共同の信仰生活を始めた。これがベギン会女子修道院の起源で、最も早い例は、リエージュの吃音のランベール Lambert le Bègue（歿一一七七年）の建てたもの。ベギン会修道女 béguines の名称はランベールの異名ベグに由来するとされている。ベギン会は、最初の禁欲的性格を捨て、市民生活に適合することによって、南のディーデンホーフェン（ティオンヴィル）地方、北のフランドルに広まり、一三世紀半ばにその流行は絶頂に達した。またベルギーのそと、ドイツ、フランスにも広まった。ベギン会修道女は終身修道誓願を立てず、俗世間に戻って結婚することができた。またその修道生活は専ら観想を事とするのではなく手仕事を重んじた。羊毛工業と市民の子供の教育が主たる仕事で、それがベギン修道会の財政を助けた。その後、たびたび異端の宣言をうけたが、今日では、ベルギー、オランダで十数院が救貧や看護の事業に当たっている。

（一八）　ベガルド会。女子のベギン会に刺戟されて一三世紀前半に成立した男子修道会。一二五二年にはブリュージュに存在したことが確証される。その勢力はベギン会に劣るが、同じようにドイツ、フランスにも伝わった。ベガルド修道会士は聖フランシスコ、聖ドミニクスの戒律に従って生活し、また織物業に従事した。その神秘主義、禁欲主義が強烈であったため、その後たびたび迫害され、ベガルド会は異端の代名詞となった。

（一九）　アルビ派。一二―一三世紀に南フランス、ラングドック地方の都市アルビを中心に、イスパニア、イタリア、北フランスまで広まった中世最大の異端。ドイツに発生したカタリ派の南フランス版であり、イランにおこったマニ教の影響をうけ、霊肉二元論の教義を説いた。本文にもあるように都市に布教の目標をおき、単純ながら理想主義的な態度が多くの共鳴者を集めた。インノケンティウス三世の提唱による第一次アルビジョワ十字軍（一二〇九―一四年）におけるシモン・ドゥ・モンフォールの活躍、フランス王ルイ八世（在一二二三―二六年）のおこした第三次アルビジョワ十字軍（一二二六―二九年）を経て、一四世紀には根絶された。

訳者あとがき

一

この書物はHenri Pirenne: Les villes du moyen âge. Essai d'histoire économique et sociale, Bruxelles 1927を全訳したものです。原著は、著者の歿後、彼の他の都市研究論文とともに、論文集Les villes et les institutions urbaines. 2 vols., Paris et Bruxelles 1939に収められましたが、私が底本として用いたのは単行書の方です。

原著には、著者の序文にもありますように、原著よりも早くMedieval Cities. Their origins and the revival of trade, transl. by F. D. Halsey, Princeton University Press 1925の英訳があります。この英訳版はその後幾度か版を重ね、一九五六年にはDoubleday & CompanyのDoubleday Anchor Booksに入れられ、ますます広く読まれるようになっています。

また、わが国では、この英訳版を底本とする今来陸郎教授の邦訳が『西洋中世都市発達史』の表題で昭和一八年に出版されています。

訳筆を進めるに当たって、右の二つの外国語訳を常に座右におき、尊敬の念を以て、参照しました。私のこの新しい企てに、もし何ほどかの取柄が見出されるとするならば、それはすべて、戦後における日本の西洋史学界の進歩の賜にほかなりません。しかもなお私の学力不足のために、この好条件を生かしきれず、多くの誤りを犯しているのではないかと惧れています。博雅の士の御叱正を得て、匡(ただ)していきたいと念じています。

二

アンリ・ピレンヌの『中世都市』は教科書ではありません。かと言って論文集でもありません。著者自身書いていますように、長い間中世都市の成立について専門的な研究に従事したのち、その研究の間に確立した学説を前提としながら試みた歴史叙述です。しかも、そこには難解な理論も独特の概念も見られません。ですから、ここで改めてその内容を学説として整理し、要約する必要はないと思います。全訳を提供する私としては、読者がそれぞれの関心から本書を味読され、自由に読みとり得ることを読みとって頂ければ幸いです。

ただ、専門的な興味をもたれ、ピレンヌの中世都市成立論の学説史上の意義に関心を抱かれる読者には、本書に展開されたピレンヌの学説は、中世都市成立論史上の不朽の古典であり、しかも今日なお実際の研究の出発点を提供するものであることを一言して、詳細については次の邦語文献の参照をお願いしたいと思います。

林毅「K・クレーシェル『都市法と都市法史』」、法制史研究、第一五巻

佐々木克巳「中世都市成立論における法制史と経済史」、アカデミア、第五九号

なお、鯖田豊之氏の邦訳されたハンス・プラーニッツ『中世都市成立論』、未来社、を併せて読んで頂きたいと思います。

ピレンヌの生涯と学問についても、増田四郎監修、中村宏、佐々木克巳訳『ヨーロッパ世界の誕生』、創文社、の監修者序文や、安藤英治氏の「アンリ・ピレンヌの歴史意識」（『マックス・ウェーバー研究』、未来社、所収）などを通じて、今日では、わが国でもかなり広く知られるようになっていますが、初めてピレンヌの著作を読まれる人のために、私なりに簡単に紹介しておきたいと思います。

三

アンリ・ピレンヌはベルギーの人です。ベルギーは小さな国です。面積およそ三万

五〇〇平方キロメートルといいますから、わが国の九州よりも小さく、人口は約九〇〇万人です。

そのベルギーの東部にドイツと境を接するリエージュ県があります。県の中心都市リエージュでメウーズ河が支流と分かれますが、その支流を東に三〇キロメートルほど遡ったところにヴェルヴィエという小都市があります。手許にある一九六三年版のフランスの辞典には人口三万七〇〇〇人とでています。のちに世界的な大歴史家となるピレンヌは、一八六二年（文久二年）一二月二三日、このヴェルヴィエで生まれました。

ベルギーという国は、民族、言語の点でワロニーア地方とフランドル地方に分かれますが、ヴェルヴィエはワロニーア地方に属する古くからの工業地です。ピレンヌの父親も繊維工場を経営していましたが、なかなかの学問好きで、また自由主義者でした。『進歩』という地方新聞を発行したりしています。母親の方はドイツ系の移民の子孫で、厳格なカトリック教徒でした。

多くのすぐれた歴史家についてよく言われることなのですが、ピレンヌも大学に入る前から歴史が好きだったそうです。大学はリエージュ大学に入りました。そしてそこで、厳格なカトリック教徒でありフランク王国史の専門家であるゴドフロワ・キュルト Godefroid Kurth についてベルギー史、特にその中世史の研究を始めました。大学の課程を了えるとすぐに、一八八三年、パリに留学し、一八八四年にはライプツィヒとベルリンに留学しました。小さな国の青年が、フランス、ドイツという大国の花の都に修業に出かけたわけです。パリで師事したのが《Revue Historique》を創刊したガブリエル・モノ Gabriel Monod、ライプツィヒで師事したのがカール・ラムプレヒト Karl Lamprecht の師ヴィルヘルム・アルント Wilhelm Arndt、ベルリンで師事したのが古文書学者ハリー・ブレスラウ Harry Breßlau、それからグスターフ・シュモラー Gustav Schmoller です。シュモラーが新歴史派の代表的経済学者であり、村落経済↓都市経済↓領邦経済↓国民経済という有名な発展段階説の提唱者であること、そして中世ストラスブールの都市経済の研究者であることはよく知られていることでしょう。

もっとも、このように多くの良い先生に恵まれて歴史研究の途に入っていったのですが、ピレンヌはなかなかの頑固な個性の持ち主で、先生たちの影響は多くは技術的、研究方法的なところで止まって、彼の学問の核心にまでは及びませんでした。ピレンヌが人格的、精神的に最も近いものを感じたのは恩師のキュルトと、ピレンヌがリエージュ大学に在学していた時の教授で、のちにはガン大学で同僚となった歴史家ポール・フレデリクPaul Fredericqだったようです。前に書きましたようにキュルトはカトリックですが、フレデリクはフラマン系の自由主義者です。ピレンヌは自由主義とカトリック世界観の両方に理解をもっていたばかりではなく、社会主義思想に対しても心を開いていたそうです。

ピレンヌの関心と知識は歴史プロパーの領域を越えて、芸術、法史、国民経済学にも及んでいました。また彼は外国語にすぐれた天分をもっていて、中世ラテン語、オランダ(フラマン)語、ドイツ語、英語に通暁していたほか、のちにはロシア語を修得します。

さて一八八五年、留学から帰って来たピレンヌは、二三歳という若さでリエージュ大学の教壇に立ち、専門講義を担当しますが、翌八六年、員外教授としてフランドル地方のガン大学に赴任、八九年には中世史の正教授に昇任しました。そしてエスコー(スケルデ、スヘルデ)河畔のこの古都で法律家の娘イエニー・ロール・ヴァンデルヘーゲンと結婚します。このようにして始まったピレンヌの学究生活は、一九三〇年に名誉教授の称号を授けられて退職するまで、ずっとガン大学で続けられたのです。その間、数多くのすぐれた業績がたゆみない精進の結実として生まれました。

ガン大学を退いたのは、一九三〇—三一年にそこが純然たるフラマン語による専門学校に組織がえされたことと関係があるようです。とまれ、退職後のピレンヌは、首都ブリュッセルの近郊ユックルに移り住み、なお研究に専念しました。ブリュッセル大学が彼を招聘し、彼もそれを受諾して教授団に加わったのですが、ここではほとんど講義をしませんでした。と言いますのは、ピレンヌの学問は広く世界の学界に知られるようになり、自分の研究を進めるほかに、諸国の大学や研究所に招かれて講演旅行に多忙だったからです。

ピレンヌはパリ、オックスフォード、ケンブリッジ、フローニンゲンなど世界各国一六の大学から名誉博士の称号を贈られ、スウェーデンなどヨーロッパ諸国のアカデミー会員にも推されました。ベルギー国王からは大十字勲章を授与されました。しかもこういった数々の栄誉につつまれながらも、名利を超越した彼の高潔な人柄は些かも変わらなかったということです。

ピレンヌが死んだのは一九三五年（昭和一〇年）一〇月二四日のことです。七二歳でした。葬儀にはカトリックのドゥルエー神父も、またベルギー労働党の創立者であるエミール・ヴァンデルヴェルデも参加しました。ベルギー議会では全議員が哀悼の意を表しました。彼がいかにひろやかな精神の持主であったか、そしていかに広い国民的尊敬をうけていたか、ということがわかると思います。

以上で私は、彼の『ヨーロッパ史』の独訳版につけられている訳者ヴォルフガング・ヒルシュの序文に専ら拠りながら、ピレンヌの一生を紹介してみました。このように、彼の生涯は静かな、そして実りの多い学究のそれでした。しかし、第一次世界大戦の時に、一度だけですが、彼の人生に波瀾が生じます。そしてそれは彼の学問の展開と関係がありますので、次にその間の事情を説明しておきたいと思います。

四

第一次大戦が始まるとドイツ軍は作戦行動の必要から中立国ベルギーに侵入し、ベルギー国民をドイツの軍政下におきました。ガン大学はこの不法な中立侵犯に抗議して、全学挙げての大学閉鎖を続けました。占領軍は何とかこの抵抗を止めさせようとしますが効果がありません。そこで考え出した膺懲(ようちょう)手段が、長老教授ポール・フレデリクと花形教授ピレンヌを逮捕して、ドイツに抑留するという措置でした。一九一六年三月一八日朝、ピレンヌは逮捕され、ドイツに送られて、クレフェルト、そしてホルツミンデンで収容所生活を余儀なくされます。この事件に対しては、中立諸国のアカデミーや大学ばかりではなく、教皇ベネディクトゥス一五世、合衆国大統領ウィルソン、スペイン国王アルフォンソ一三世なども異常な同情を寄せ、ドイツ政府に釈放を要求しますが、ドイツ当局はそれを拒否しました。ただ、抑留の条件を緩和して、最初はイェーナを、そして一九一七年一月にはクロイツブルク・アン・デア・ウェラという田舎町を、滞在地に指定します。ピレンヌの息子の一人ピエールは大戦の始まった年の一一月、志願兵としてイーゼル河畔の戦闘で戦死しました。その心の痛手の癒えぬうちに、今度は自分が家族から離されて、ようやく老境に入ろうとする身をひとり転々とドイツ各地にたらいまわしされることになったのです。同じ不幸を耐え忍ぶヨーロッパ各国の捕虜との間に通い合う友情を見出し、ヨーロッパの統一性と多様性とについて何ものかを膚で感じとることのできたクレフェルト、そしてホルツミンデンでは、彼は一介の捕虜としての扱いしか受けませんでした。田舎宿に軟禁されていたクロイツブルクでは、彼はたった一人で敵国人の中で暮らさなくてはなりませんでした。いずれにしても、短期間イェーナにありました時そこの大学図書館の利用を許されたほかは、この三年の間、ピレンヌは研究に必要な一切の手段を奪われていたのです。

それまでピレンヌが歩んできたコースはまことに順調なものでした。それだけにこの抑留生活は彼には辛かったはずです。けれども、そうした環境の中でも、彼は屈することなく、マイナスの条件をプラスの条件に転化してしまうのです。まずロシア語を勉強しました。捕虜仲間のロシア人将校についてクレフェルトで始められたロシア語の学習は、抑留中ずっと続けられました。イェーナ時代にはロシア人史家の文献を体系的に渉猟できるようになっています。こうして、ピレンヌの研究視野は、抑留生活の間に東に向かって大きく広げられたのです。それだけではありません。一切の史料と文献から切り離され、瞑想に近い思索が日課となった時、マックス・ヴェーバーの言うあの「思いつき」が、幾度か彼の脳裡に閃いたのでした。その最大のものが、イスラームの地中海進出とヨーロッパ中世の形成を結びつけて考える、つまりヨーロッパをヨーロッパの外側との関連で把握する、という展望の広い着想です。

そうして、ピレンヌは、抑留中に、この拡大された視野、卓抜な着想を生かしながら、政治、経済、社会、宗教、文化、要するに生活のあらゆる分野にわたるヨーロッパ史の叙述を試みました。クロイツブルクの孤独の中で、身についた知識だけを頼りに、毎日毎日、粗末な学童用の帳面に書いていったのです。それが彼の歿後刊行された名著『ヨーロッパ史』です。

一体、第一次大戦までのピレンヌは何をどのように研究していたのでしょうか。ピレンヌの著作活動の詳細については『ヨーロッパ世界の誕生』巻末の著作目録を参照して頂きたいと思いますが、彼の研究関心は、かなり早くからベルギー史の枠を越える傾向を示しています。それは、特に中世都市と中世商工業の研究について言えることです。立論の素材、発言の基礎はすべてベルギー史の実証的研究にあるのですが、ベルギーをヨーロッパ全体の中においてみて、自分の研究成果のヨーロッパ史的意味を見定めようとするのです。そのためにピレンヌは、ヨーロッパ各国の学界動向に周到な注意を払って、知識を集積しています。大戦の始まる数年前からヨーロッパ史を書いてみたいという気持になっていたのは、こうした蓄積があったからなのです。ピレンヌが、のちにヨーロッパ史家になっても、決して根無し草のコスモポリトなヨーロッパ史家にはならずにいつも祖国ベルギーに根をもったヨーロッパ史家になったのは、もちろん知識の量という実際的な問題もありますが[三]、小さな祖国ベルギーがヨーロッパ全体の歴史の中で果たした役割を正しく見極めたいという気持が、出発点においてあったからなのです。ヨーロッパ史家へ成長していく素地は、このように、大戦前からあったのですが、しかし何といっても、この時期のピレンヌの仕事の目標は、生活のあらゆる分野の綜合的叙述である国民史の大著『ベルギー史』の完成におかれていて、研究と著述のエネルギーの大半はそのために向けられていたのです。一九一三年には既に一八世紀末まで進んでいました。ですから、大戦中の抑留は、『ベルギー史』の完成を遅らせ、『ヨーロッパ史』の着手を早めただけのことで、抑留体験が仮になかったとしても、『ヨーロッパ史』は書かれたはずだと思います。だがしかし、もし抑留体験がなかったならば、ピレンヌの『ヨーロッパ史』は、現にある『ヨーロッパ史』とは相当に違ったものになっていたことでしょう。大戦中の人生波瀾が学問の展開と関係があると言ったのは、こういう意味なのです。

とまれ、『ヨーロッパ史』の叙述が一五五〇年まで進んだ時に戦争は終わり、ピレンヌは帰国します。戦後のピレンヌは、一方では、一九三二年までかかって、『ベルギー史』を完成します。他方では、いよいよヨーロッパ史家として研究し、著作を発表しますが、一九一四年までプランができていた『ヨーロッパ史』の続きは書き継がれませんでした。これは大層残念なことです。しかしその代わりに、現に遺されている『ヨーロッパ史』の中で構想された限りでのヨーロッパ史像の各部分を、さらに深い研究によって彫琢し、それぞれの分野で不朽の名作を遺しました。中世ヨーロッパ史の分野では『中世都市』、『中世ヨーロッパ経済史』が、また中世ヨーロッパ形成史の分野では『ヨーロッパ世界の誕生』がそれです。

（一） この著作目録に、さし当たって、次の三点を追加しておきたいと思います。
1924: La question des jurés dans les villes flamandes. Revue belge de Philologie et d'Histoire, t. III.

1936: Western Towns and their Commerce. (dans: Cambridge Medieval History, Vol. Ⅶ.)
1948: Medieval Commune. (dans: Encyclopedia of the Social Sciences, Vol. Ⅳ.)

(二)　例えば、『中世都市』の中でピレンヌが言わば自分の裸の眼で見ているのは、ベルギーないしは低地諸邦の都市だけです。『ベルギー史』第一巻と文章まで同じ箇所があるくらいです。

五

私には別段とりたてて論を立てるほどの翻訳観はありませんが、原文を素直に読んで、そしてできるだけそのまま日本語に移すのがよいのだと考えるようになっています。内容的には同じことを書くにしても、日本人である私が初めから日本語で書く場合とは自ら違った日本語の文章になっても、原文がある以上は、当然だと考えるようになったのです。もちろん、そういうやり方ではどうにもならない場合があることはよく承知しています。原文の性質によると思います。ピレンヌの文章は、私にはよくわかりませんが、私がこの訳業で採ったやり方で日本語に移しても、少々スピードを落として読んで頂ければ、容易に理解できるものだと思います。慌しい世の中になり、スピードということが大きな価値をもつようになっても、やはり書物の中には、ゆっくりと読むべきものもあると思います。実を言いますと、一度は読み易さを主眼にした訳文をつくったのですが、考えなおして、原文に素直な訳文に変えてしまいました。その結果がただ、日本語としてぎこちない文章になってしまったのではないことを、今となっては、ねがうのみです。

翻訳の際の約束のようなものは次の通りです。

本文に見られる校正その他の誤りは、気のついた限り、訳註でその旨を指摘した上で、訳文で訂正するか若しくは敢えて原文に従うことを記しておきました。脚註に引用されている文献や史料の表記上の校正の誤りは、気のついた限り、断わりなしに訂正しておきました。

原文で《》の箇所には「」を、（）の箇所には（）を用いました。〔〕の中は訳者の補筆です。

原文でイタリック体活字を用いて印刷してある部分には訳文では傍点をつけました。但し、フランス語以外の言葉であることを表示するためにイタリック体活字が用いられている場合には、訳出した上で、原語をイタリック体活字で併記しました。脚註でイタリック体活字が用いられている場合は原語を併記するにとどめました。但し、引用史料の中で用いられているイタリック体活字の部分はそのまま残し、かつその部分の訳文に傍点をつけました。引用史料はすべて試訳のつもりで訳出してあります。それから序文は全文イタリック体活字を用いて印刷してありますが、これは特別扱いをしませんでした。

史料、文献の表題は邦訳して『　』でつつみました。但し脚註にあげられている史料、文献は原文のままイタリック体活字をローマ体活字に変えて示しました。

原著では頁ごとに示されている脚註はアラビア数字を用いて示し、章ごとの通し番号をうって本文末に一括して掲げてあります。

訳註は漢数字で示し、章ごとの通し番号をうって、本文末、原註の次に一括して掲げてあります。

人名、地名などの呼び方には、正直のところ閉口しました。いろいろと迷いましたが、結局のところ、人名については、カーロリンガ帝国が崩壊して独、仏、伊の区別がでてくるまでは、原則としてフランス語読みをし、それ以後は、国別の呼び方か慣用に従うことを原則としました。そのため、ペパンとか、エジナールとか耳なれない呼び方になってしまいましたので、索引に若干の工夫をしておきました。

人名ではそのほかにラテン語読みにするかどうするかという問題がありますが、ローマ系の人間はラテン語で、そうでない人物は先程の原則に従ってフランス語で呼ぶことを方針としました。

メーロヴィンガ王朝、カーロリンガ王朝は、ドイツ語風に表記しました。

それから古典語の長母音の表記は、正確さと慣用の妥協といった形にしました。ユースティーニアーヌスではなく、ユスティニアーヌスといった程度です。正確に表記したものもあります。

ゲルマン人の部族の呼び方も厄介です。ドイツ語の複数形を用いている例も知っていますが、大体のところ慣用に従うことにしました。

地名については、現在の政治的境界線による原呼称に従うことにし、それがわからない場合にはフランス語の呼び方を採るか慣用に従うことにしました。人名と同じく索引で若干の処理をしておきました。

大体以上のようなやり方をしましたが、中途半端な、落ちつかない結果になりました。至らない点があると思いますが、御叱正頂ければ幸いです。

地図を付録しましたが、私の狙いは、この書物にでてくる地名をできれば全部、その中に収めること、そしてその地図を歴史地図にすること、でした。しかし、限られた枚数の地図の中で両方の要求を満たすことはできませんでした。歴史地図の歴史性は大分薄れましたが、その代わり、どうしても調べのつかなかった少数のほかは、本書の本文にでてくる地名は地図のどこかに必ず入っています。

系図、索引も原著にはありません。

訳註は、私がこの書物の英訳版を大学二年生の外国書講読のテキストに使用した時の経験を基礎にして、主として手許にある内外の文献や辞典を頼りに作成しました。少しでも一般読者の参考になれば幸いです。カトリック教会関係の用語については、専ら冨山房の『カトリック大辞典』と東京堂の『キリスト教用語辞典』のお世話になりました。

六

この訳業のことを増田四郎先生に御相談申しあげ、仕事に着手してからもう何年にもなります。私の仕事は遅々として進みませんでしたが、その間ずっと、先生は暖い眼で見守っていて下さいました。日頃蒙る学恩とともに、ここに心からお礼申しあげます。渡辺金一教授は数ヵ所のラテン語を読む上で力を貸して下さいました。厚くお礼申しあげます。創文社の石川光俊さんは辛抱強く私の仕事の終わるのを待っていて下さいました。お詫びとお礼を申しあげます。

ささやかな訳書ではありますが、今あとがきの筆を進めていますと、訳業に従事していた日々の思い出がよみがえってきます。今年もまた、暮れようとしています。

昭和四四年暮

国立の寓居にて

佐々木克巳

第二刷のあとがき

第二刷の上梓にあたって印刷技術的に可能な限り誤植、誤記を訂正しました。渡辺金一、沢田昭夫、清水廣一郎の諸氏に、この機会をかりて厚くお礼申しあげます。

昭和四七年春

解説

大月康弘

ピレンヌは今も生きている。本書を手にして改めてそう感じた。なんとみずみずしく「中世都市」の来歴を描いてみせたことだろうか。「中世都市」誕生までの骨太にして明瞭なストーリー。都市誕生後の内部構造分析。そこに生きた人びとの息づかいまでが身近に感じられてくるというものではないだろうか。

本書の英語・フランス語版原著が出版されたのは、今からおよそ九〇年前。第一次世界大戦後のことだった。

大著『ベルギー史』全七巻を上梓したピレンヌは、ベルギーを代表する国民国家史National History の大家だった。しかし大戦中に、ドイツ・ナショナリズムの伸張が隣国を蹂躙するのを目の当たりにし、自身も虜囚の身となるに及んで、「国民」単位での国家のあり方を冷めた目で見るようになったようだ。大戦後のヨーロッパは、厭世的にして前衛的な芸術家集団が生まれるなど、文化現象に多彩な輝きを放った時代だった。ピレンヌの学問的生涯においても、やはり大戦中の経験が大きな転機になったことがうかがわれる。

国民国家形成の時代、これを創り、推進した「市民」たちがいた。近代的な市民社会の来歴を語るナショナル・ヒストリーが紡がれ、それが「中世」に遡求されていた。中世史学の領域でも、近代国家・市民に繋がる萌芽を求める関心が強くなっていく。「市民の学」としての社会科学（経済学、政治学等）が発展しながら、これと手を携える歴史学が広く行われていた。ピレンヌもまた、「国民性」研究で名を馳せるカール・ランプレヒト（一八五六―一九一五年）の師ヴィルヘルム・アルント（一八三八―一九五年）にライプツィヒで師事して、研鑽を深めていた。

ピレンヌは、ナショナリスティックな国家・社会観が横溢する一九世紀的空気のなかに生きたが、この潮流が国民国家間の経済圏拡張競争を生み、その帰結として大戦を招来した、とも感じるようになったようである。彼は、至極当然のことながら、国民国家の形成が「近代」とりわけ一九世紀の産物であることに想到する。また国民国家が、近代以前から存在して、自律的な政治経済単位としてあった「地域」および「都市」から形成されている事実に目を向けた。

国民国家を越えてピレンヌが語る「ヨーロッパ史」には、いくつかの重要なモチーフがある。特に印象深いのは、『中世都市』でも鮮やかに語られる次の二点である。一つは、ヨーロッパ世界の全体性を見渡す視座であろう。それは、「都市」（都市民）発生への分析視点と対をなす思考枠であり、東ローマ帝国（ビザンツ帝国）を越え、アラブ世界の動勢をも視野に含めて、「ヨーロッパ世界の成立」という壮大な物語を説くものだった。この世界観は、言われてみれば当然なのだが、ヨーロッパ世界成立への洞察は、ピレンヌによってはじめて拓かれたといってよい。この視座は、その後、超国民国家ＥＵにも道を拓くこととなる。ブリュッセルにその本部が置かれたのも、ピレンヌが提唱した「ヨーロッパ史」と無関係ではない。『ベルギー史』と並ぶ彼の主著『ヨーロッパ史』『マホメットとシャルルマーニュ』（日本語訳名『ヨーロッパ世界の誕生』）は、ヨーロッパ史家ピレンヌの面目躍如たる作品であり、本書『中世都市』も、この壮大なヨーロッパ世界形成物語の系列に含まれる。

第二の重要なモチーフは「海」（地中海）との関係である。本書の第一章でピレンヌは、中世初期（四―九世紀）までアルプス以北の狭義のヨーロッパもが、地中海と繋がっていた、と説く。いわく、そこには地中海を舞台とする海で繋がる交易圏が広がっていた。相次いで登場したゲルマン諸部族国家（東ゴート、西ゴート、ヴァンダル、ブルグントの各王国）もまた、すべて「海」（地中海）に繋がっていた。遅れて登場したフランク王国が当初「海」と繋がっていなかったのは、まさに登場が遅れたことが原因で、ピレンヌによれば「居場所がなかった」だけのことだった。地中海を舞台とするローマ帝国世界は文明社会であり、文化人の出自もまた「海」と深く関係していたのである。

アラブ世界の進出が、この古代的世界を瓦解させた、とピレンヌは指摘する。九世紀以降、確かにアルプス以北の世界は地中海から切り離された。ここに農村経済にもとづくヨーロッパ中世が成立した、というのがピレンヌ・テーゼの何よりの骨子だ。

ただ、人びとの暮らしを支える「交換」はもとより確認することができる。この「局地的市場圏」の存在を析出して、その実相を生き生きと描き出したのは、わが国の森本芳樹氏だった。この研究は、いわばピレンヌ・テーゼへの疑義申し立てであったが、そこから大きな成果が生まれ、国際学界から注目されたことは記憶に新しい。

局地的市場圏が九〜一二世紀のアルプス以北の世界に存在したことは、ピレンヌも認めている。ただ彼は、職業的商人階層が不在だったこと、つまり一二世紀以降に、近代に繋がる商人階層が登場したことに注目する。近代市民 Bourgeois の生業もまた、第一に「商人」、ついで「職人」だった。「定期的で正常な商業活動、恒常的で組織的な流通、職業商人の階級、都市内部にある職業商人の定住地」といった事象を、交換経済の本質的な構成要素とするのだった（四〇頁）。

かつて存在した商人階層は、イスラーム勢力の侵入による地中海の閉鎖以後もはや見られなくなった。これが一二世紀に再び出現するについての謎解きは、すでに『中世都市』にも見られるが、後にカール・シュミットが、より明快なテーゼを打ち出してさらに印象的なものとなったといえようか。つまり、『陸と海と』（一九五四年）でシュミットは、十字軍によって地中海（の文物）を知った（アルプス以北の）ヨーロッパ人が、広域的で冒険的な交易を始めたことで「都市」そして「都市民」が誕生したのだ、と語った。この「空間革命」を経験することで、ヨーロッパの個人もまた社会も、あらゆる意味で質的な転換に入ったというのである。

海を行き交う冒険者でもあった「商人階層」（市民）の出現は、その後の「近代」の歴史を考える上でも示唆的といえようか。彼らは、本来的にトランスナショナルな活動を展開する集団だったのであり、「中世都市」は、限定された場（トポス）を越えて結び合う結節点（ネクサス）だったのである。

ピレンヌ＝シュミットの中世都市論、あるいはまた社会科学的問いかけは、わが国ではもっぱら増田四郎氏によって継受され、多くの学問的業績を生んだ。訳者の佐々木克巳氏もその門下に輩出した逸材だった。日本、また世界における戦後歴史学を考える上でも、ピレンヌが与えた影響の大きさには感銘を禁じえない。

他方、一二世紀ヨーロッパが経験した「都市」形成の諸条件は、単に一二世紀ヨーロッパの問題に留まらない。ピレンヌ自身が看破していたように、それは、およそ「都市」の発生に関する一般的な問題系であった。それは、今も世界各地の現状分析においてわれわれに投げかけられた問いともいえるのである。

（一橋大学教授）

メーロヴィンガ［メロヴィング］王朝系図

（　）内数字は在位期間

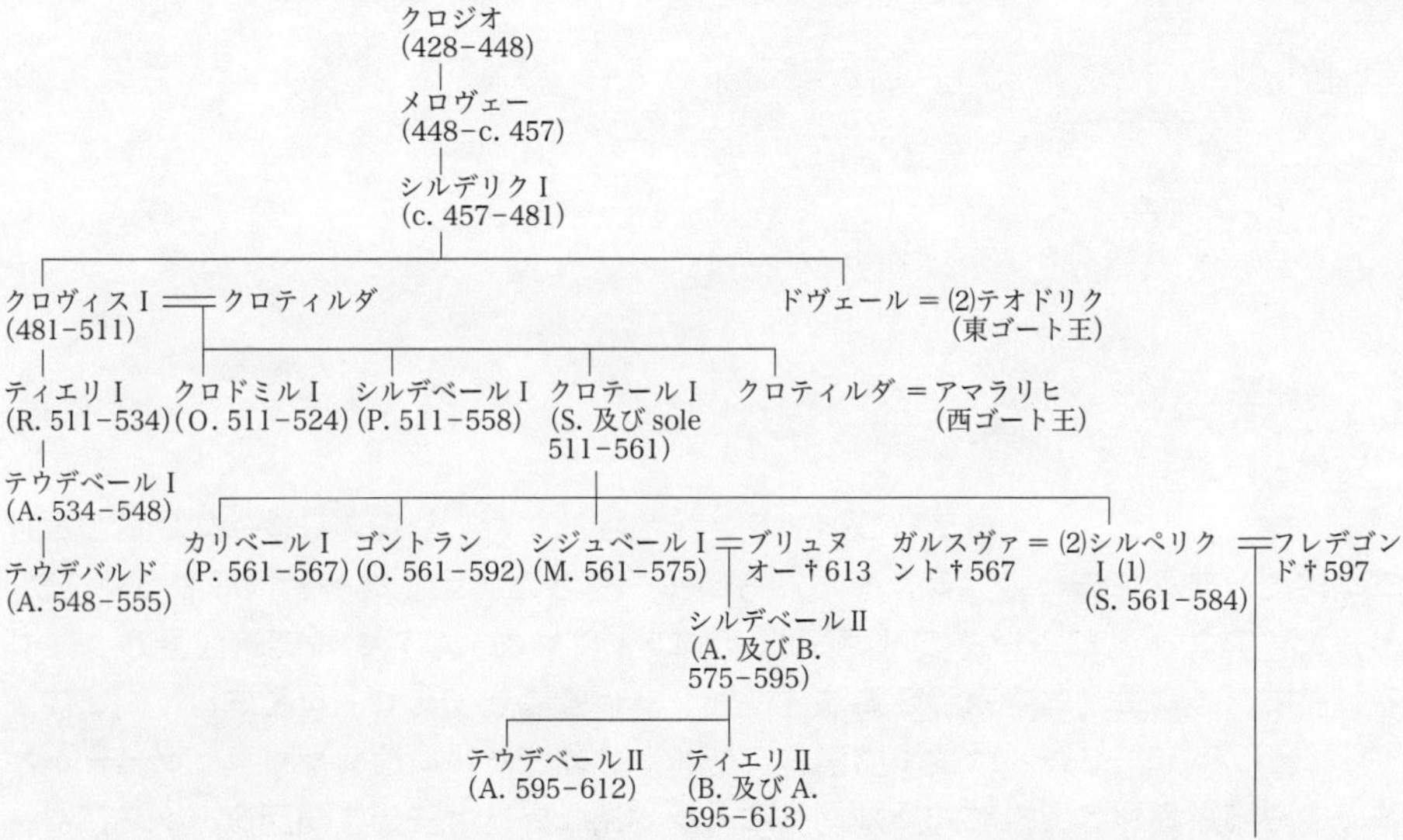

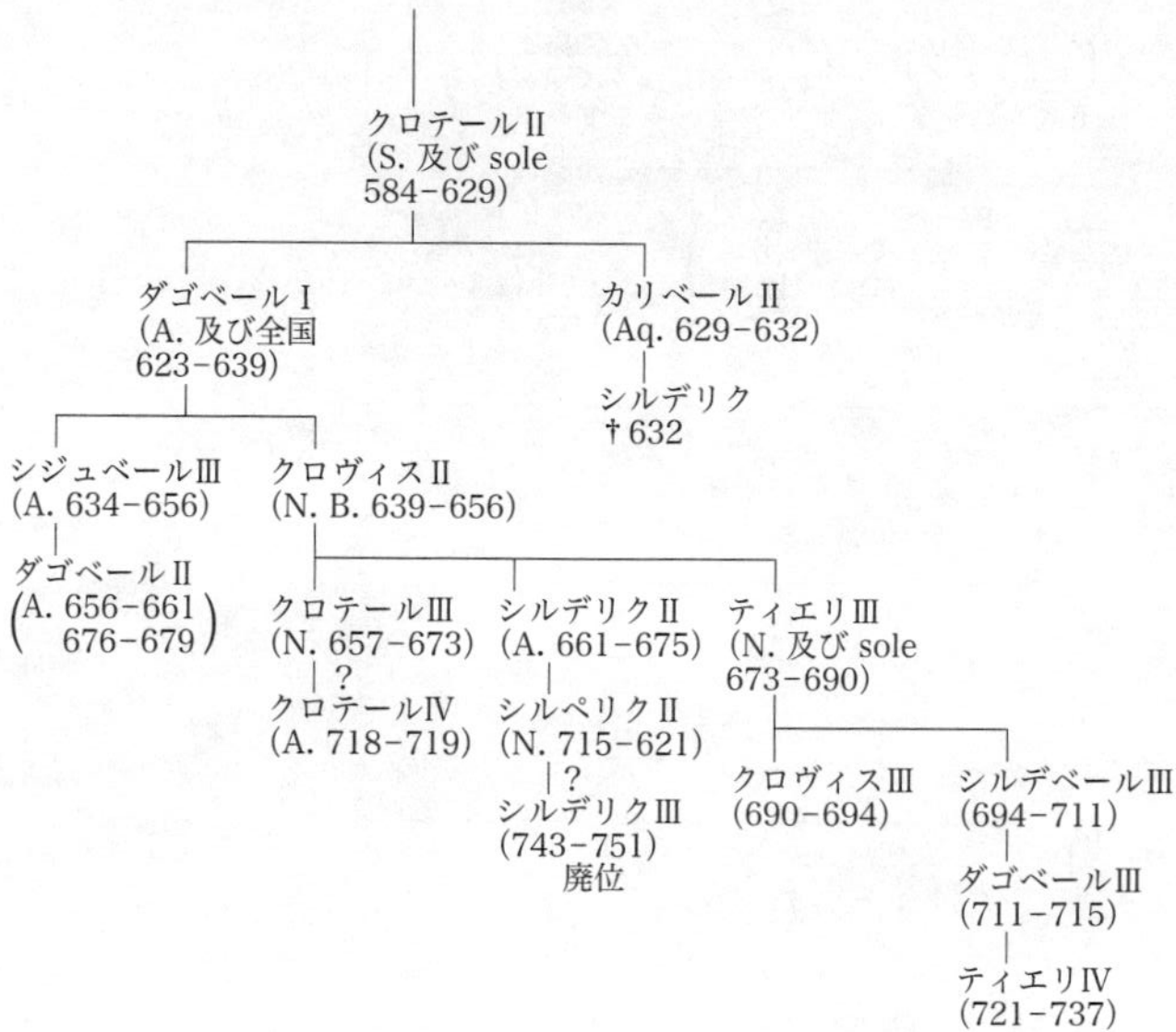

ブリュヌオーとガルスヴァントはともに西ゴート王アタナギルドの娘。
R. ランス
O. オルレアン
P. パリ
S. ソワソン
M. メッス
sole 単独国王
B. ブルグンディア
A. アウストラシア
N. ネウストリア
Aq. アキタニア
A. 及び B. 在位期間に A. 王の時期と B. 王をも兼ねた時期のあること。
N. B. N. 王と B. 王を兼ねていること。

カーロリンガ［カロリング］王朝系図Ⅰ（ルイ敬虔王まで）

（　）内数字は在位期間　「皇帝」に続く数字は即位年

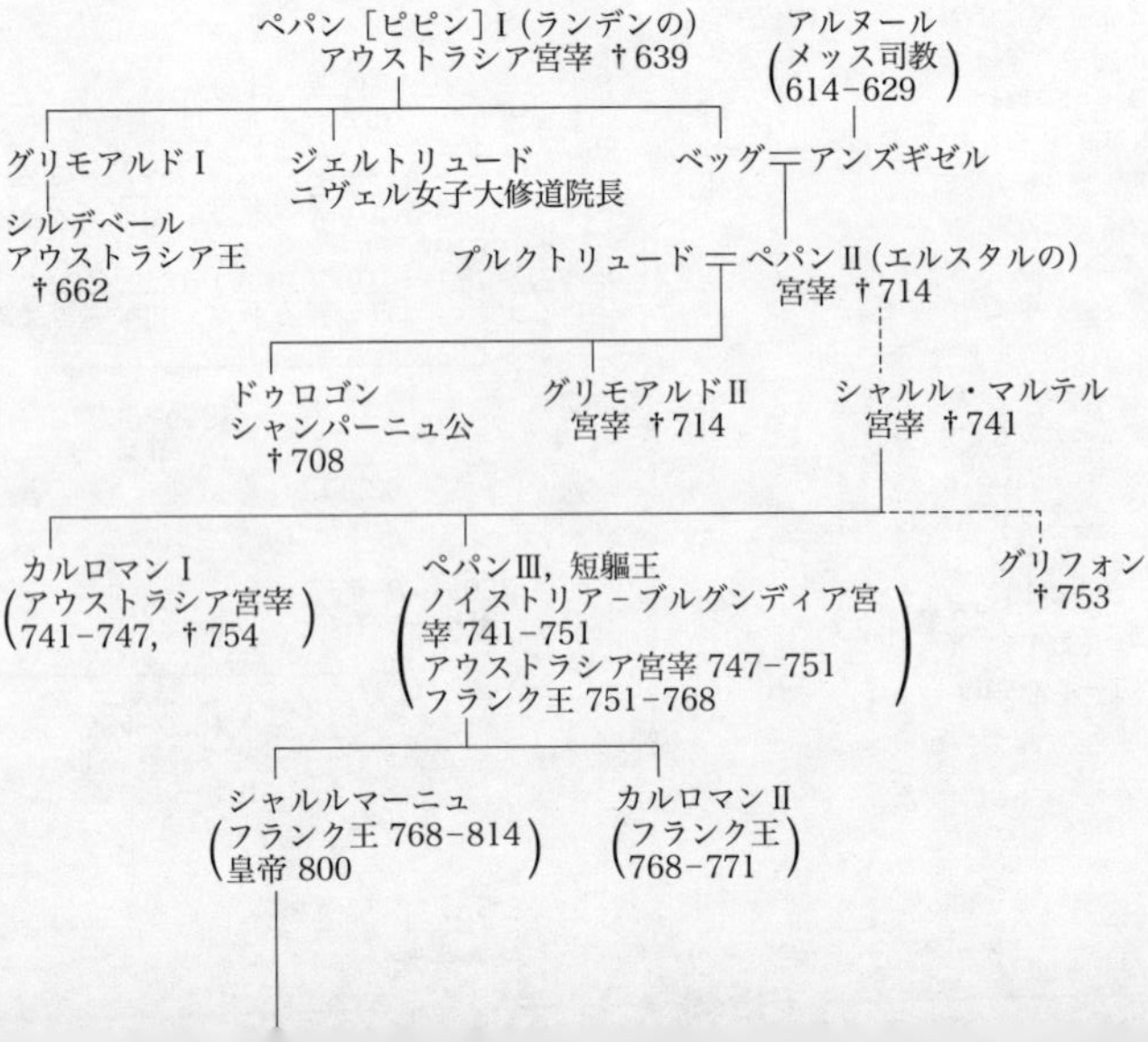

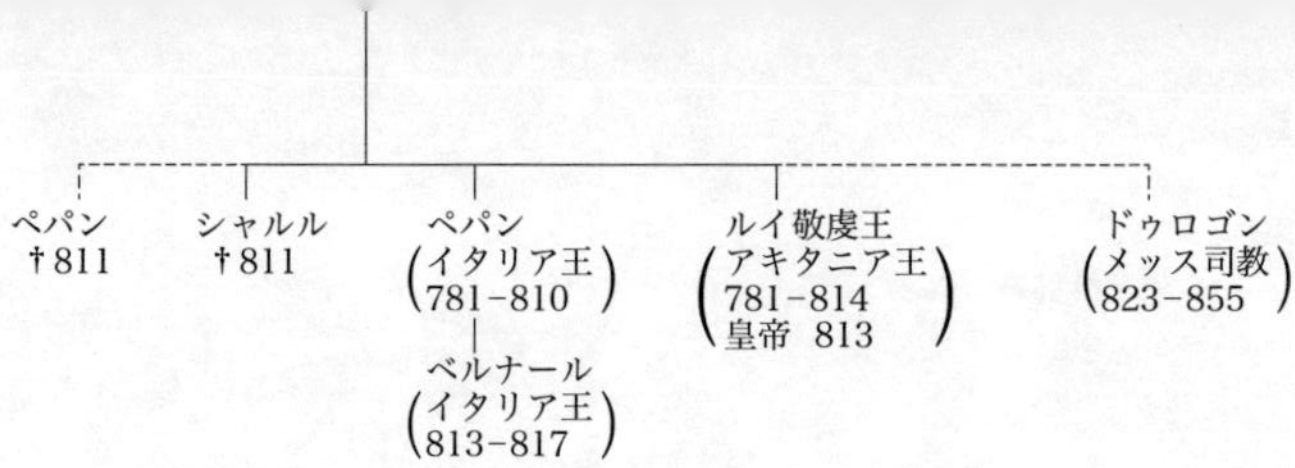
ペパン
†811
シャルル
†811
ペパン
（イタリア王
781-810）
ベルナール
（イタリア王
813-817）
ルイ敬虔王
（アキタニア王
781-814
皇帝 813）
ドゥロゴン
（メッス司教
823-855）

カーロリンガ王朝系図II（ルイ敬虔王以降. フランス）

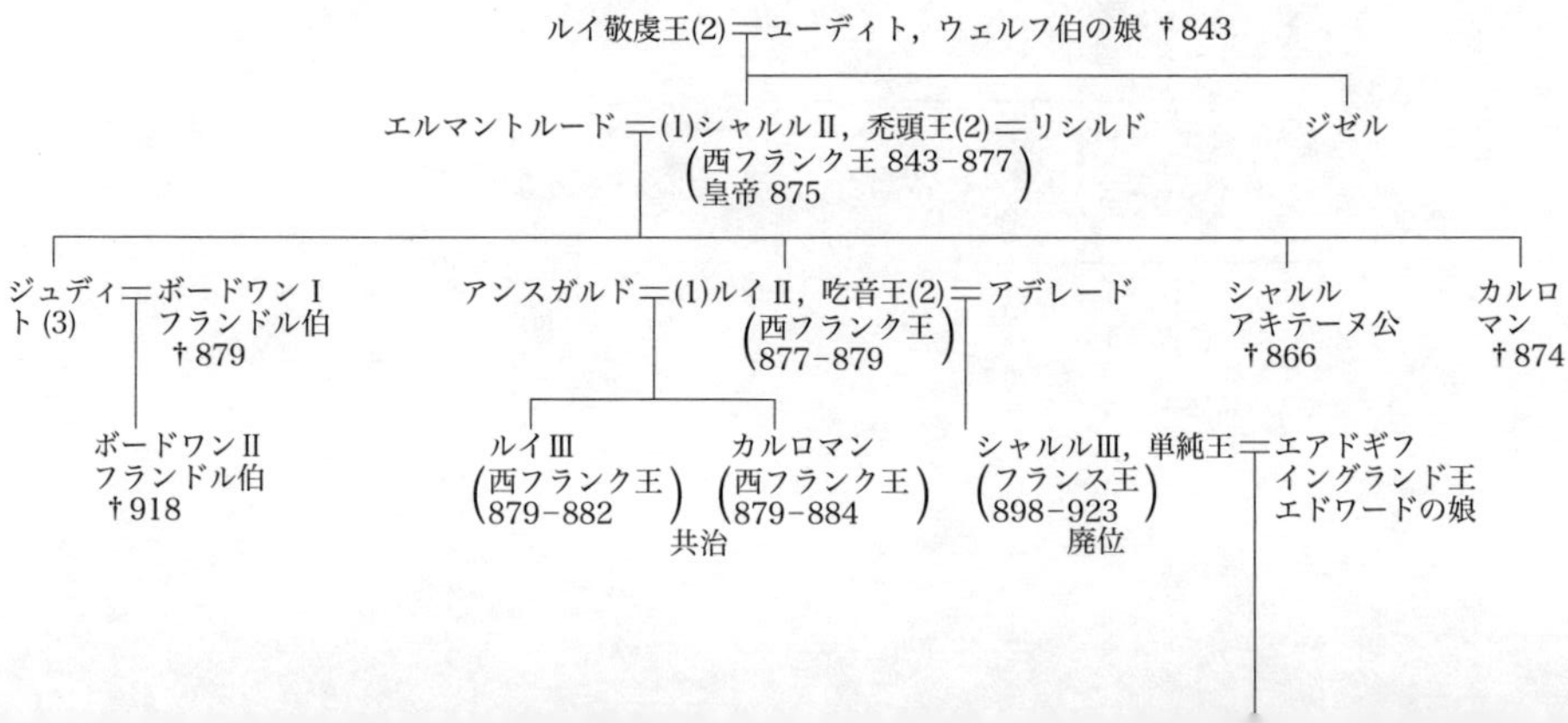
ルイ敬虔王(2)＝ユーディト，ウェルフ伯の娘 †843
エルマントルード＝(1)シャルルII，禿頭王(2)＝リシルド
（西フランク王 843-877
皇帝 875）
ジゼル
ジュディト(3)＝ボードワンI
フランドル伯
†879
ボードワンII
フランドル伯
†918
アンスガルド＝(1)ルイII，吃音王(2)＝アデレード
（西フランク王
877-879）
ルイIII
（西フランク王
879-882）
カルロマン
（西フランク王
879-884）
共治
シャルルIII，単純王＝エアドギフ
イングランド王
エドワードの娘
（フランス王
898-923）
廃位
シャルル
アキテーヌ公
†866
カルロ
マン
†874

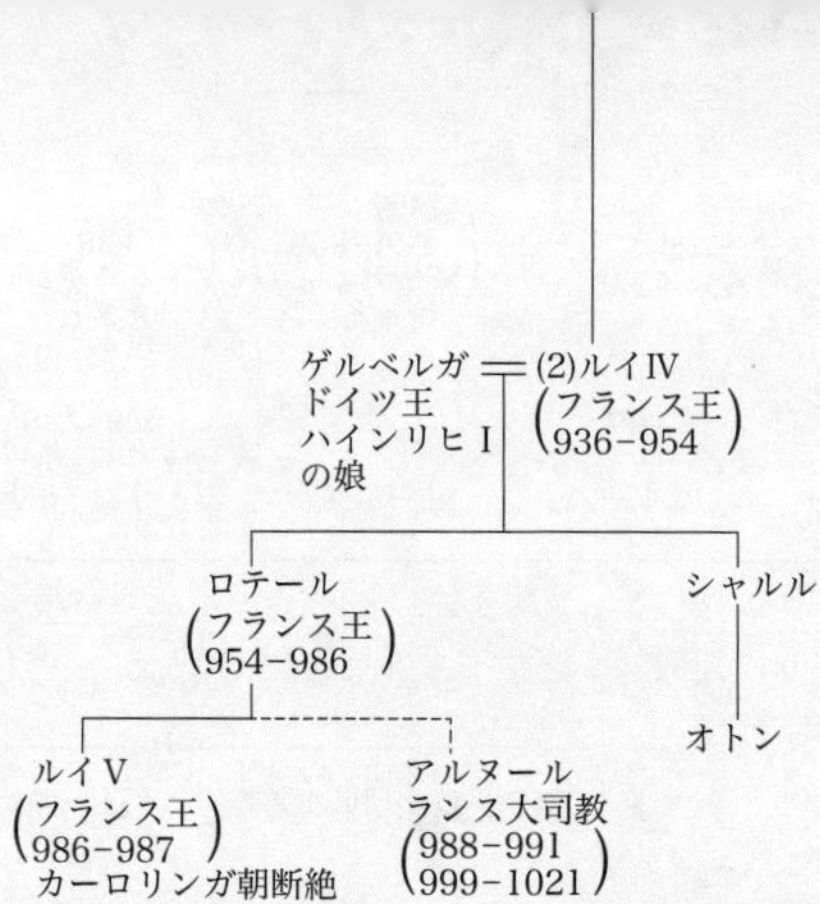
ゲルベルガ
ドイツ王
ハインリヒ I
の娘
(2)ルイIV
(フランス王
936–954)
ロテール
(フランス王
954–986)
シャルル
オトン
ルイV
(フランス王
986–987)
カーロリンガ朝断絶
アルヌール
ランス大司教
(988–991
999–1021)

カーロリンガ王朝系図Ⅲ（ルイ敬虔王以降．ドイツ，イタリア）

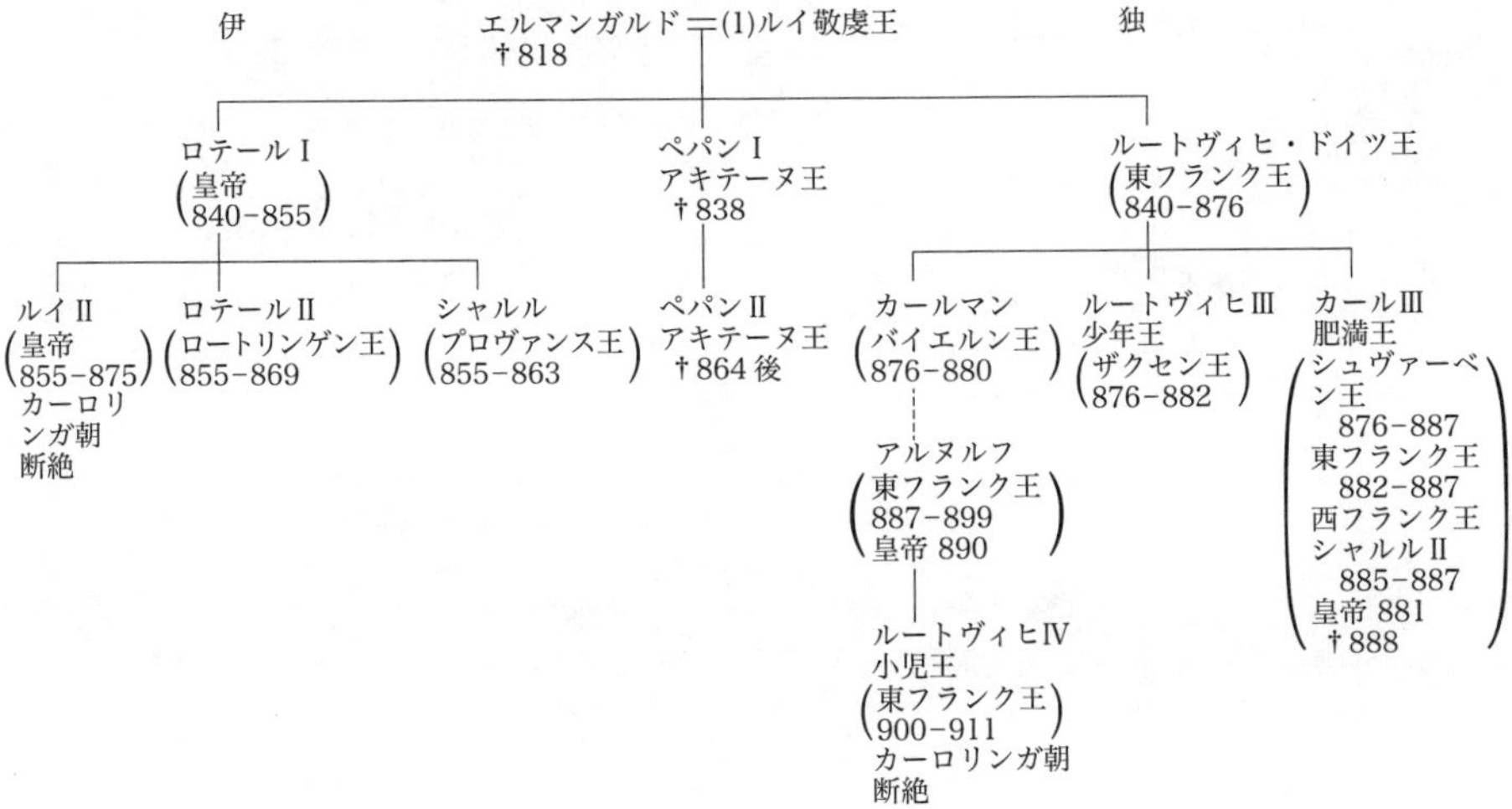
伊
独
エルマンガルド ＝(1)ルイ敬虔王
†818
ロテールⅠ
（皇帝 840–855）
ペパンⅠ
アキテーヌ王
†838
ルートヴィヒ・ドイツ王
（東フランク王 840–876）
ルイⅡ
（皇帝 855–875）
カーロリンガ朝断絶
ロテールⅡ
（ロートリンゲン王 855–869）
シャルル
（プロヴァンス王 855–863）
ペパンⅡ
アキテーヌ王
†864後
カールマン
（バイエルン王 876–880）
アルヌルフ
（東フランク王 887–899 皇帝 890）
ルートヴィヒⅣ
小児王
（東フランク王 900–911）
カーロリンガ朝断絶
ルートヴィヒⅢ
少年王
（ザクセン王 876–882）
カールⅢ
肥満王
（シュヴァーベン王 876–887
東フランク王 882–887
西フランク王
シャルルⅡ 885–887
皇帝 881
†888）

ザクセン王朝系図

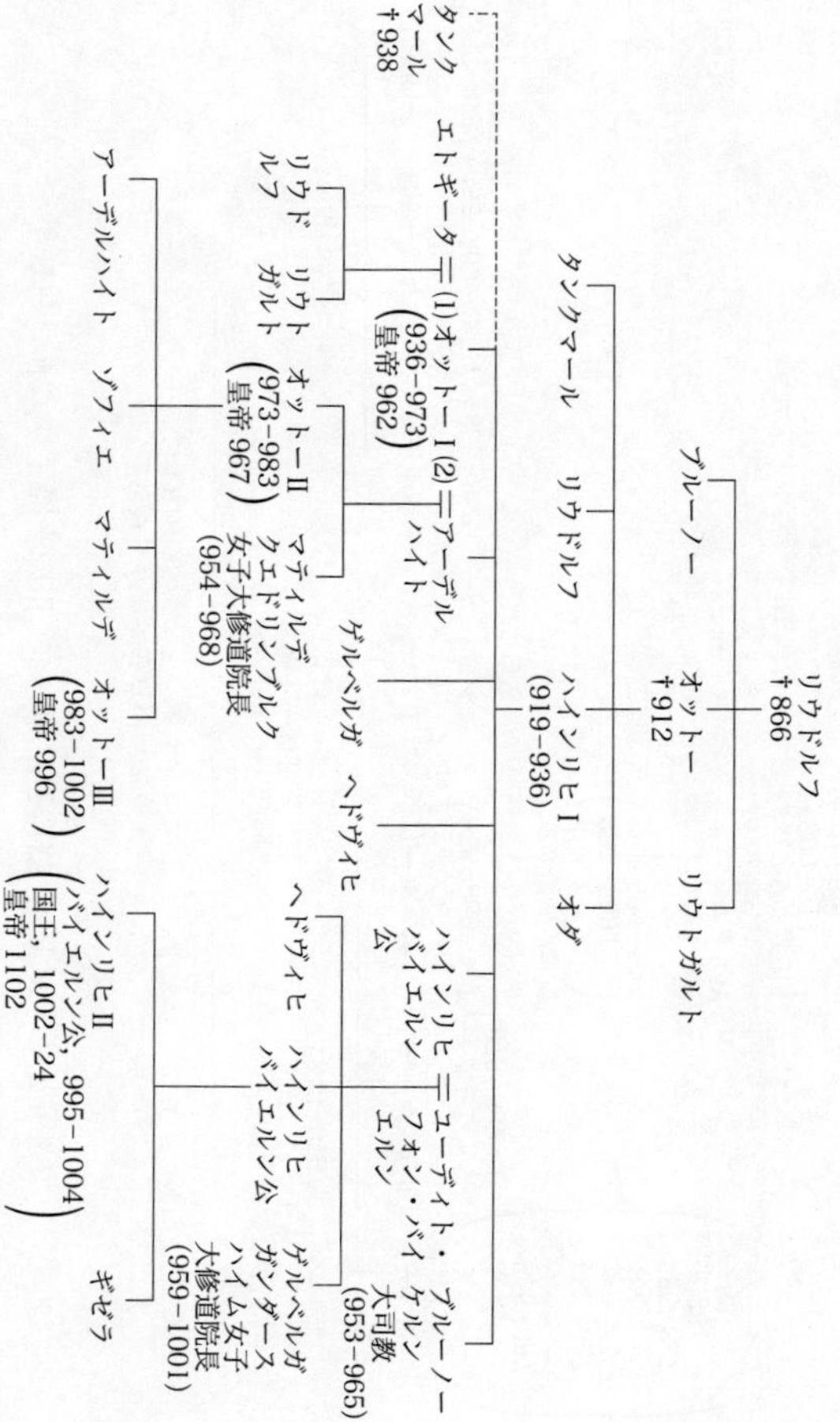
リウドルフ ✝866
ブルーノ
オットー ✝912
リウトガルト
タンクマール
リウドルフ
ハインリヒⅠ (919–936)
オダ
タンクマール ✝938
エドギータ
(1)オットーⅠ(2) (936–973)(皇帝 962)
アーデルハイト
ゲルベルガ
ヘドヴィヒ
ハインリヒ バイエルン公
ユーディット・フォン・バイエルン
ブルーノ ケルン大司教 (953–965)
リウドルフ
リウトガルト
オットーⅡ (973–983)(皇帝 967)
マティルデ クエドリンブルク女子大修道院長 (954–968)
ヘドヴィヒ
ハインリヒ バイエルン公
ゲルベルガ ガンダースハイム女子大修道院長 (959–1001)
アーデルハイト
ゾフィエ
マティルデ
オットーⅢ (983–1002)(皇帝 996)
ハインリヒⅡ (バイエルン公, 995–1004 国王, 1002–24 皇帝 1102)
ギゼラ

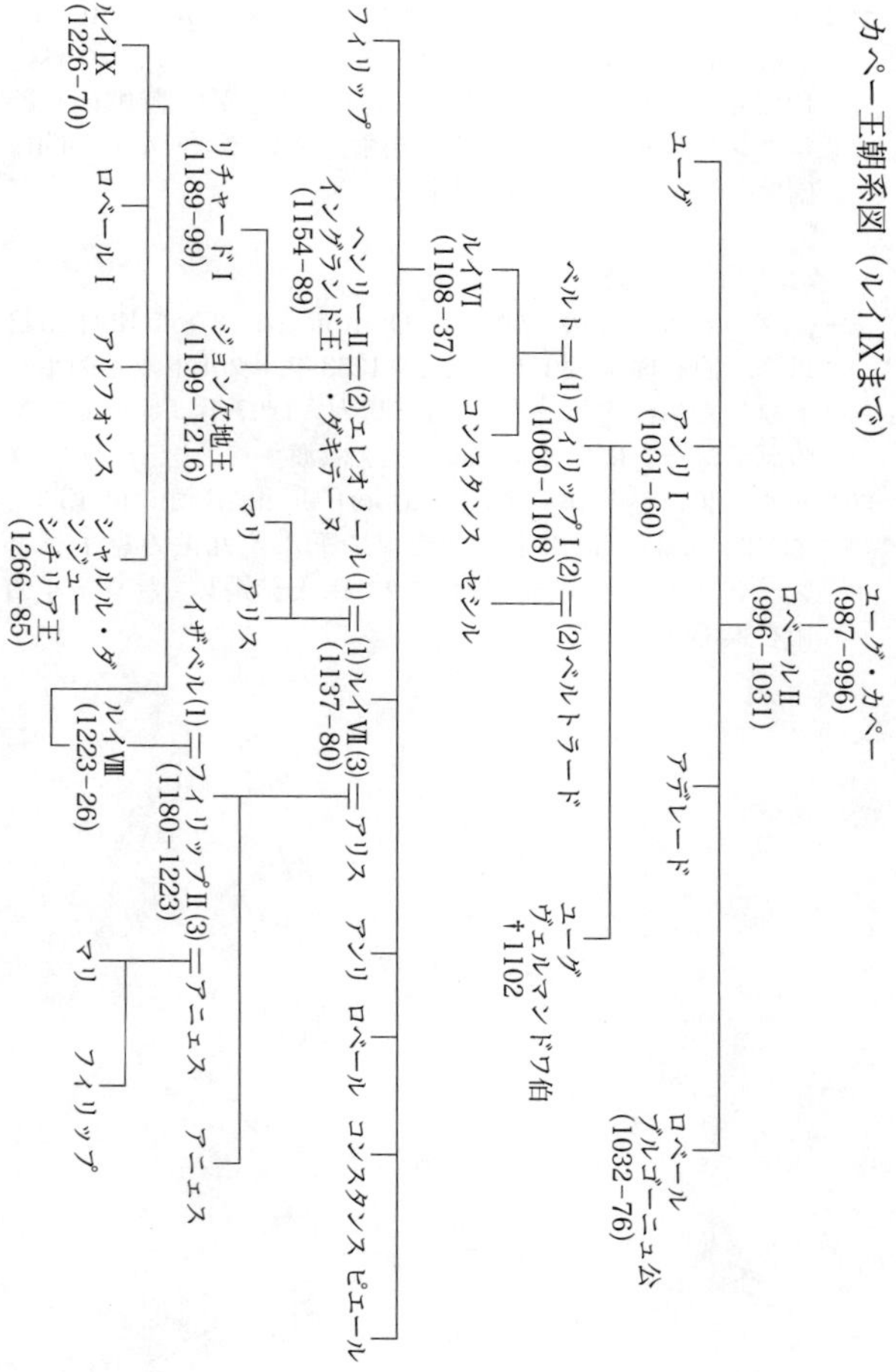
カペー王朝系図（ルイIXまで）
ユーグ
ユーグ・カペー (987–996)
ロベールII (996–1031)
アンリI (1031–60)
アデレード
ロベール ブルゴーニュ公 (1032–76)
ベルト＝(1)フィリップI (1060–1108) (2)＝(2)ベルトラード
ユーグ ヴェルマンドワ伯 †1102
ルイVI (1108–37)
コンスタンス
セシル
フィリップ
ヘンリーII イングランド王 (1154–89)＝(2)エレオノール・ダキテーヌ(1)＝(1)ルイVII (1137–80) (3)＝アリス
アンリ
ロベール
コンスタンス
ピエール
リチャードI (1189–99)
ジョン欠地王 (1199–1216)
マリ
アリス
イザベル(1)＝フィリップII (1180–1223) (3)＝アニェス
アニェス
ルイVIII (1223–26)
マリ
フィリップ
ルイIX (1226–70)
ロベールI
アルフォンス
シャルル・ダンジュー シチリア王 (1266–85)

マルゲリート（コンスタンティノープルの）Marguerite（de Constantinople）1244－†1280. 2. 10. ジャンヌの妹. 1212年，アヴェーヌのブーシャールと結婚. 離婚後1223年ダンピエールのギヨームと再婚. ダンピエールとの間に儲けた第二子ギーがあとを継ぐ.

〈ダンピエール家〉

ギー，ダンピエールの　Gui de Dampierre 1278年12月29日以降，伯を称す－†1305. 3. 7. 1263年，クルトゥネのボードワンからナミュール伯領を購入. 1297年，ボードワンの息子ジャンにナミュール伯領を譲渡.

ロベール三世，ベテューヌの　Robert Ⅲ de Béthune 1305－†1322. 9. 17. 1272年，フランス王ルイ九世の息子ジャン・トリスタンの未亡人イオランドと結婚してヌヴェル伯領を入手.

17.

フィリップ，アルザスの　Philippe d'Alsace 1157年から父伯ティエリーと共同統治．1168－†1191. 6. 1. 単独統治．1159年，ヴェルマンドワ伯ラウール二世癩者伯の娘エリザベトと結婚．ラウール二世は1163－64年に死去，その遺領（ヴェルマンドワ，ヴァロワ，アミエノワ）はフィリップとエリザベトの所有に帰す．しかし，この遺領は1186－1191年にフィリップ－オーギュストによって王領に併合さる．

〈エーノー家〉

ボードワン八世　Baudouin Ⅷ 1191－1194. 11. 15. 1171年以来，ボードワン五世としてエーノー伯であった．アルザスのフィリップが子供がなく死去すると，自分の妃マルグリートがアルザスのティエリの娘であるところから，フランドル伯職を継承したが，フランドル伯の称号は死ぬ時に初めて用いた．

ボードワン九世　Baudouin Ⅸ 1194－1202. 1202年4月，第4次十字軍に参加して出発．1204年5月9日，コンスタンティノープルのラテン帝国皇帝となり，1205年，ブルガリア人に捕えられて死去．

ジャンヌ（コンスタンティノープルの）Jeanne（de Constantinople）1202－†1244. 12. 5. ボードワン九世の娘．初めリエージュ司教の保護に，次にボードワン九世の弟でフランドル及びエーノー伯の代理であった伯ナミュールのフィリップの保護に，最後にフィリップ－オーギュストの保護に委ねられ，1212年1月，ポルトガル王サンショⅠ世の息子フェランと結婚．フェランが1233年7月29日に死去したため，サヴォワ伯トマ一世の息子トマと再婚．トマは1259年死去．ジャンヌの治世にはフェラン，トマはともにフランドル及びエーノー伯の称号を用いた．

[フランドル伯在位年表　1322年まで]

ボードワン一世鉄腕伯　Baudouin Ier Bras de Fer 864?－†879

ボードワン二世禿頭伯　Baudouin II le Chauve 879－†918

アルヌール一世老伯　Arnoul Ier le Vieux 918－†965. 3. 27.

ボードワン三世　Baudouin III 958－†962. 1. 1. まで父伯アルヌールと共同統治.

アルヌール二世　Arnoul II 965－†988. 3. 30. 初めはアルヌール一世の甥ボードワン・バルゾーの後見の下に統治.

ボードワン四世有髭伯　Baudouin IV le Barbu 988－†1035. 5. 30.

ボードワン五世，リールの　Baudouin V de Lille 1035－†1067. 9. 1.

ボードワン六世　Baudouin VI 1067－†1070. 7. 17. 1045年，皇帝ハインリヒ三世からアンヴェルス・マルクを一時封与され，また1051年，エーノー伯エルマンの未亡人リシルドと結婚，エーノー伯領を併合.

アルヌール三世不幸伯　Arnoul III le Malheureux 1070－1071. 2. 22. 母リシルドの後見の下に統治.

ロベール一世ル・フリゾン　Robert Ier le Frison 1071－†1093. 10. 13.

ロベール二世，エルサレムの　Robert II de Jérusalem 1087年以降父伯ロベール一世と共同統治. 1093－†1111. 10. 5. 単独統治.

ボードワン七世　Baudouin VII 1111－†1119. 6又は7.

シャルル善良伯又はデンマークの　Charles le Bon ou de Danemark 1119－1127. 3. 2.

ギヨーム・クリトン又はノルマンディーの　Guillaume Cliton ou de Normandie 1127－1128. 7. 27.

〈アルザス家〉

ティエリ，アルザスの　Thierry d'Alsace 1128. 7.－1168. 1.

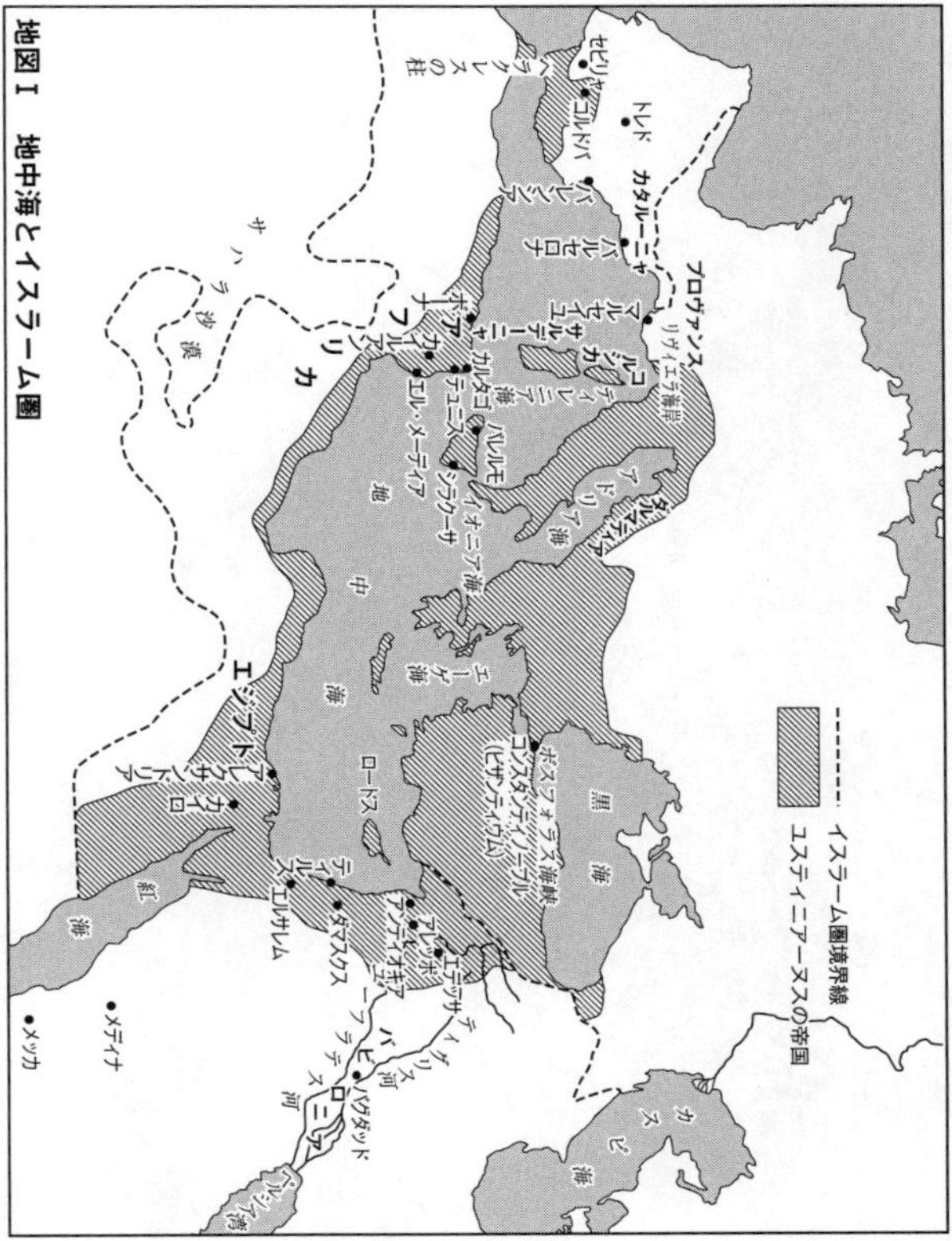

地図Ⅰ　地中海とイスラーム圏

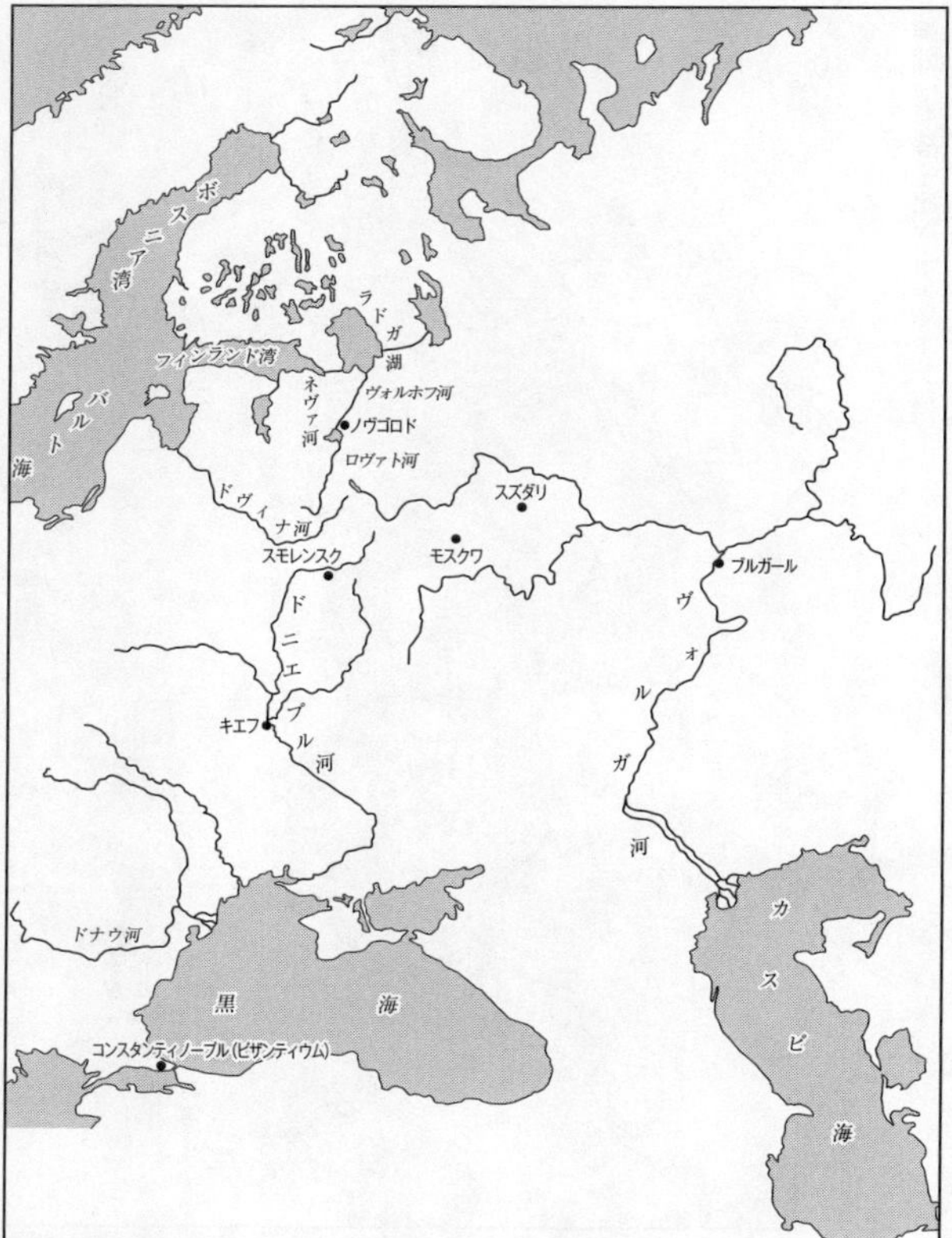
ボスニア湾
ラドガ湖
フィンランド湾
ネヴァ河
ヴォルホフ河
ノヴゴロド
ロヴァト河
バルト海
ドヴィナ河
スズダリ
スモレンスク
モスクワ
ブルガール
ドニエプル河
キエフ
ヴォルガ河
ドナウ河
黒海
カスピ海
コンスタンティノープル（ビザンティウム）

地図Ⅱ　ロ　シ　ア

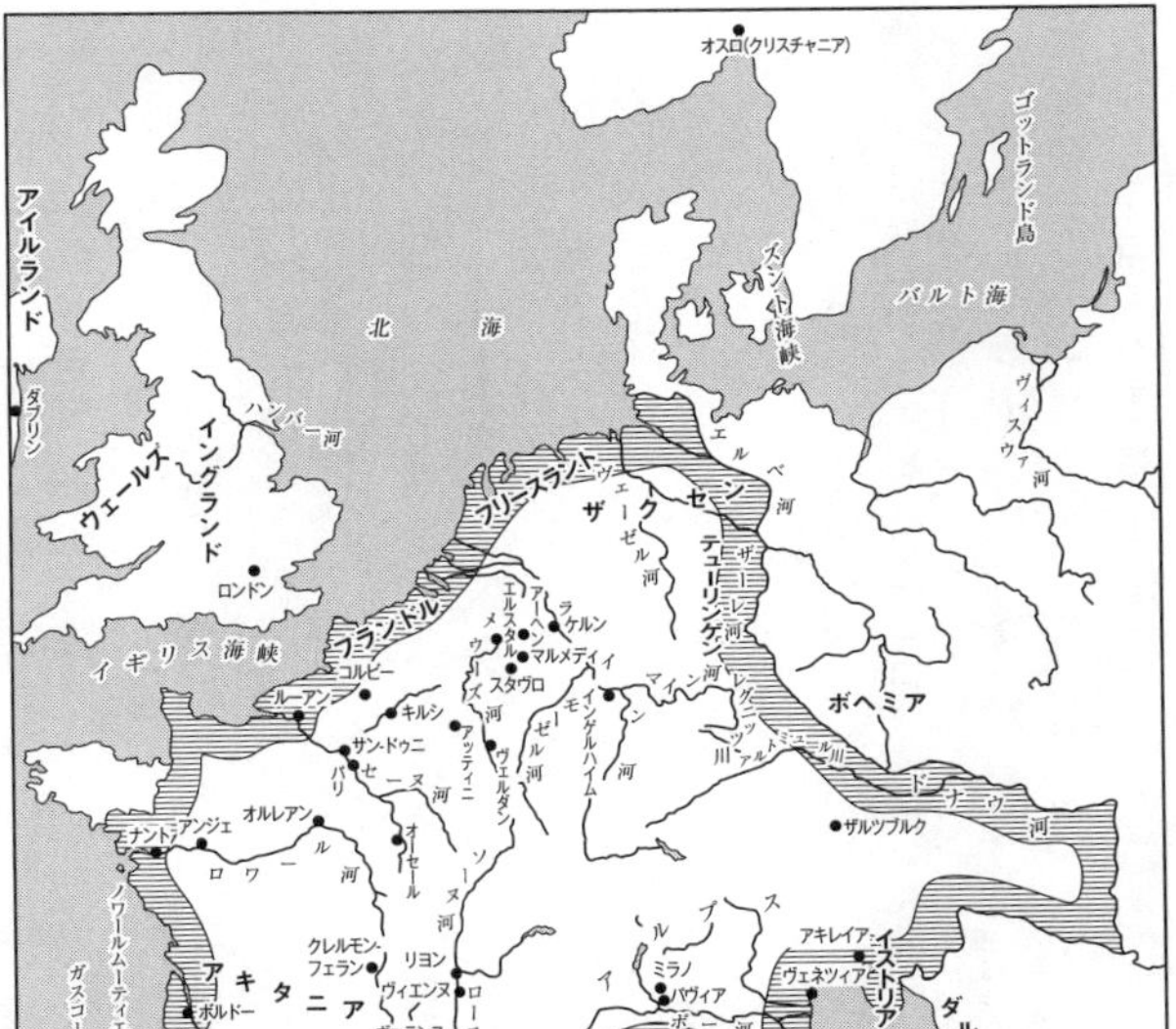

地図Ⅲ　ヨーロッパの中心部(1)

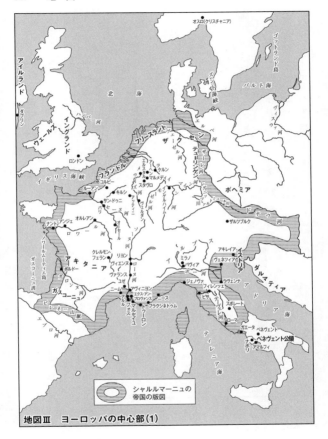

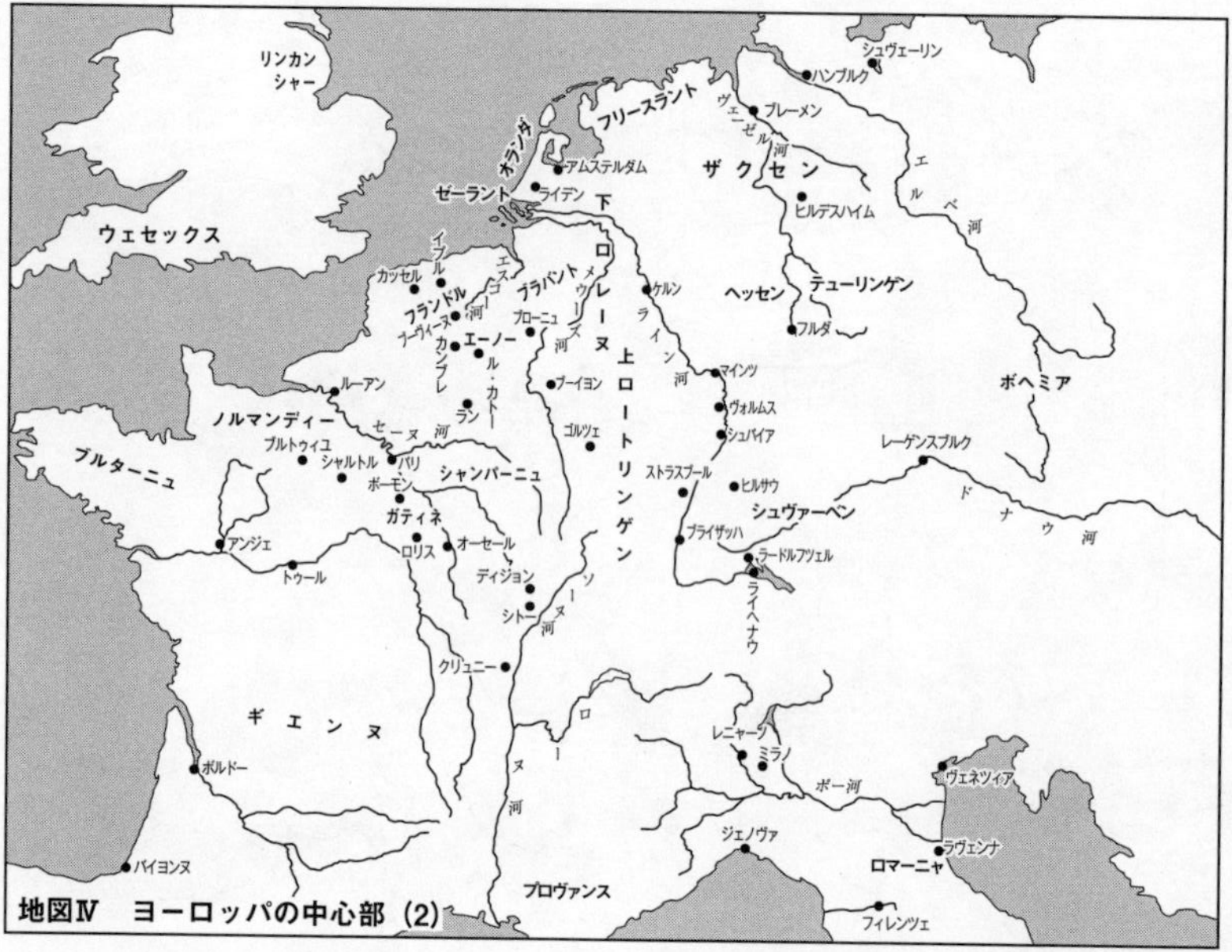

地図IV　ヨーロッパの中心部（2）

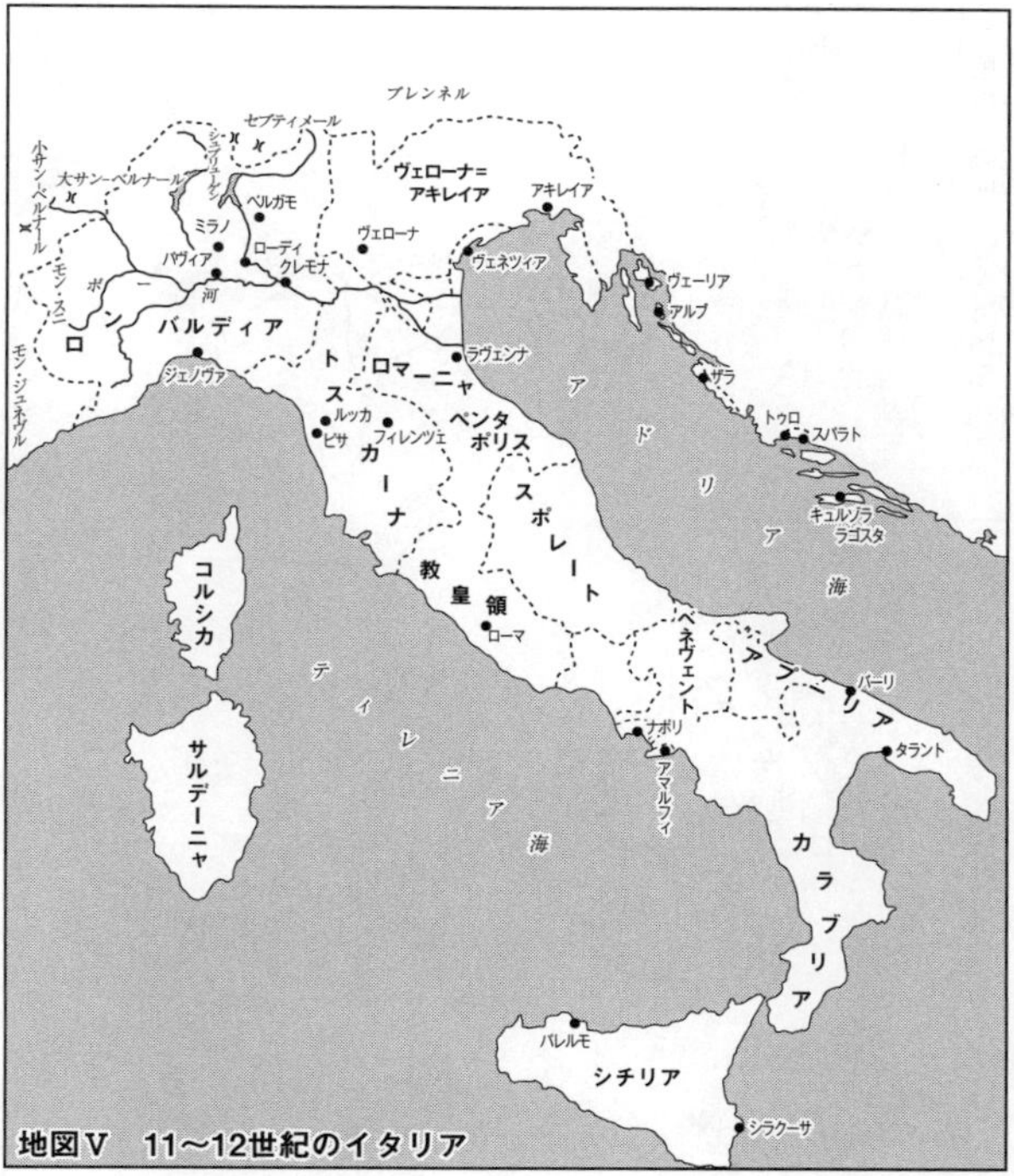

地図Ⅴ　11～12世紀のイタリア

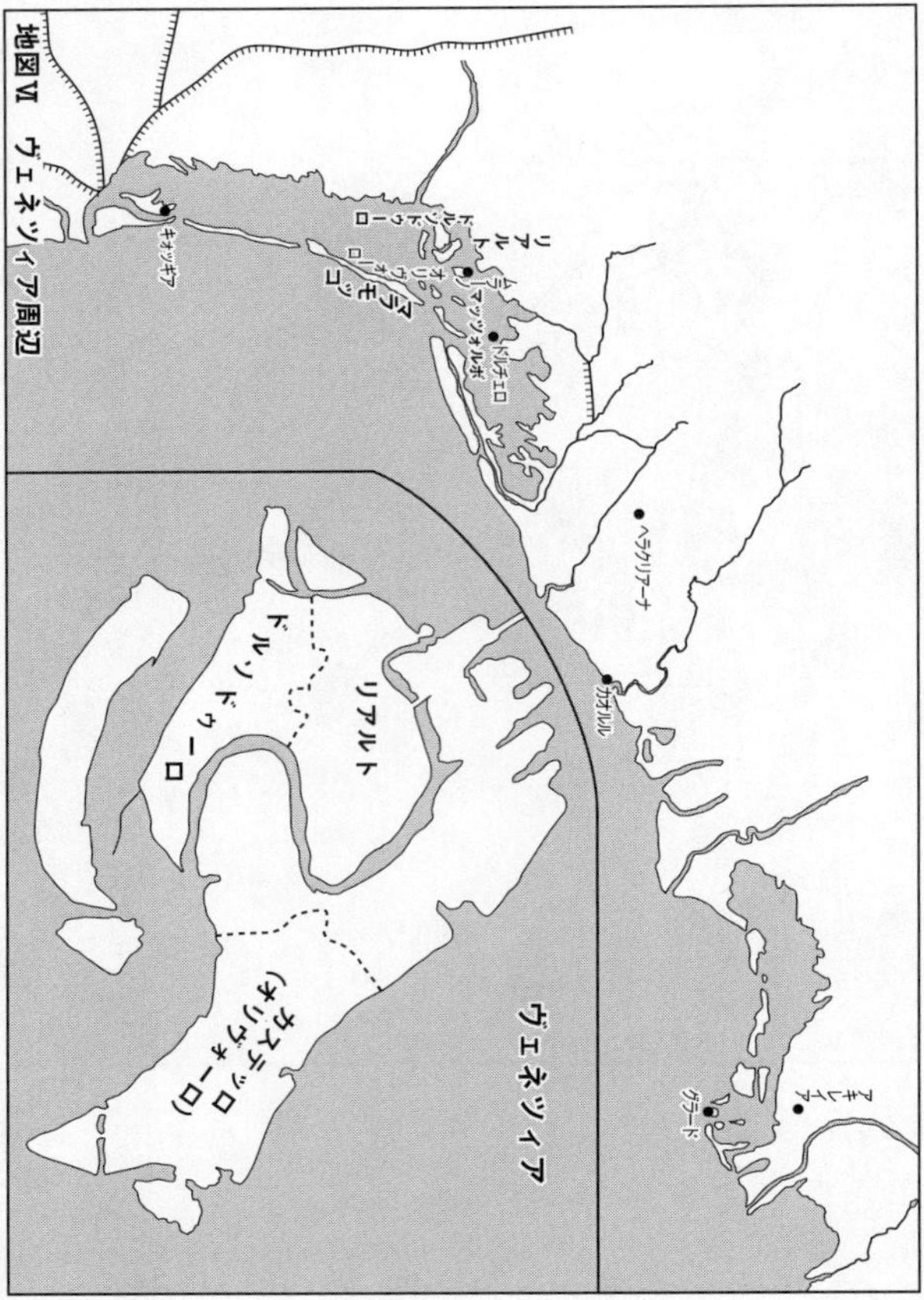
地図VI　ヴェネツィア周辺
キオッジア
リアルト
ドルソドゥーロ
ムラーノ
マラモッコ
オリヴォーロ
マッツォルボ
トルチェロ
ヘラクリアーナ
カオルル
グラード
アキレイア
ヴェネツィア
リアルト
ドルソドゥーロ
(オリヴォーロ)
カステッロ

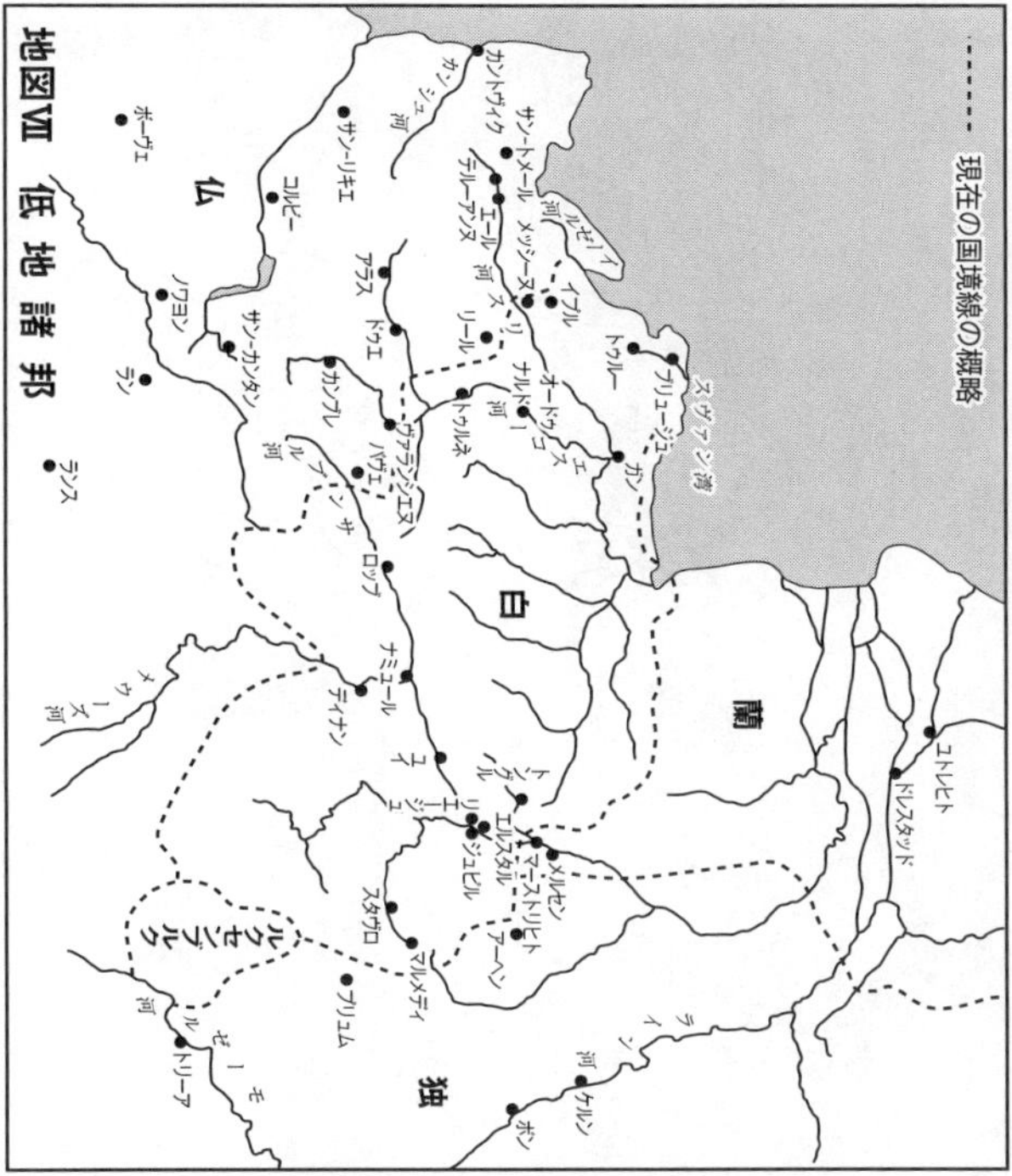
現在の国境線の概略
スヴァン湾
ブリュージュ
トゥルー
カン
イプル
メッシーヌ
サン=トメール
カントヴィク
カンシュ河
サン=リキエ
ボーヴェ
仏
コルビー
ノワヨン
サン=カンタン
ラン
ランス
テルーアンヌ
エール
リス河
リール
ドゥエ
アラス
カンブレ
ヴァランシエンヌ
トゥルネ
バヴェ
サンブル河
ロッブ
ナミュール
ディナン
ユイ
リエージュ
トングル
エルスタル
ジュピル
メルセン
マーストリヒト
アーヘン
スタヴロ
マルメディ
プリュム
ルクセンブルク
トリーア
モーゼル河
ケルン
ボン
ライン河
ユトレヒト
ドレスタッド
蘭
白
独

地図VII　低地諸邦

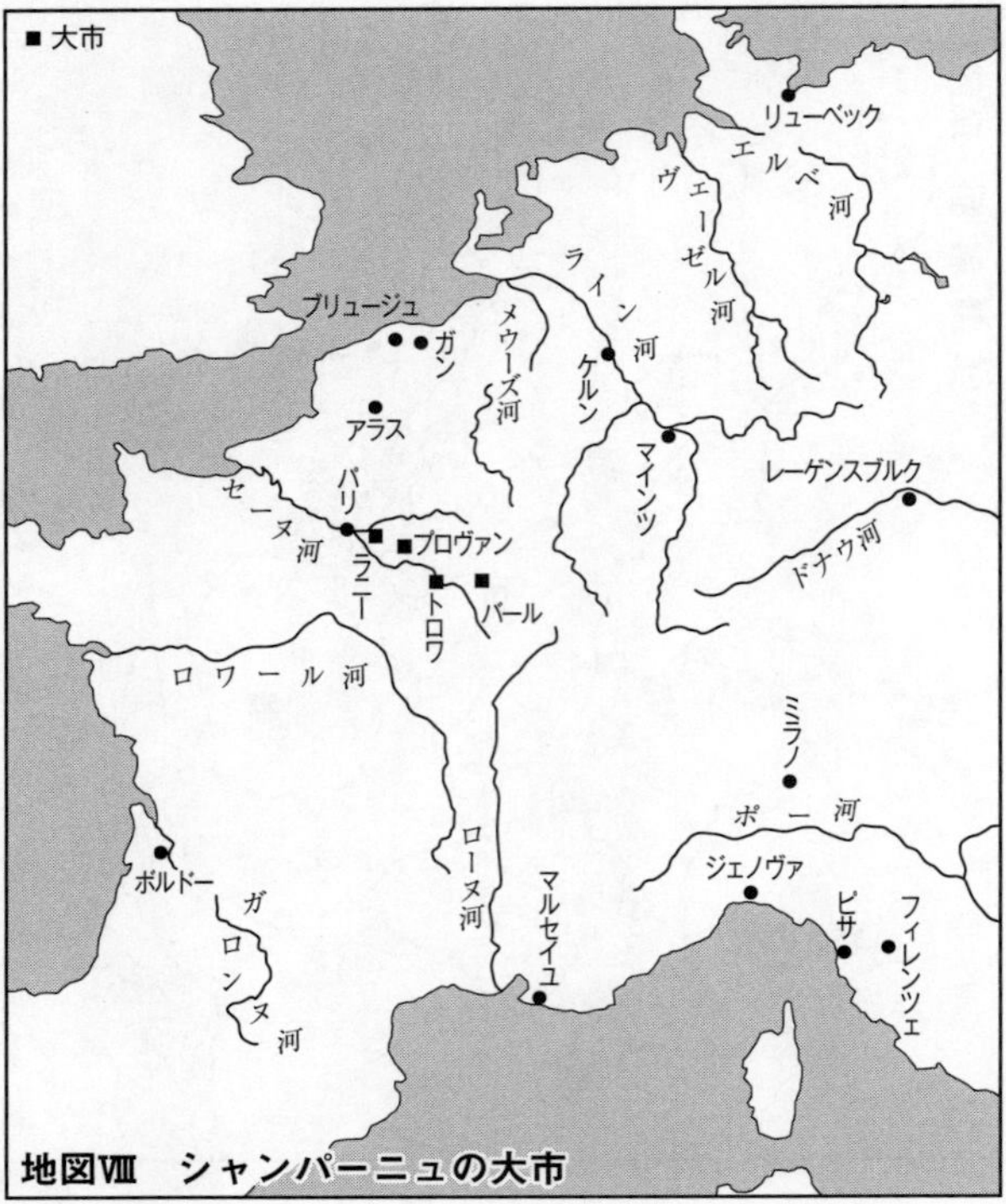

地図Ⅷ　シャンパーニュの大市

Saint-Jean-Baptiste　サン－ジャン－バティスト　146
Sainte-Pharaïlde　サント－ファレルド　146

Albigeois　アルビ派　232

〈エトニカ〉

Anglo-Saxons　アングロ－サクソン人（Angelsachsen）　18, 34
Aquitains　アキタニア人　19, 34
Arabes　アラブ人　53, 55, 238
Avars　アヴァール人　44
Brabantiones　ブラバント人　83
Brugeois　ブリュージュ人　249
Burgondes　ブルグント族(Burgunder) 13
Byzantins　ビザンツ人　14, 23, 53, 55, 82
Danois　デンマーク人　37, 98
Espagnols　イスパニア人　18, 34
Étrusques　エトルリア人（Etrusci） 61
Flamands　フランドル人　82, 100
Français　フランス人　82
Francs　フランク族（Franken）　12, 14, 101
Frisons　フリース族（Friesen）　38, 39, 101, 154
Gaulois　ガリア人　61
Gènes　ジェノヴァ人　92, 94
Germains　ゲルマン人（Germanen） 12, 13, 15, 16, 19, 29, 30, 48, 49, 55, 61, 63, 76, 97, 101, 110, 235
Goths　ゴート族（Goten）　12, 85
Grecs　ギリシア人　32, 61, 109
Hongrois　ハンガリア人　80, 244
Huns　フン族　85
Italiens　イタリア人（Italiano）　18, 34
Juifs　ユダヤ人　24, 26, 28, 39, 40, 53, 55, 110, 156, 237, 240, 241
Latins　ラティーニー人（Latini）　61
Lombards ランゴバルド族(Langobarden) 14, 17, 85, 86, 238
Marcomans マルコマニー族(Marcomani) 12
Ménapiens　メナピイ族（Menapii） 101
Morins　モリニ族（Morini）　101
Normands　ノルマン人　37-39, 50, 73-75, 82, 91, 94, 97, 99, 109, 110, 144, 148, 153, 244
Normands Varègues　ヴァリャーグ・ノルマン人　52
Norvégiens　ノルウェー人　37, 98
Ostrogoths　東ゴート族(Ostrogoten) 13, 14, 29
Petchénègues　ペチェネーグ人　58, 247
Phéniciens　フェニキア人　32
Pisans　ピサ人　92, 94
Quades　クァディー族（Quadi）　12
Romains　ローマ人　13, 32
Russes　ロシア人　52, 55-57
Sarrasins　サラセン人　36, 73, 75, 83, 91, 92, 94, 110, 244
Scandinaves　スカンディナヴィア人　52, 54, 80, 97-99, 102, 107
Slaves　スラヴ人　39, 52, 61, 80, 88, 244, 245
Souabes シュヴァーベン人(Schwaben) 34
Suédois　スウェーデン人　97
Suèves　スエービー族（Suebi）　12
Syriens　シリア人　12, 24, 26, 40
Vandales　ヴァンダル族（Wandalen） 12, 13, 29
Venitiens　ヴェネツィア人　85, 86, 88, 89, 112, 114
Verdunois　ヴェルダン人　124

その他

Arbe　アルブ　89
Attigny　アッティニ　66
Bar-sur-Aube　バール－シュル－オーブ　107, 138
Bavai　バヴェ　253
Beaumont　ボーモン　216
Bouvines　ブーヴィーヌ　227
Breteuil ブルトゥイユ　216
Chevigny　シュヴィニー　222
Curzola　キュルゾラ　89
Dorsoduro　ドルソドゥーロ　85
Duurstede　ドレスタッド (Dorestad) 25, 38, 40, 97, 99, 239, 241
Ermenfredus　エルメンフレドゥス　255
Étaples　エタプル　25
Finchale　フィンクル　118
Fos　フォス　25, 35, 236
Fraxinetum　フラクシネトゥム　36
Garde-Freinet　ガルド－フレネ →Fraxinetumを見よ
Herstal　エルスタル　66
Ingelheim　インゲルハイム　66
Jupille　ジュピル　66
Kairouan　カイルアン　36, 89
Lagosta　ラゴスタ　89
Lagny　ラニー　107, 138
Le Cateau-Cambrésis（Le Cateau）ル・カトー－カンブレジ　137, 245
Legnano　レニャーノ　226
Lorris　ロリス　216
Messines　メッシーヌ　103, 138
Nogent　ノジャン　178
Olivolo　オリヴォーロ　85
Pas-de-Calais　パ－ドゥ－カレー　25
Prisches　プリシュ　216
Quentovic　カントヴィク　25, 38, 40, 97, 99, 239, 241
Quiercy　キルシ　66
Radolfzell　ラードルフツェル　137
Rialto　リアルト　85
Saint-Denys（Saint-Denis）サン－ドゥニ　26
Sorgues　ソルギュ　25
Spinalunga　スピナルンガ　85
Térouanne　テルーアンヌ　123, 183
Thourout　トゥルー 103, 138
Tongres　トングル　253
Trau　トゥロ　89
Uzès　ユゼ　241
Var　ヴァール　36
Veglia　ヴェーリア　89
Zara　ザラ　89

〈修道院，修道会，教会，異端〉

Cluny　クリュニー　82
Corbie　コルビー　25, 35
Lobbes　ロッブ　146
Malmedy　マルメディ　146
Reichenau　ライヘナウ　137
Saint-Bavon　サン－バヴォン　74
Saint-Bertin　サン－ベルタン　245
Saint-Denys（Saint-Denis）サン－ドゥニ　236, 237
Saint-Hubert　サン－ユベール 222
Saint-Riquier　サン－リキエ　41
Saint-Vaast　サン－ヴァースト 74, 159, 171
Stavelot　スタヴロ　146, 239
Béguards　ベガルド会　232
Béguines　ベギン会　232
Citeaux（l'ordre de）シトー会　84, 166, 215
Dominicains　ドミニコ会　166, 232
Franciscains　フランシスコ会　166, 232

Canada　カナダ　149
Catalogne　カタルーニャ (Cataluña) (Catalonia　カタロニア)　95
Champagne　シャンパーニュ　26, 107, 216
Dalmatie　ダルマティア (Dalmatia) 88, 249
Danemark　デンマーク　38, 100, 102, 119
Écosse　スコットランド (Scotland) 119
Egypte　エジプト　11, 16, 24, 30, 94, 132, 238
Espagne　イスパニア　11-13, 17, 20, 22, 24, 26, 29, 30, 39, 40, 63, 82, 95, 124, 238, 240, 241, 255
Flandre　フランドル　77, 83, 84, 96, 98-103, 107, 119, 124, 138, 145, 151, 153-155, 176, 183, 186, 187, 189, 190, 195, 221, 226, 253
France　フランス　19, 36, 80, 81, 95, 98, 100, 102, 129, 138, 151, 156, 164, 176, 178, 179, 195, 200, 203, 217, 226, 228, 243, 244, 255
Francia　フランキア　37, 39
Frise　フリースラント (Friesland) 241
Galles　ウェールズ (Wales)　216
Gâtinais　ガティネ　16
Gaule　ガリア (Gallia)　11, 16, 18, 20-22, 24-29, 34-36, 39, 42, 49, 58, 63, 106, 236, 238, 243
Germanie　ゲルマーニア(Germania) 106
Grèce　ギリシア (Hellas, Graecia) 109, 127
Hainaut　エーノー　216
Hollande　オランダ (Holland ホーラント)　83
Irlande　アイルランド (Ireland) 18, 39, 99, 216
Islande　アイスランド (Iceland) 98
Istrie　イストリア (Istria)　89
Italie　イタリア (Italia)　11-14, 16, 18-20, 24, 29, 36, 43, 63, 82, 84, 86-90, 95, 103, 107, 115, 123, 125, 134, 135, 156, 163, 174, 176, 203, 223, 227, 238, 243, 244, 247
Lincolnshire　リンカンシャ　119
Lombardie　ロンバルディア(Lombardia) 26, 90, 95, 99, 116, 138, 174, 176, 177, 179, 223, 226
Normandie　ノルマンディー　80, 98, 102, 183, 216
Pays-Bas　低地諸邦　103, 123, 134, 135, 143, 146, 200, 217, 225, 228
Pologne　ポーランド(Poland)(Polska ポルスカ)　39
Provence　プロヴァンス　14, 26, 27, 36, 163, 176, 223
Prusse　プロイセン (Preussen) 100
Romagne　ロマーニャ (Romagna) 256
Russie　ロシア (Russia)　52-54, 57-59, 97, 99, 100, 156, 247
Saxe　ザクセン (Sachsen)　27
Scandinavie　スカンディナヴィア (Scandinavia)　97, 100, 109
Spolète　スポレート (Spoleto) 90
Suède　スウェーデン (Sweden) 39, 52
Syrie　シリア (Syria)　11, 22, 24, 30, 35, 94, 115
Thuringen　テューリンゲン(Thüringen) 27
Toscane　トスカーナ (Toscana) 96, 164, 210, 223
Zélande　ゼーラント (Zeeland) 183

峠
Brenner　ブレンネル　96
Mont Cenis　モン・スニ　239, 241
Mont Genèvre モン・ジュネヴル　239
Saint-Bernard　サン－ベルナール　96
grand Saint-Bernard　大サン－ベルナール　239
petit Saint-Bernard　小サン－ベルナール　239
Septimer　セプティメール　239
Splügen　シュプリューゲン　96

沙漠
Sahara　サハラ沙漠　10

山脈
Alpes　アルプス山脈　14, 18, 36, 96, 101, 116, 177, 206, 223, 239
Pyrénées　ピレネー山脈　14, 39, 40, 82, 238

湖
Lac Ladoga　ラドガ湖　97

海岸
Côte d'Azur　リヴィエラ海岸　14, 98

湾
Golfe de Botnie　ボスニア湾　54
Golfe de Finlande　フィンランド湾　98
Golfe de Gascogne　ガスコーニュ湾　37
Golfe du Zwin　ズヴァン湾　99
Golfe Persique　ペルシア湾　94

海峡
Bosphore　ボスフォラス海峡　12
Colonnes d'Hercule　ヘラクレスの柱　16
la Manche　イギリス海峡　37, 98, 103
Sund　ズント海峡　99, 107

島
Corse　コルシカ（Corsica）36, 94
Gotland　ゴットランド　98
Noirmoutiers　ノワールムーティエ　39
Rhodes　ロードス（Rhodos）95
Sardaigne　サルデーニャ(Sardegna) 36, 91, 94
Sicile　シチリア（Sicilia）17, 36, 94

国，地方
Afrique　アフリカ（Africa）13, 16, 17, 24, 29, 30, 36, 61, 63, 91, 92, 106
Allemagne　ドイツ（Deutschland）80, 81, 103, 129, 164, 173, 177, 195, 200, 203, 227, 243, 244, 255
Amérique　アメリカ（America）132, 149, 205
Angleterre　イングランド(England) 38, 77, 82, 97-100, 102, 103, 119, 125, 143, 152, 154, 164, 215, 216, 227, 255, 256
Apulée　アプーリア（Apulia）89
Aquitaine　アキタニア（Aquitania）12, 13
Asie Mineure　小アジア　12, 22, 87
Babylonie　バビロニア（Babylonia）132
Belgique　ベルギー　18
Bénévent　ベネヴェント(Benevento) 91
Bohême　ボヘミア（Bohemia）34
Brabant　ブラバント　134

Troyes　トロワ　107, 139
Tunis　テュニス　36
Tyr　ティルス（Tyrus）85
Utrecht　ユトレヒト　38, 142, 173
Valence　ヴァランス　25
Valence　バレンシア（Valencia）83
Valenciennes　ヴァランシエヌ　103, 144, 201
Venise　ヴェネツィア（Venezia）40, 42, 84-91, 94, 95, 97, 99, 106, 107, 112-116, 124, 238
Verdun　ヴェルダン　21, 28, 142, 201
Vérone　ヴェローナ（Verona）96
Vienne　ヴィエンヌ　25
Worms　ヴォルムス　139, 173
Ypres　イプル（Ieper　イーペル）103, 106, 139, 144, 155, 183, 188, 189, 230

〈地名〉

河川

Altmühl　アルトミュール　44
Danube　ドナウ（Donau）10, 13, 19, 39, 44, 80, 96, 106
Dnieper　ドニエプル（Dnepr）52, 54, 55, 98
Duna　ドヴィナ（Dvina）54, 98
Ebre　エブロ（Ebro）238
Elbe　エルベ　34, 80, 83, 98, 245
Escaut　エスコー（Schelde　スケルデ，スヘルデ，シェルデ）37, 38, 97, 101, 103, 134
Euphrate　ユーフラテス（Euphrates）10
Garonne　ガロンヌ　37
Humber　ハンバー　98
Loire　ロワール　26, 37, 239
Lowat　ロヴァト（Lovat）98
Meuse　メウーズ（Maas　マース）37, 38, 66, 97, 101, 103, 134, 151, 156, 172, 252
Moselle　モーゼル（Mosel）217
Neva　ネヴァ　97
Pô　ポー（Po）90
Regnitz　レグニッツ　44
Rhin　ライン（Rhein）10, 12, 13, 19, 37, 38, 44, 58, 66, 96, 97, 101, 103, 106, 156, 217, 251
Rhône　ローヌ　13, 25, 37, 96
Saale　ザーレ　245
Saône　ソーヌ　25
Seine　セーヌ　37, 66, 124
Vistule　ヴィスウァ(Wisła)(Weichsel　ヴァイクセル）98, 106
Volga　ヴォルガ　54
Weser　ヴェーゼル　98
Wolchow　ヴォルホフ（Volkhov）98
Yser　イーゼル　183

海

Adriatique　アドリア海　86-89, 113
Atlantique　大西洋　25, 30, 103
Méditerranée　地中海　11, 12, 14-19, 21, 22, 25, 26, 29-35, 37, 40, 42, 50, 54, 58, 59, 63, 80, 93, 95, 107, 110, 238
Mer Baltique　バルト海　39, 97-99, 107, 124, 247
Mer Caspienne　カスピ海　53, 58
Mer du Nord　北海　25, 37, 99, 103, 107, 124, 138, 183
Mer Égée　エーゲ海　16
Mer Ionienne　イオニア海　94
Mer Noire　黒海　53, 58, 87, 98, 247
Mer Rouge　紅海　94
Mer Tyrrhénienne　ティレニア海　36, 115

Florence　フィレンツェ（Firenze）42, 106, 210
Gand　ガン（Ghent　ゲント）74, 103, 106, 139, 144, 145, 148, 155, 159, 183, 189, 254
Gènes　ジェノヴァ（Genova）91-95, 106, 114, 116, 124
Hambourg　ハンブルク（Hamburg）98
Hildeshiem　ヒルデスハイム 245
Huy　ユイ　103, 124, 144, 151, 252
Jérusalem　エルサレム（Jerusalem）93, 94
Kief　キエフ（Kiev）52, 54, 55, 58, 98
Laon　ラン　74, 178
Leyde　ライデン（Leiden）139
Liége　リエージュ（Lüttich　リュッティヒ）103, 172, 201, 222, 252
Lille　リール　103, 139, 183, 187, 201
Lodi　ローディ　96
Londres　ロンドン（London）100, 102, 124
Lucques　ルッカ（Lucca）90, 175
Lyon　リヨン　26, 106
Maestricht　マーストリヒト(Maastricht) 144
Marseille　マルセイユ　18, 21, 24-27, 35, 58, 95, 106, 115, 116, 142, 176, 235, 236, 239
Mayence　マインツ（Mainz）103, 139, 173
Mehdiah　メーディア　36, 92
Milan　ミラノ（Milano）106, 174, 175
Moscou　モスクワ（Moskva）58
Nantes　ナント　25, 106
Naples　ナポリ（Napoli）91, 106
Nice　ニース　36
Nîmes　ニーム　21, 176
Novgorod　ノヴゴロド　52, 98
Noyon　ノワヨン　178
Orléans　オルレアン　21, 26, 28, 106
Oslo　オスロ　37
Palerme　パレルモ（Palermo）36, 89, 92
Paris　パ　リ　21, 28, 67, 73, 96, 124, 182
Pavie　パヴィア（Pavia）90
Pise　ピサ（Pisa）91-95, 106, 116, 124
Provins　プロヴァン　107
Ratisbonne　レーゲンスブルク（Regensburg）142
Ravenne　ラヴェンナ（Ravenna）67
Rome　ローマ（Roma）10, 67, 68, 87, 251
Rouen　ルーアン　25, 26, 103, 106, 124
Saint-Omer　サン－トメール　144, 148, 151, 183, 186-188, 190, 222, 253
Saint-Quentin　サン－カンタン　74, 178
Salzbourg　ザルツブルク（Salzburg）39
Schwerin　シュヴェーリン　98
Smolensk　スモレンスク　52
Souzdal　スズダリ（Suzdal'）52
Spalato　スパラト　89
Spire　シュパイア（Speyer）139
Strasbourg　ストラスブール(Strassburg　シュトラースブルク）142, 252, 253
Tarente　タラント（Taranto）91
Tiel　ティール　250
Tolède　トレド（Toledo）83
Toulon　トゥーロン　25
Tournai　トゥルネ　101, 103, 139, 183, 187

(Sigibert Ⅲ　ジギベルト三世）239
Théodoric　テオドリク（Theoderich テオデリック）14, 17, 29
Théudebert　テウデベール（Théodebert テオデベール，Theudebert テウデベルト）14
Thierry d'Alsace　アルザスのティエリ　189, 196
Thompson, J. W.　J. W. トムソン　240
Victor Ⅲ　ヴィクトル三世　92
Werimbold　ウェランボール　250

〈都市〉

Aire　エール　188, 257
Aix-en-Provence　エクス－アン－プロヴァンス　236
Aix-la-Chapelle　アーヘン（Aachen）41, 66
Alep　アレッポ（Aleppo）89
Alexandrie　アレクサンドリア（Alexandria）11, 89
Amalfi　アマルフィ　91, 94, 124
Angers　アンジェ　201
Antioche　アンティオキア（Antiochia）11, 93
Aquilée　アキレイア（Aquileia）115
Arles　アルル　25, 176, 236
Arras　アラス　103, 159, 171, 183, 189, 222, 223
Audenarde　オードゥナルド　187, 254
Avignon　アヴィニヨン　25
Bagdad　バグダッド　36, 53, 57, 98
Barcelone　バルセロナ（Barcelona）95, 116, 250
Bari　バーリ　91
Bayonne　バイヨンヌ　103
Beauvais　ボーヴェ　74, 159, 178
Bergame　ベルガモ（Bergamo）96
Bonê　ボーナ（Bona）91
Bordeaux　ボルドー　21, 26, 29, 103, 106
Bouillon　ブーイヨン　222
Breisach　ブライザッハ　253
Bruges　ブリュージュ（Brügge ブリュッゲ）100, 102, 106, 107, 144, 148, 183, 187, 189, 191, 245, 254
Byzance　ビザンティウム（Byzantium）10, 11, 17, 24, 31, 34, 39, 42-44, 53-57, 67, 86-88, 91, 94, 98, 102, 112-115, 246
Caire　カイロ（Cairo）36
Cambrai　カンブレ　103, 137, 142, 144, 173, 177, 178, 201, 254
Carthage　カルタゴ（Carthago）29
Christiania　クリスチャニア→Osloを見よ
Clermont-Ferrant　クレルモン－フェラン　21, 26
Cologne　ケルン（Köln）103, 106, 124, 173
Constantinople　コンスタンティノープル→Byzanceを見よ
Crémone　クレモナ（Cremona）96
Damas　ダマスクス（Damascus）89
Dinant　ディナン　103, 124, 144, 156
Douai　ドゥエ　103, 155, 159, 183
Dublin　ダブリン　98
Édesse　エデッサ（Edessa）11, 93
El Mehdiah　エル・メーディア→Mehdiahを見よ

のギヨーム　89
Guillaume de Normandie　ノルマンディーのギヨーム　102, 189, 196, 249
Guillaume le Breton　ギヨーム・ル・ブルトン　222
Haroun-al-Raschid　ハルン－アル－ラシッド（Harunu'r-Rashid　ハールヌール・ラシード）　101
Henri l'Oiseleur　ハインリヒ捕鳥王（Heinrich der Vogelfänger）　80, 245
Irminon　イルミノン　242
Isidore de Séville　セビリャのイシドール（Isidor da Sevilla）　18
Ives de Chartres　シャルトルのイヴォー（Ivo de Chartres）　178
Jean Diacre　助祭ヨハネス（Johannes Diaconus）　89
Johannes Mercator　商人ヨハネス　237
Justinien　ユスティニアーヌス（Justinianus）　14, 17
Lambert　ランベール　253
Louis VI　ルイ六世　179
Louis le Pieux　ルイ敬虔王（Ludwig der Fromme　ルートヴィヒ敬虔王）　43, 66, 71
Mahomet　マホメット（Muhammad　ムハンマッド）　30, 33, 54
Marculf　マルクルフ（Markulf）　236
Narsès　ナルセス（Narses）　7
Notger　ノトジェール　172
Otbert　オトベール　222
Otton　オットー〔一世〕（Otto）　80
Otton de Freising　フライジングのオットー（Otto von Freising）　226
Pépin le Bref　ペパン短軀王（Pippin der Kurze　ピピン短軀王）　33, 41, 42
Philippe-Auguste　フィリップ－オーギュスト　222, 226
Pierre II Orseolo　ピエトロ・オルセーオロ二世（Pietro II Orseolo）　89
Rabel, Wulfric　ウルフリク・ラベル　186
Ramihrdus　ラミールドゥス　177
Rietschel, S.　S. リーチェル　243
Robert de Jérusalem　エルサレムのロベール　188
Robert le Frison　ロベール・ル・フリゾン　188
Rollon　ロロー（Rollo）　80
Romulus Augustulus　ロームルス・アウグストゥルス　17
Saint Amand　聖アマンドゥス（Sanctus Amandus）　19
Saint Augustin　聖アウグスティーヌス（Sanctus Augustinus）　18
Saint Benoît　聖ベネディクトゥス（Sanctus Benedictus）　18
Saint Boniface　聖ボニファティウス（Sanctus Bonifatius）　34
Saint Godric　聖ゴドリク（Sanctus Godricus）　118-121, 124, 127, 250
Saint Jérôme　聖ヒエロニムス（Sanctus Hieronymus）　126
Saint Pierre　聖ペトロ（Sanctus Petrus）　68, 92
Saint Remacle　聖レマクリウス（Sanctus Remaclius）　19
Salomon Negociator　商人サロモン　237
Samo　サモ　28
Sanctus Womarus　聖ウォマルス　145
Sigebert III　シジュベール三世

索　引（訳註の部分は含まない）

〈人名〉

Adalard de Corbie　コルビーのアダラール（Adalhard von Corbie　コルビーのアーダルハルト）236
Agobard　アゴバール（Agobard　アゴバルト）237, 240
Alcuin　アルクイン（Alcuinus　アルクイヌス）34
Arnould II　アルヌール二世　100
Baudouin IV　ボードワン四世　100
Baudouin V　ボードワン五世　188
Beaumanoir　ボマノワール　202
Boèce　ボエーティウス（Boethius）18
Cade, William　ウィリアム・ケイド　222
Cassiodore　カッシオドールス（Cassiodorus）18, 112
Charlemagne　シャルルマーニュ（Karl der Grosse　カール大帝）17, 33, 34-36, 38, 41-45, 47, 49, 64, 66, 73, 81, 86, 101, 129, 238
Charles le Bon　シャルル善良伯　189
Charles le Simple　シャルル単純王　98
Charles Martel　シャルル・マルテル（Karl Martell　カール・マルテル）31
Childebert　シルデベール(Childebert　ヒルデベルト）14
Clothaire　クロテール（Chlothar　クロタール）14
Clovis　クロヴィス（Chlodowech　クロドヴェヒ）14
Constantin　コンスタンティーヌス（Constantinus）11, 22, 73
Constantin Porphyrogénète　コンスタンティーヌス・ポルヒュロゲネートゥス（Constantinus Porphyrogenetus）55
Dagobert　ダゴベール（Dagobert　ダゴベルト）237
Dopsch, A.　A. ドプシュ　239
Éginhard　エジナール（Einhart　アインハルト, Einhardus　アインハルドゥス）34
Emma　エマ　100
Espinas, G.　G. エスピナ　257
Febvre, L.　L. フェーヴル　252
Frédéric Barberousse　フリードリヒ・バルバロッサ（Friedrich Barbarossa）226
Galbert de Bruges　ブリュージュのガルベール　191, 195, 245
Gareis, K.　K. ガーライス　242
Gérard II　ジェラール二世　177
Gilles d'Orval　オルヴァルのジル　252
Godefroid　ゴドフロワ　222
Grégoire de Tours　トゥールのグレゴリウス(Gregorius Turonensis, Gregor von Tours　トゥールのグレゴール）21, 24, 26, 28
Grégoire le Grand　グレゴリウス大教皇（Gregorius Magnus）18
Gross, Ch.　チャールズ・グロッス　256
Guérard　ゲラール　242
Guibert de Nogent　ノジャンのギベール　178
Guillaume　ウィリアム（William）82, 102
Guillaume d'Apulée　アプーリア

本書の原本は、創文社より『中世都市――社会経済史的試論』として、一九七〇年に刊行されました。

今回の刊行にあたっては、いくつかの地名について現代の慣用表記に直し、漢字・送り仮名についても、若干の変更を加えました。

（編集部）

アンリ・ピレンヌ（Henri Pirenne）

1862年ベルギー生まれ。歴史家。ヨーロッパ中世史研究に新しい視点を導入し，世界的権威となる。1935年没。著書に『ヨーロッパ世界の誕生』など。

佐々木克巳（ささき　かつみ）

1931年生まれ。1961年一橋大学大学院経済学研究科博士課程修了。成蹊大学経済学部教授を務め2013年逝去。著書『歴史家アンリ・ピレンヌの生涯』などがある。

講談社学術文庫

定価はカバーに表示してあります。

中世都市　社会経済史的試論

アンリ・ピレンヌ

佐々木克巳　訳

2018年9月10日　第1刷発行
2018年10月30日　第2刷発行

発行者　渡瀬昌彦
発行所　株式会社講談社
東京都文京区音羽2-12-21 〒112-8001
電話　編集（03）5395-3512
販売（03）5395-4415
業務（03）5395-3615

装　幀　蟹江征治
印　刷　豊国印刷株式会社
製　本　株式会社国宝社
本文データ制作　講談社デジタル製作

ISBN978-4-06-513161-9

「講談社学術文庫」の刊行に当たって

これは、学術をポケットに入れることをモットーとして生まれた文庫である。学術は少年の心を養い、成年の心を満たす。その学術がポケットにはいる形で、万人のものになることは、生涯教育をうたう現代の理想である。

こうした考え方は、学術を巨大な城のように見る世間の常識に反するかもしれない。また、一部の人たちからは、学術の権威をおとすものと非難されるかもしれない。しかし、それはいずれも学術の新しい在り方を解しないものといわざるをえない。

学術は、まず魔術への挑戦から始まった。やがて、いわゆる常識をつぎつぎに改めていった。学術の権威は、幾百年、幾千年にわたる、苦しい戦いの成果である。こうしてきずきあげられた城が、一見して近づきがたいものにうつるのは、そのためである。しかし、学術の権威を、その形の上だけで判断してはならない。その生成のあとをかえりみれば、その根は常に人々の生活の中にあった。学術が大きな力たりうるのはそのためであって、生活をはなれた学術は、どこにもない。

開かれた社会といわれる現代にとって、これはまったく自明である。生活と学術との間に、もし距離があるとすれば、何をおいてもこれを埋めねばならない。もしこの距離が形の上の迷信からきているとすれば、その迷信をうち破らねばならぬ。

学術文庫は、内外の迷信を打破し、学術のために新しい天地をひらく意図をもって生まれた。文庫という小さい形と、学術という壮大な城とが、完全に両立するためには、なおいくらかの時を必要とするであろう。しかし、学術をポケットにした社会が、人間の生活にとってより豊かな社会であることは、たしかである。そうした社会の実現のために、文庫の世界に新しいジャンルを加えることができれば幸いである。

一九七六年六月　　　　野間省一

古代朝鮮
井上秀雄著（解説・鄭早苗）

中国・日本との軋轢と協調を背景に、古代の朝鮮は統一へとその歩を進めた。旧石器時代から統一新羅の滅亡まで、政治・社会・文化を包括し総合的に描き、朝鮮半島の古代を鮮やかに再現する朝鮮史研究の傑作。

1678

五代と宋の興亡
周藤吉之（すどうよしゆき）・中嶋　敏著

唐末の動乱から宋の統一と滅亡への四百年史。五代十国の混乱を経て宋が中国を統一するが、財政改革を巡る抗争の中、金軍入寇で江南へ逃れ両朝並立。都市が栄える一方、モンゴル勃興で滅亡に至る歴史を辿る。

1679

中世ヨーロッパの城の生活
J・ギース、F・ギース著／栗原　泉訳

中世英国における封建社会と人々の暮らし。時代は十一世紀から十四世紀、ノルマン征服を経て急速に封建化が進む中、城を中心に、人々はどのような暮らしを営んでいたのか。西欧中世の生活実態が再現される。

1712

ハンニバル　地中海世界の覇権をかけて
長谷川博隆著

大国ローマと戦ったカルタゴの英雄の生涯。地中海世界の覇権をかけて激突した古代ローマとカルタゴ。大国ローマを屈服寸前まで追いつめたカルタゴの将軍ハンニバルの天才的な戦略と悲劇的な生涯を描く。

1720

中世ヨーロッパの歴史
堀越孝一著

ヨーロッパとは何か。その成立にキリスト教が果たした役割とは？　地中海古代社会から森林と原野の内陸部へ展開、多様な文化融合がもたらしたヨーロッパ世界の形成過程を「中世人」の眼でいきいきと描きだす。

1763

中世ヨーロッパの都市の生活
J・ギース、F・ギース著／青島淑子訳

一二五〇年、トロワ。年に二度、シャンパーニュ大市が開催され、活況を呈する町を舞台に、ヨーロッパの人々の暮らしを逸話を交え、立体的に再現する。活気に満ち繁栄した中世都市の実像を生き生きと描く。

1776

十二世紀ルネサンス
伊東俊太郎著（解説・三浦伸夫）

中世の真っ只中、閉ざされた一文化圏であったヨーロッパが突如として「離陸」を開始する十二世紀。多くの書がラテン訳され充実する知的基盤。先進的アラビアに接し文明形態を一新していく歴史の動態を探る。

1780

紫禁城の栄光　明・清全史
岡田英弘・神田信夫・松村　潤著

十四～十九世紀、東アジアに君臨した二つの帝国。遊牧帝国と農耕帝国の合体が生んだ巨大な多民族国家・中国。政治改革、広範な交易網、度重なる戦争……。シナが中国へと発展する四百五十年の歴史を活写する。

1784

文明の十字路＝中央アジアの歴史
岩村　忍著

ヨーロッパ、インド、中国、中東の文明圏の間に生きた中央アジアの民。東から絹を西から黄金を運んだシルクロード。世界の屋根に分断されたトルキスタン。草原の民とオアシスの民がくり広げた壮大な歴史とは？

1803

生き残った帝国ビザンティン
井上浩一著

興亡を繰り返すヨーロッパとアジアの境界、「文明の十字路」にあって、なぜ一千年以上も存続しえたか。皇帝・貴族・知識人は変化にどう対応したか。ローマ皇帝の改宗から帝都陥落まで「奇跡の一千年」を活写。

1866

英語の冒険
M・ブラッグ著／三川基好訳

英語はどこから来てどのように世界一五億人の言語となったのか。一五〇〇年前、一五万人の話者しかいなかった英語の祖先は絶滅の危機を越えイングランドの言葉から「共通語」へと大発展。その波瀾万丈の歴史。

1869

中世ヨーロッパの農村の生活
J・ギース、F・ギース著／青島淑子訳

中世ヨーロッパ全人口の九割以上は農村に生きた。舞台はイングランドの農村。飢饉や黒死病、修道院解散や囲い込みに苦しむ人々は、村という共同体でどう生き抜いたか。文字記録と考古学的発見から描き出す。

1874